CONTEÚDO DIGITAL PARA ALUNOS

Cadastre-se e transforme seus estudos em uma experiência única de aprendizado:

1 Escaneie o QR Code para acessar a página de cadastro.

2 Complete-a com seus dados pessoais e as informações de sua escola.

3 Adicione ao cadastro o código do aluno, que garante a exclusividade de acesso.

1165069A6280451

Agora, acesse:
www.editoradobrasil.com.br/leb
e aprenda de forma inovadora e diferente! :D

Lembre-se de que esse código, pessoal e intransferível, é valido por um ano. Guarde-o com cuidado, pois é a única maneira de você utilizar os conteúdos da plataforma.

Editora do Brasil

Tempo de História

RENATO MOCELLIN

- Mestre em Educação
- Professor do Ensino Médio

ROSIANE DE CAMARGO

- Pós-graduada em História do Brasil
- Professora do Ensino Fundamental e do Ensino Médio

COLEÇÃO
TEMPO
HISTÓRIA

7

4ª edição
São Paulo, 2019.

Editora do Brasil

Dados Internacionais de Catalogação na Publicação (CIP)
(Câmara Brasileira do Livro, SP, Brasil)

Mocellin, Renato
Tempo de história, 7 / Renato Mocellin, Rosiane de Camargo. – 4. ed. – São Paulo: Editora do Brasil, 2019. – (Coleção tempo)

ISBN 978-85-10-07127-7 (aluno)
ISBN 978-85-10-07128-4 (professor)

1. História (Ensino fundamental) I. Camargo, Rosiane de. II. Título. III. Série.

19-23585 CDD-372.89

Índices para catálogo sistemático:
1. História: Ensino fundamental 372.89
Maria Alice Ferreira – Bibliotecária – CRB-8/7964

Direção-geral: Vicente Tortamano Avanso

Direção editorial: Felipe Ramos Poletti
Gerência editorial: Erika Caldin
Supervisão de arte e editoração: Cida Alves
Supervisão de revisão: Dora Helena Feres
Supervisão de iconografia: Léo Burgos
Supervisão de digital: Ethel Shuña Queiroz
Supervisão de controle de processos editoriais: Roseli Said
Supervisão de direitos autorais: Marilisa Bertolone Mendes

Supervisão editorial: Priscilla Cerencio
Edição: Agueda del Pozo e Andressa Pontinha
Assistência editorial: Felipe Adão e Ivi Paula Costa da Silva
Copidesque: Flávia Gonçalves, Gisélia Costa e Sylmara Beletti
Revisão: Alexandra Resende, Elaine Silva, Elis Beletti e Rosani Andreani
Pesquisa iconográfica: Priscila Ferraz
Assistência de arte: Lívia Danielli
Design gráfico: Andrea Melo
Capa: Megalo Design
Imagens de capa: Mauro Rodrigues/Alamy/Fotoarena, Lotus_studio/Shutterstock.com, FG Trade/iStockphoto.com e Bridgeman Images/Fotoarena
Ilustrações: Alex Argozino, Carlos Caminha, Carvall, Cristiane Viana, DAE (Departamento de Arte e Editoração), Hugo Araújo, Paulo César Pereira, Rubens Lima
Produção cartográfica: Alessandro Passos da Costa, DAE (Departamento de Arte e Editoração), Studio Caparroz, Sonia Vaz
Coordenação de editoração eletrônica: Abdonildo José de Lima Santos
Editoração eletrônica: Adriana Tami e Gilvan Alves da Silva
Licenciamentos de textos: Cinthya Utiyama, Jennifer Xavier, Paula Harue Tozaki e Renata Garbellini
Controle de processos editoriais: Bruna Alves, Carlos Nunes, Rafael Machado e Stephanie Paparella

4ª edição / 1ª impressão 2019
Impresso na Gráfica Santa Marta Ltda.

Editora do Brasil

Rua Conselheiro Nébias, 887
São Paulo, SP – CEP 01203-001
Fone: +55 11 3226-0211
www.editoradobrasil.com.br

Prezado aluno,

Esta coleção foi pensada e escrita para você descobrir o prazer de estudar História.

Ao conhecer os fatos e as curiosidades do passado e entender os acontecimentos do presente, você perceberá que a história faz parte de seu cotidiano. Ao estudar História, somos convidados a observar a realidade e a procurar modificá-la de acordo com nosso papel na sociedade atual.

Esta coleção não esgota os assuntos e acontecimentos históricos, mas apresenta um panorama da história da humanidade, cujos fatos sempre podem ser revistos por meio da verificação das mesmas fontes ou reinterpretados à luz de novas descobertas. Portanto, a História está em constante processo de construção.

Desejamos que seu ano letivo seja de muitas descobertas e que esta obra o estimule a adquirir novos conhecimentos.

Os autores

SUMÁRIO

TEMA 3

O cristianismo em transformação 66

TEMA 4

As monarquias absolutistas 88

TEMA 5

TEMA 6

TEMA 7

Brasileiros e africanos...... 192

TEMA 8

A expansão da colonização.................. 226

↑ Calendário agrícola criado por Pietro de Crescenzi, c. 1306. Nessa imagem, vemos cenas de trabalhos realizados nos oito primeiros meses do ano.

TEMA 1

Do Mundo Medieval à Modernidade

Museu Condé, Chantilly

NESTE TEMA

VOCÊ VAI ESTUDAR:

- o mundo islâmico – o surgimento, a consolidação do Islã, os califados, a arte e a cultura islâmica, a Andaluzia;
- as Cruzadas, a Guerra Santa, o processo da reconquista;
- as cidades medievais;
- os motivos que levaram ao fim do feudalismo;
- o surgimento dos Estados Modernos.

O Islã surgiu na Península Arábica e rapidamente se expandiu, tornando-se uma das três maiores religiões monoteístas do mundo.

Enquanto isso, a Europa passava por mudanças durante a formação das monarquias modernas, com a migração das pessoas do campo para as cidades. Todavia, cenas como as da imagem ainda eram muito presentes. A maioria da população vivia do cultivo da terra. Observe as pessoas representadas. Você consegue identificar o que elas estão fazendo? Que período está simbolizado nesse calendário?

CAPÍTULO

1

O mundo islâmico

Neste capítulo, você vai estudar alguns aspectos da história do islamismo e da cultura do povo islâmico.

A origem do islamismo

O islamismo surgiu na Península Arábica em meio aos povos nômades da região. Maomé, líder dessa religião, nasceu na cidade de Meca, localizada nessa península, em torno do ano 570.

A nova religião espalhou-se rapidamente por toda a península com a ajuda dos comerciantes que cruzavam as regiões desérticas.

Foi nessas caravanas que cruzavam os desertos e ligavam diferentes povos que Maomé viveu sua juventude. Essa experiência foi fundamental para a formação das ideias religiosas que ele defendeu, pois pôde conhecer crenças politeístas distintas, além do judaísmo e do cristianismo. Com influências de todas essas práticas religiosas, Maomé fundamentou as bases do islamismo, religião monoteísta que cultua um único deus: Alá.

Segundo a tradição islâmica, Maomé teria recebido a visita de um anjo, que lhe revelara as leis que deveriam reger a humanidade. Essa revelação é considerada a base do Alcorão, o livro considerado sagrado pelo islamismo. Tendo assumido como missão levar a palavra de Deus, Maomé se dirigiu a Meca, cidade em que se localizava o santuário da Caaba. Esse era o lugar em que os deuses das religiões locais eram cultuados.

Membros da tribo dos coraixitas passaram a perseguir Maomé, com receio de que a nova religião pudesse afetar o comércio local, que era alicerçado nos cultos a diversos deuses. Por essa razão, em 622, Maomé exilou-se na cidade de Iatreb. Esse movimento ficou conhecido como Hégira, que significa "exílio", e marca o início do calendário muçulmano.

Rotas comerciais na Península Arábica – século VI

© DAE/Sonia Vaz

Fonte: Georges Duby (Dir.). *Atlas histórico mundial*. Barcelona: Larousse, 2010. p. 81.

Principais características do islamismo

Alguns fundamentos caracterizam o islamismo: crença em um único deus, Alá; oração cinco vezes ao dia em horários determinados, em posição voltada para a cidade de Meca; prática da caridade; jejum durante o dia ao longo do Ramadã, o mês sagrado, e visita a Meca pelo menos uma vez na vida, se houver condições econômicas e de saúde. O conjunto desses preceitos é conhecido como os cinco pilares do Islã.

Behrouz Mehri/AFP

↑ Mulheres muçulmanas professam a fé em Alá durante o mês sagrado do Ramadã, em Teerã, Irã.

Na religião islâmica, os fiéis seguem um princípio chamado *jihad*, que é o dever do muçulmano de difundir sua crença. Esse termo significa "esforço" e representa a luta interna para viver em harmonia com as determinações do islamismo. De acordo com o *jihad*, as pessoas devem se esforçar para viver conforme as crenças do Islã, adotar boas práticas e propagar a palavra de Alá.

Já a *sharia* é o conjunto de leis formulado na fase inicial do islamismo com a intenção de determinar o modo de vida dos muçulmanos. O Alcorão é ensinado em escolas, as *madrasas*. Por esse livro ter sido escrito em versos, organizados em capítulos, os fiéis devem saber recitá-los.

No século VII, não havia a preocupação de dar um nome à nova religião. Na realidade, a noção de que estava sendo fundada uma religião não existia. Somente no século XVII surgiu o termo **muçulmano**, que vem de *muslim* ("indivíduo submisso", em árabe). A denominação **islã** é ainda posterior: origina-se da palavra *aslama* ("submissão total a Deus", em árabe).

A consolidação do Islã

Maomé morreu dez anos depois da Hégira, em 632, e lutas internas pelo poder opuseram dois grandes grupos islâmicos: os xiitas e os sunitas.

Os xiitas acreditavam que o sucessor de Maomé deveria ser um descendente do profeta, como seu primo, Ali ibn Abi Talib. Os sunitas apoiavam a ideia de que o sucessor deveria ser Abu Bakr, escolhido pelos líderes da comunidade. Estes venceram, e Abu Bakr tornou-se o primeiro califa, ou seja, sucessor do profeta.

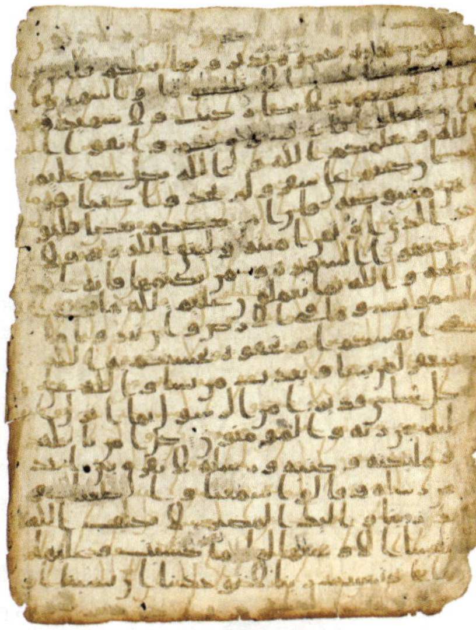
Coleção particular

↑ Página do Alcorão, século VII. Caneta e tinta sobre pergaminho, 36 cm × 27,5 cm.

Internamente, a ausência de divisões doutrinárias possibilitou a manutenção política do grupo. De modo geral, todos professavam os mesmos preceitos, diferentemente do que acontecia com o cristianismo na Europa naquele momento.

Os fatores externos mais importantes para a expansão islâmica foram a quase falta de resistência à nova religião pelos povos conquistados, a indiferença dos povos locais em relação a quem os governaria e as vantagens econômicas dadas aos convertidos. Quem seguisse Alá poderia até ficar isento de impostos. Por sua vez, os que não se convertessem podiam contar com a tolerância religiosa dos islâmicos.

Os califados

Ao longo dos séculos, algumas dinastias islâmicas sucederam-se no poder na Arábia. Os omíadas assumiram o governo em 661 e mudaram a capital do império de Medina para Damasco, antiga Iatreb. Esse **califado** expandiu o Islã até o Marrocos, chegando à Península Ibérica no começo do século VIII.

Nessa época, os costumes foram refinados, o árabe tornou-se o idioma oficial e grandes monumentos foram construídos – entre eles, o Domo da Rocha, erguido no mesmo local do Templo de Jerusalém, lugar sagrado para a religião judaica.

Oleksandr Lysenko/Shutterstock.com

↑Vista de Jerusalém, Israel, com destaque para o Domo da Rocha, dentro do qual estão as primeiras inscrições conhecidas do Alcorão.

A rápida expansão do islamismo durante o Califado Omíada gerou tensões internas que culminaram no fim da dinastia, em 743. Em 750, os abássidas assumiram o poder e transferiram a capital para Bagdá, formando o Califado Abássida.

Os abássidas criaram o cargo de vizir, que, no começo, era um conselheiro do califa, mas, depois, passou a ser o responsável pela administração. A religião foi a base do poder dessa dinastia. Eles governaram seguindo os preceitos do Alcorão, e a **Suna** passou a ser cada vez mais importante.

Para governar esse vasto império, os abássidas delegaram poderes aos governantes locais, o que fortaleceu lideranças regionais. Como eles eram os responsáveis pelo recolhimento de impostos, puderam criar exércitos locais. Esse fortalecimento regional e a descentralização do poder contribuiu para que os abássidas perdessem o poder para os fatímidas.

O Califado Fatímida mudou a capital para o Cairo.

GLOSSÁRIO

Califado: forma islâmica de governar que reúne política e religião.

Suna: livro que reúne as práticas de vida de Maomé, considerado exemplo da conduta a ser seguida pelos muçulmanos.

Expansão islâmica – séculos VII-VIII

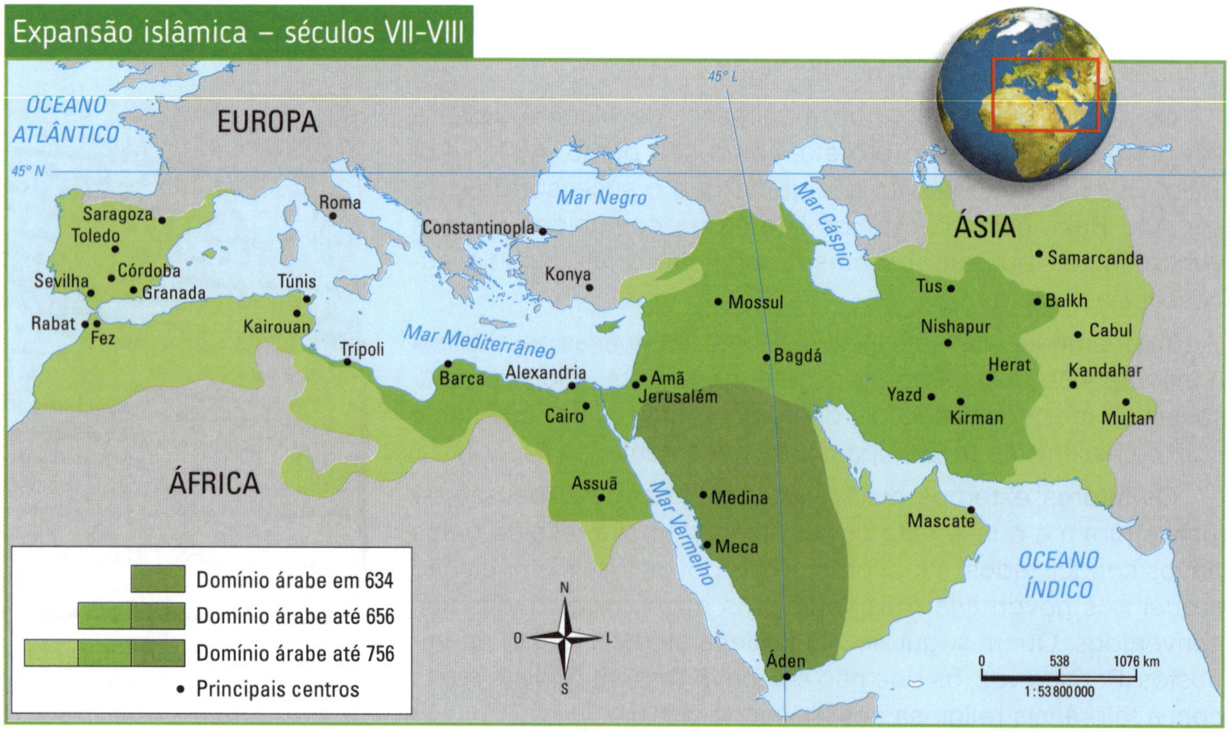

Fonte: Jeremy Black. *World history atlas*. Londres: Dorling Kindersley, 2008. p. 56-57.

A difusão do islamismo

Aliados aos longos processos de migração que haviam ocorrido no continente africano, o islamismo contribuiu para a formação de culturas miscigenadas e a criação de novas identidades locais, que mesclavam tradições antigas com outros costumes, como os dos árabes islamizados.

Caravanas de comerciantes cruzavam o Deserto do Saara constantemente, em diversos caminhos que ficaram conhecidos como rotas de comércio transaarianas. Foi por meio desse intenso intercâmbio cultural que vários povos entraram em contato com o islamismo. Da mesma maneira, a expansão do islamismo no norte da África e no sul da Europa, em particular na Península Ibérica, ajudou a integrar os povos que viviam nessa região.

A difusão do islamismo pela África ocorreu, em geral, de forma pacífica, porém, em alguns casos houve conflitos, como durante a expansão almorávida no século XI. Essa característica levou o Islã a ser aceito e praticado ao lado das crenças locais. A coexistência do islamismo e de práticas locais foi muito facilitada pela tolerância e pelo respeito, características presentes nas religiões e tradições africanas de maneira geral.

Outro fator para o sucesso do islamismo, e depois do cristianismo, na África foi o fato de que os animistas cultuavam um único ser supremo criador do Universo, assim como fazem cristãos e muçulmanos. A expansão islâmica foi tão vigorosa que, atualmente, é a crença mais presente na África, ao lado do cristianismo.

Robertharding/Alamy/Fotoarena

↑Mesquita de Al-Aqmar na cidade do Cairo, Egito.

Expansão do comércio

Por não afetar profundamente as bases das sociedades locais, a chegada do Islã foi vista por seus líderes como uma oportunidade para incrementar as trocas mercantis, com os povos islamizados. Era, portanto, uma forma de desenvolver o comércio, preservando, ao mesmo tempo, as antigas tradições. Assim, os povos da África conectavam-se a várias regiões do mundo, em especial a Europa, o Oriente Médio e partes da Ásia.

Esse comércio ocorria, em grande parte, pelo sistema de trocas mercantis, que incluía o tráfico de escravos e a comercialização de ouro, marfim, **especiarias**, sal, entre outros produtos.

GLOSSÁRIO

Especiaria: erva ou planta aromática utilizada para dar sabor e aroma aos alimentos, como a pimenta, o gengibre, a noz-moscada.

A escrita árabe

Uma das características marcantes da cultura árabe-muçulmana foi a fixação do árabe como idioma oficial e corrente. O cuidado com a língua possibilitou que pessoas que viviam em locais distantes pudessem se comunicar fluentemente. A explicação para isso está no Alcorão.

Cada muçulmano deveria conhecer os versos do Alcorão e ser capaz de recitá-los. Por isso a escrita e a leitura eram importantes, pois possibilitavam fixar o texto sagrado e mantê-lo sem alterações.

Como consequência da consolidação da escrita árabe, foram produzidos diversos manuscritos. Estimulada pelas trocas comerciais entre povos tradicionais e islamizados, a produção de manuscritos em árabe era bastante presente em grandes centros urbanos, como as cidades africanas de Tombuctu, Djenné e Gao.

A sede de saber

Ao se expandirem para áreas habitadas por outros povos, os muçulmanos incorporaram alguns elementos a sua cultura. Áreas como Medicina, Matemática, Química, Física, Filosofia e Arte foram enriquecidas por essas contribuições e pelas descobertas de estudiosos como Avicena (Medicina), Ibn Khaldun (História) e Averróis (Filosofia).

A maior parte da população muçulmana era alfabetizada, o que facilitava a criação e a difusão de conhecimentos. O crescimento do império colaborava para a propagação deles.

A denominação islâmica caracterizava-se pela homogeneidade, pois buscavam incorporar e padronizar as culturas dos diversos povos conquistados. Essa uniformidade favoreceu o surgimento de uma consciência de pertencimento a algo comum. Os islâmicos tinham a noção de que faziam parte de uma comunidade que partilhava muitos aspectos culturais.

GLOSSÁRIO

Jurista: neste contexto, pessoa responsável por assegurar que os preceitos do islamismo estão sendo respeitados.

Arte islâmica

A arte decorativa de prédios religiosos não usa figura de seres vivos, ainda que no Alcorão não haja nenhuma interdição clara disso. Mesmo assim, **juristas** condenavam essa prática por acreditarem que só Alá poderia criar a vida.

Houve lugares em que a representação de criaturas vivas foi permitida, desde que não se relacionasse com a religião. Nos locais em que essa proibição foi mais intensa, os artistas desenvolveram estilos com base em padrões geométricos, linhas e cores, além de elementos da natureza, resultando na criação dos rendilhados. A caligrafia árabe também apresenta complexos padrões e é usada para enfeitar prédios, moedas, tecidos e outros objetos.

Na arquitetura destacam-se as grandes mesquitas. Espalhadas por todo o mundo, são o centro da vida religiosa islâmica.

Funkyfood London - Paul Williams/Alamy/Fotoarena

↑ Interior do Palácio de Alhambra, em Granada, Espanha. O Palácio de Alhambra é um dos melhores exemplos da arte muçulmana.

AQUI TEM MAIS

A arquitetura islâmica

Na arquitetura islâmica, os desenhos repetidos dos temas, que parecem não terminar nunca, representam o poder infinito de Alá. O interior de alguns edifícios é decorado com citações do Alcorão, que representam os caminhos de acesso a Deus. O uso de formas majestosas, como grandes abóbadas e mirantes elevados, também remete ao poder divino e expressa a necessidade de tornar mais visível a cultura muçulmana, com o intuito de disseminar suas ideias.

Gary Yim/Shutterstock.com

↑ Mesquita de Hassan II, em Casablanca, Marrocos.

1. Como a arquitetura das mesquitas simboliza, segundo a tradição, o poder divino?

LINK

Mulheres muçulmanas: elas sabem seu lugar

Em 2015, o *site* do centro de informações Pew Research Center registrou que cerca de 24% da população mundial, isto é, aproximadamente 1,8 bilhão de pessoas, professavam a religião islâmica. Era o segundo maior grupo religioso do mundo.

Vista por muitos como uma religião que oprime as mulheres, nos últimos anos, as muçulmanas têm conquistado importantes espaços políticos, midiáticos, artísticos e culturais, enquanto mantêm os preceitos islâmicos na vida privada.

Uma das razões para isso é o crescimento expressivo da escolarização das meninas muçulmanas, o que aumenta a possibilidade de conquistarem um bom emprego quando adultas. Isso contribui também para a melhora no poder aquisitivo e, consequentemente, a independência. Atrelada a essa conquista está a mudança das famílias para países mais desenvolvidos, com maior acesso às políticas públicas e à educação.

Hayesdesign/Dreamstime.com

↑ Grafite de mulheres muçulmanas nas cores da bandeira da França.

GLOSSÁRIO

Ativismo: prática efetiva de transformação da realidade.

No âmbito da arte, no Egito e no Afeganistão as mulheres têm conquistado as ruas por meio dos grafites. Em 2013, um grupo de artistas muçulmanas montaram a exposição *on-line* Muslima: Muslim Women's Art & Voices, com o objetivo de divulgar a própria arte e discutir estereótipos, identidade individual e religiosa. É crescente o número de *blogs* escritos por mulheres muçulmanas, como o MuslimGirl.com, de Amani Al-Khatahtbeh, que, em 2017, tornou-se um portal de notícias políticas e sociais voltado para as muçulmanas.

Esse **ativismo** reflete-se também na política. Em 2015, o jornal *O Estado de S. Paulo* comparou a presença das brasileiras na política com a das muçulmanas. Segundo o jornal, no Brasil, apenas 9% das cadeiras da Câmara e 13% do Senado eram ocupadas por mulheres. Em países onde o islamismo é a religião oficial, como Jordânia, Síria, Iraque, Afeganistão, e mesmo a Arábia Saudita, 19% dos assentos do Congresso eram reservados para as mulheres.

A prática religiosa é apenas um aspecto do ser humano, o qual dialoga com um conjunto de outras estruturas, como a familiar e a social, somando-se a ele. E está associada ao conjunto de valores étnicos e morais, aspectos culturais, políticos e sociais.

Para onde vamos? O acesso à educação responde – independentemente da religião.

Em 2017, a paquistanesa Malala Yousafzai, referência mundial na luta por educação e igualdade de gênero, declarou para a revista norte-americana *Huffpost* ser muçulmana e feminista. “Entendi que educação era mais do que ler e escrever. Era sobre empoderamento e emancipação”, disse Malala.

1. De que forma as mulheres muçulmanas estão superando as restrições da religião?
2. Em comparação com o Brasil, nos dados de 2015, a participação política das mulheres muçulmanas é maior do que a participação das brasileiras. Essa situação ainda se mantém? Pesquise e explique por que isso acontece.

DIÁLOGO

A geometria na arte islâmica

Melvyn Longhurst/Alamy/Fotoarena

↑Fachada de Ulugh Beg Madrass, em Bucara, Uzbequistão.

Matemática e História da Arte podem ser áreas do conhecimento consideradas iguais por ângulos diferentes. A própria palavra **ângulo**, por exemplo, na Matemática, compõe a interpretação da Geometria. Um quadrado tem quatro ângulos iguais. Para a historiografia, um ângulo dentro de um quadrado pode ser considerado a representação ou manifestação de um dado cultural.

O ser humano foi capaz de usar a Geometria como recurso para medir e conhecer o mundo. *Geo* significa "terra", e *metria* significa "medir", ou seja, Geometria é, literalmente, "medir a terra". Mas ela também é utilizada para interpretar e representar o mundo, como nas artes do islamismo. Um quadrado representando o Universo significa, para aquela cultura, que o Universo é finito, pois tudo foi criado por Alá.

Desse modo, nas artes visuais islâmicas usam-se muito as representações geométricas, porque as medidas exatas simbolizam a representação da precisão do poder divino. Em tapetes, vitrais e na arquitetura os padrões geométricos são recheados de arabescos – desenhos com muitas repetições geométricas e grande variedade de cores e tons luminosos. As formas são, na maioria, abstratas.

Egípcios, babilônios, gregos e árabes foram os povos que mais contribuíram para o desenvolvimento teórico da Geometria e sua utilização nas artes. O Islã conheceu a Geometria pelo contato com textos de filósofos gregos. Os cientistas muçulmanos, que valorizavam muito as pesquisas matemáticas, fizeram grandes descobertas na área, contribuindo expressivamente para o desenvolvimento da Geometria, apesar de preocupados essencialmente com sua aplicação prática, na construção das cidades, na arquitetura e nas artes em geral.

Michael Doolittle/Alamy/Fotoarena

→ Detalhe da escrita árabe e azulejos geométricos islâmicos em Madraça Attarine, na cidade de Fez, Marrocos.

1. O que significam, segundo a tradição islâmica, as representações geométricas nas artes?
2. Faça uma pesquisa sobre o desenvolvimento da Matemática pelos povos muçulmanos. Em seguida, elabore uma redação com os dados encontrados.

ATIVIDADES

NO CADERNO

SISTEMATIZAR

1. O que é o Alcorão?

2. O que é o *jihad* e como ele deve ser aplicado?

3. Pode-se afirmar que os árabes assimilaram diferentes culturas? Justifique.

4. Por que, durante a expansão do islamismo, houve facilidade na difusão do conhecimento entre os muçulmanos?

5. Após a morte de Maomé, xiitas e sunitas discordaram em relação a quem deveria ser o novo líder da comunidade islâmica. O que cada um desses grupos defendia e quem saiu vencedor na sucessão do profeta?

6. Copie o texto a seguir em seu caderno e complete as lacunas.

A ______ territorial impulsionou o desenvolvimento de ______ em diversas áreas, como Matemática, Química, Arte e Medicina. A difusão de conhecimentos foi facilitada pelo fato de que a maioria dos ______ era alfabetizada. Assim, podemos dizer que um dos fatores mais importantes para o crescimento do ______ foi o cultural, porque já eram dinâmicas as trocas de saberes e a transmissão de informações.

REFLETIR

1. Observe o mapa da página 12 e faça o que se pede.

a) Do que se trata o mapa?

b) Comente os impactos da cultura islâmica nos povos convertidos das regiões apresentadas no mapa.

2. Que relação pode ser estabelecida entre a construção do Domo da Rocha e o desenvolvimento dos califados?

3. A prática do altruísmo é um dos fundamentos do islamismo, assim como de outras religiões. Em sua opinião, por que o altruísmo é importante, independentemente da religião?

4. Observe o mapa e responda às questões.

© DAE/Sonia Vaz

Fonte: Jeremy Black. *World history atlas*. Londres: Dorling Kindersley, 2008. p. 226.

a) Qual é o nome do percurso feito por Maomé, indicado no mapa?

b) O que esse percurso representa para a cultura do Islã?

c) De que maneira o conceito de *jihad* é apresentado no mapa?

DESAFIO

1. Reúna-se com alguns colegas e forme um grupo. Juntos, escolham um dos tópicos a seguir para pesquisar e apresentar em um seminário.

I. A formação territorial e política do islamismo.

II. A arte islâmica.

III. A produção científica islâmica até o século XIII.

IV. Principais preceitos.

CAPÍTULO 2

As Cruzadas, o comércio e as cidades

No capítulo anterior, você estudou como se estruturou a sociedade islâmica e como ocorreu a expansão territorial do Islã. Neste capítulo, você vai estudar como se deu o embate entre as culturas cristãs e islâmicas.

As Cruzadas

Desde a expansão islâmica a partir do século VII até a primeira metade do século XI, muçulmanos e cristãos guerrearam pelos territórios do Império Romano do Oriente e da Península Ibérica. Mesmo com um caráter religioso em suas ações, as disputas relacionavam-se majoritariamente às questões territoriais. Os gregos, por exemplo, pretendiam manter suas fronteiras na Ásia Menor. Já o Califado de Córdoba (região pertencente à atual Espanha) chegou a contar com o apoio de tropas mercenárias cristãs para agir na região.

Rumo à Terra Prometida

Movidos pela doutrina católica, muitos cristãos partiram para o Oriente Próximo, visando retomar a cidade sagrada de Jerusalém dos muçulmanos. Formaram-se, assim, expedições militares organizadas pela Igreja Católica que ficaram conhecidas posteriormente pelo nome de Cruzadas.

A religião tinha grande importância na sociedade medieval. Em busca da purificação espiritual, as pessoas faziam diversas peregrinações rumo aos lugares santos, como as cidades de Santiago de Compostela (na atual Espanha), Roma e, a mais importante delas, Jerusalém, considerada por muitos a Cidade Santa, localizada no Oriente Próximo.

Em meados do século XI, o aumento populacional na Europa ocidental acarretou uma série de mudanças tanto para a nobreza quanto para o campesinato. Naquela sociedade, apenas os filhos mais velhos tinham direito à herança. Os não primogênitos passaram a compor as forças militares dos reinos europeus.

Enquanto isso, os camponeses sofriam com a fragmentação dos mansos, causada pelo crescente número de filhos e a consequente divisão das terras entre eles. Muitas vezes sem ter com o que se sustentar, vários deles caíam na miséria.

A Terra Santa, área entre o Rio Jordão e o Mar Mediterrâneo (atual região de Israel, Cisjordânia e Jordânia), recebeu essa denominação em razão do valor histórico para as três maiores religiões monoteístas: judaísmo, cristianismo e islamismo. É onde está localizada a Cidade Santa: Jerusalém.

Biblioteca Nacional da França, Paris

Roman de Godefroi de Bouillon et de Saladin..., 1337. Iluminura em pergaminho, 40 cm × 30 cm. Representa o ataque dos cruzados a Jerusalém em 1099.

O espírito aventureiro, a atração pelo desconhecido, as dificuldades econômicas e o profundo sentimento religioso estimularam muitas pessoas a dirigir-se à Terra Santa. Lá buscavam também a redenção de pecados e o acesso ao paraíso, parte da doutrina religiosa. Havia ainda a ambição motivada pela possibilidade de saques e a chance de se apoderar de novas terras que estavam sob o domínio dos muçulmanos.

Fonte de interesse

No Ocidente, o poder da Igreja Católica estava consolidado, influenciando nas decisões políticas e econômicas dos feudos. Já no Império Romano do Oriente, a Igreja Ortodoxa não dava conta de conter o crescimento do islamismo e o aparecimento de heresias. Somado a isso, Jerusalém havia sido tomada pelo Império Turco, no século XI, prejudicando a peregrinação de judeus e cristãos à cidade.

Em 1095, o papa Urbano II convocou os fiéis católicos a libertar a cidade de Jerusalém da ocupação turca, dando início às Cruzadas.

As Cruzadas

© DAE/Studio Caparroz

Fonte: José Jobson de A. Arruda. *Atlas histórico básico*. 17. ed. São Paulo: Ática, 2011. p. 16.

AQUI TEM MAIS

Os cruzados

Durante as cruzadas foram formadas muitas ordens militares. Entre as mais famosas estavam a Ordem dos Hospitalários e a Ordem dos Cavaleiros do Templo ou, simplesmente, templários.

Os guerreiros que lutavam pela retomada de Jerusalém eram chamados de cruzados porque usavam uma cruz vermelha nos mantos e escudos. Muitos eram de origem eclesiástica, sendo transformados, assim, em monges-guerreiros. Os mais conhecidos e importantes foram os templários.

Centre Historique des Archives Nationales, Paris. Fotografia: Bridgeman Images/Easypix Brasil

↑Selo dos templários criado por franceses na época das Cruzadas.

Impactos das Cruzadas

A Primeira Cruzada durou cerca de três anos, entre a partida do primeiro grupo de combatentes e a chegada a Jerusalém. Os esforços e as mortes foram incontáveis, mas garantiram a conquista da Terra Santa.

Entretanto, o sucesso inicial não se consolidou de forma definitiva ao longo das Cruzadas. Por quase um século, a Igreja e os nobres europeus dispuseram de vidas e alto custo financeiro para mantê-las. O exército turco ampliou seus esforços, e as conquistas territoriais dos cruzados não se mantiveram. No século XIII, os muçulmanos retomaram o controle de diversas regiões, incluindo Jerusalém.

Coleção particular

↑Representação de Veneza em 1338, com base em um manuscrito da Bodleian Library, retirado de *A short history of the english people*, de J. R. Green, 1893. Litografia colorida.

Muitas famílias nobres empobreceram por terem financiado expedições à Cidade Santa. A perda de combatentes foi tão grande que diversas linhagens de nobres desapareceram com a morte de seus integrantes masculinos na Guerra Santa.

Os camponeses que não viajaram para o Oriente ou não participaram dos combates fugiram na ausência dos senhores que haviam se tornado cruzados.

As Cruzadas contribuíram para importantes mudanças sociais, entre elas o renascimento do comércio entre a Europa e o Oriente nos séculos XII e XIII. As principais beneficiárias com a implantação desse comércio foram as cidades italianas, com destaque para Gênova e Veneza.

A cidade de Veneza passou a ser um dos principais entrepostos comerciais da Europa na Idade Média Central. Os comerciantes venezianos negociavam eslavos escravizados em troca de seda, ouro e prata.

E, apesar de nunca ter sido completamente proibida pelos muçulmanos, a navegação pelo Mar Mediterrâneo, que havia se reduzido, voltou a se intensificar, revigorando o comércio entre o Oriente Próximo e a Ásia.

Os burgos

Durante os períodos que ficaram conhecidos como Idade Média Central e Baixa Idade Média, que vão do século XI ao XV, a sociedade medieval europeia – bem como sua organização econômica – passou por grandes mudanças. A sociedade medieval era fundamentada na atividade agrícola, e para isso foi preciso desenvolver novas técnicas agrícolas, como o sistema trienal de culturas. O sistema possibilitava colheitas anuais, de melhor qualidade e maior produtividade, abastecendo o feudo o ano inteiro com alimentos. Outra mudança importante foi o desenvolvimento de novos instrumentos de trabalho, como a charrua, o segundo eixo nas carroças, foices e enxadas.

> No início da Idade Média, ainda que grande parte da Europa ocidental tenha se fragmentado em feudos, que eram regiões predominantemente rurais, as cidades jamais deixaram de existir. Nesse período elas apenas tiveram menor importância na vida dos medievos. No entanto, diante do processo de intensificação das trocas comerciais, as cidades medievais foram reformadas, o que atraiu mais moradores.

Essas mudanças possibilitaram que, entre os séculos XI e XIII, a crise da fome e as epidemias na Europa diminuíssem.

Observe o quadro:

Nova atrelagem dos animais	 Victoria & Albert Museum, Londres ↑Outubro: arar e semear. Detalhe de iluminura retirada de um livro de horas, c. 1540.	Ao mudar a forma de usar as correias, foi possível utilizar o cavalo, animal mais rápido e resistente que o boi, para os trabalhos agrícolas.
Charrua pesada	 Biblioteca Britânica, Londres ↑Agricultura: dois homens arando com um cavalo. Detalhe de iluminura retirada de um livro de horas, 1527.	Substituiu o arado em regiões onde o solo era mais duro, levando para a superfície os nutrientes acumulados nas camadas mais profundas da terra.
Sistema trienal	 Museu Condé, Chantilly ↑Março: camponês no trabalho em uma propriedade feudal. Detalhe de iluminura do livro de horas *As mui ricas horas do duque de Berry*, século XV.	Possibilitava o descanso de apenas um terço da área produtiva, enquanto nos períodos anteriores metade da terra cultivável não era usada. Isso melhorou a qualidade do solo.

O resultado foi o aumento da expectativa de vida e o crescimento demográfico, gerando excedente de mão de obra. A população rural, em busca de terras para cultivo, deslocava-se para novas regiões ou para os pequenos centros urbanos.

Nos centros urbanos, o impacto das mudanças do campo foi sentido pelo surgimento de um novo tipo de habitação ao redor das muralhas desses centros, que ficaram conhecidas como **burgos**.

O conceito de cidade para a Europa Medieval não é o mesmo que temos hoje. Como a prática rural era a principal atividade, era comum encontrá-la, inclusive, dentro dos centros urbanos.

O comércio e a cidade não foram extinguidos durante a Idade Média, mas suas atividades eram restritas. O **escambo** prevalecia como a principal forma de adquirir produtos diferentes. As trocas ocorriam nas proximidades do castelo, e o uso do dinheiro era restrito e raro. Alimentos como trigo e cevada eram trocados por utensílios domésticos e roupas.

GLOSSÁRIO

Escambo: troca de uma mercadoria por outra, sem uso de dinheiro.

O comércio de produtos vindos do Oriente, como especiarias e seda, ocorria em pequenos centros urbanos. Mas somente a aristocracia e o clero tinham como adquiri-los.

No século XI ocorreu um aumento expressivo da circulação de pessoas em busca de trabalho ou abrigo nos burgos, acarretando o crescimento desses centros urbanos e a comercialização do excedente do campo.

No centro urbano de Flandres, atual Bélgica, por exemplo, eram encontrados produtos de artesanato e tecidos. Nas cidades da região da atual Itália e da Inglaterra havia um significativo comércio de lã. A construção de catedrais, palácios, muralhas e habitações criou um novo setor de trabalho, a construção civil, que também contribuiu para o crescimento desses centros.

Com o aquecimento das atividades comerciais o uso das moedas intensificou, que passaram a ser usadas como o principal meio de pagamento de compras de produtos. As atividades comerciais também favoreceram o surgimento de cerca de 140 novas cidades na Europa Medieval.

> Uma cidade importante no Ocidente tinha de 10 000 a 20 000 habitantes. Palermo e Barcelona sobressaíam do comum, com cerca de 50 000 habitantes. Londres, Gand e Gênova e, em território muçulmano, Córdoba, com cerca de 60 000 habitantes. Bolonha tinha sem dúvida entre 60 000 e 70 000 habitantes, Milão, 75 000. Só Florença e Veneza atingiam e, talvez, ultrapassavam 100 000 habitantes; e a maior cidade, incontestavelmente, Paris, pois foi demonstrado que ela continha, sem dúvida, 200 000 habitantes por volta do ano 1300.
>
> Jacques Le Goff. *As raízes medievais da Europa*. Petrópolis: Vozes, 2011. p. 147.

O crescimento das cidades ocorreu de forma desordenada e sem planejamento. Esses centros urbanos se formavam ao redor de uma igreja e próximos a lagos ou rios, garantindo, dessa forma, o abastecimento de água. A construção de muralhas protegia dos ataques de povos inimigos.

Não havia saneamento nem preocupação com a qualidade ou padronização da construção das casas. Era comum a construção de uma via principal, normalmente larga, que centralizava espaços administrativos. As demais ruas eram estreitas a ponto de mal passar uma carroça. Elas também acumulavam sujeira, em geral, dejetos humanos ou de animais, provocando mal cheiro e doenças.

Todas essas mudanças ampliaram a quantidade de alimentos e melhoraram a qualidade deles. Mesmo sem o conhecimento específico, mas valendo-se de uma dieta mais variada, as pessoas puderam alimentar-se melhor, o que fortaleceu o organismo delas e aumentou a resistência a doenças.

O crescimento das cidades

O aumento da **produtividade** agrícola entre os séculos XI e XII contribuiu para mudanças climáticas que, entre os séculos VIII e XIII, tornaram o clima da Europa mais ameno, proporcionando a expansão dos cultivos.

GLOSSÁRIO

Produtividade: neste caso, aumento da quantidade de alimentos produzida em uma mesma área.

O comércio na Idade Média

O conceito de economia como conhecemos hoje era diferente nas sociedades medievais. Alguns princípios da econômia medieval visavam à distribuição (divisão das riquezas) e ao equilíbrio (tornar justas as relações econômicas). A condenação do lucro faz parte da doutrina católica, por isso ela se preocupava com a usura (lucro) e o preço justo.

Durante a Idade Média, as cidades foram crescendo e desenvolvendo-se. A conquista da liberdade dos servos e as fugas dos mansos senhoriais tornaram os centros urbanos o destino de muitos dos camponeses que pretendiam livrar-se da dominação senhorial.

Como resultado da crescente urbanização da sociedade feudal, as práticas comerciais intensificaram-se, tanto por vias terrestres quanto marítimas.

Nessa mesma época, os excedentes agrícolas passaram a ser comprados e vendidos, revigorando o comércio. Essa força comercial animou as trocas a grandes distâncias, em especial as marítimas, ao longo da região do Mar Mediterrâneo e do norte da Europa.

Biblioteca Municipal, Castres

↑ Mercadores em uma feira próximo à comuna de Saint-Denis, na França. Iluminura do livro *Grandes chroniques de France*, 1375-1379.

As feiras eram os locais de encontro e de troca entre comerciantes de diferentes cidades. Normalmente estavam localizadas em entroncamentos de estradas percorridas por eles, à beira de rios. A Feira de Champagne, na França, foi a mais famosa e importante. Era nela que diferentes povos se encontravam para trocar suas mercadorias, revigorando ainda mais o comércio do continente.

No Mediterrâneo, com destaque para os mercados de Veneza e Gênova, ocorriam trocas com a Europa oriental. Especiarias, sedas e perfumes começavam a ser vendidos nos mercados europeus.

No norte do continente, em 1161, surgiu a Hansa Teutônica, associação comercial que se transformou, no século XIV, em associação de cidades, controlando o comércio nos mares do norte. Além de assumir as mesmas incumbências das corporações de ofício – ou guildas –, associações profissionais que reuniam membros de um mesmo setor, responsabilizava-se pela proteção dos comerciantes durante suas viagens e pela defesa de seus interesses nas feiras.

A partir do século XII, devido ao aumento demográfico, o trabalho **remunerado** expandiu-se, tornando-se mais barato. O dinheiro passou a ser o meio de troca mais utilizado. Com isso, os tributos cobrados nos senhorios em forma de trabalho foram substituídos por pagamentos em moeda. O senhor, ao receber esse dinheiro, conseguia contratar mão de obra especializada. Isso proporcionou, durante o século XIII, o surgimento de bancos, com destaque para as cidades da região da atual Itália, onde viviam os principais banqueiros da Europa.

GLOSSÁRIO

Remunerar: oferecer pagamento por alguma atividade realizada.

Associações profissionais

Nos burgos, os artesãos organizavam-se em corporações de ofício. Essas associações tinham como objetivo averiguar a qualidade e o preço dos produtos para evitar a concorrência.

Cada oficina pertencia a um mestre, que administrava os trabalhos feitos por outros artesãos, menos experientes. Por suas produções, estes recebiam uma espécie de pagamento, que podia ser em abrigo, vestuário, alimentos e, às vezes, dinheiro.

Os mestres também eram responsáveis pelos aprendizes, em geral, meninos de 10 a 12 anos de idade escolhidos entre os familiares do mestre para aprender o ofício. Em troca, recebiam abrigo e alimento.

LINK Os condomínios fechados

Alexandre Macieira/Tyba

↑ Em grandes centros, a procura por morar em condomínios aumentam a sensação de segurança. Condomínios residenciais com diversos edifícios, Rio de Janeiro (RJ).

Ernesto Reghran/Pulsar Imagens

↑ Morar em condomínios está se tornando comum em cidades fora dos grandes centros. Condomínio residencial, Londrina (PR).

Atualmente, sobretudo nas metrópoles de vários países, ocorre um fenômeno urbano que consiste na construção de grandes condomínios residenciais capazes de comportar muitas pessoas e serviços. Com o intuito de diminuir os deslocamentos, alguns condomínios oferecem aos moradores serviços para a manutenção da vida social, como opção de trabalho (locação de escritórios), estudo, lazer e consumo.

Um dos motivos da expansão desse modelo de construção é a sensação de insegurança social, o medo de assaltos e sequestros. Os sistemas de proteção desses lugares comportam alarmes, câmeras, seguranças armados, tudo fornecido por empresas especializadas, muitas vezes com assessoria direta do policiamento público das cidades.

É importante lembrar que todas essas medidas garantem apenas a sensação de segurança. Em muitos casos, os condomínios representam somente uma distinção social.

Essa história não é recente ou isolada. Algo parecido com relação ao anseio por segurança ocorreu com os burgos na Europa ocidental da Idade Média. Quando a Europa ainda estava sob o domínio do Império Romano do Ocidente, seus habitantes contavam com a proteção do exército romano. No entanto, com o enfraquecimento do império, os muitos conflitos internos foram agravados por guerras com outros povos, o que gerou a necessidade de erguer muros ao redor das cidades para protegê-las das guerras e dos invasores, que, com frequência, eram provenientes das cidades mais próximas. Eram construídas verdadeiras fortalezas de pedra. Foi um período de muita instabilidade social, e a autoproteção e vigilância constante eram demandas importantes. Várias dessas cidades muradas ainda existem no continente europeu e podem ser visitadas.

O que há em comum entre as cidades muradas da Europa Medieval e os condomínios residenciais de hoje é justamente o sentimento de insegurança permanente, com a necessidade constante de mecanismos de vigilância.

1. Que diferenças e semelhanças podemos observar entre o medo que levou à construção de cidades muradas no Período Medieval e o que leva à construção de condomínios fechados atualmente?

ATIVIDADES

NO CADERNO

SISTEMATIZAR

1. O que foram as Cruzadas?
2. O que estimulou as pessoas a se dirigirem à chamada Terra Santa?
3. Quais foram os impactos comerciais das Cruzadas na Europa?
4. Que funções sociais e econômicas as corporações de ofício assumiram na sociedade medieval?
5. A charrua foi um marco como instrumento agrícola, influenciando a qualidade de vida do camponês. Explique a importância do desenvolvimento da charrua durante a Idade Média.
6. Explique a importância das cidades italianas de Gênova e Veneza durante a Idade Média.

REFLETIR

1. Analise o mapa da página 19 e responda às questões a seguir.
   a) De acordo com o mapa, a Primeira Cruzada partiu de dois locais diferentes. Quais são eles?
   b) Observe que, no geral, as Cruzadas partiam de regiões nas quais predominava uma religião, atravessavam um território de predominância de outra e chegavam a uma extremidade dominada por uma terceira. Quais eram essas religiões, em respectiva ordem?
   c) Como foi a trajetória da Terceira Cruzada? Descreva-a desde a origem até o destino final.
2. Se você já foi a uma feira de rua, possivelmente viu inúmeras barracas com os mais variados produtos. Com auxílio da imagem ao lado, estabeleça as semelhanças e diferenças entre as feiras medievais e as feiras livres atuais.

Super Stock/Diomedia

Feira medieval no século XIII. Ilustração francesa, s.d.

DESAFIO

1. As cidades nunca deixaram de existir na Europa Medieval. Elas voltaram a se multiplicar e prosperar a partir do século X, ganhando relativa autonomia em relação ao mundo rural. Muitas cidades que surgiram nesse período despertam curiosidade e fascínio até hoje. Faça uma pesquisa e descubra quais dessas cidades são as mais visitadas atualmente. Aproveite para identificar as que conservaram melhor a arquitetura original e as compare, para verificar os diferentes estilos arquitetônicos desenvolvidos no decorrer da Idade Média.

CAPÍTULO

3

Do feudalismo aos Estados Modernos

No capítulo anterior, você estudou alguns aspectos das sociedades europeias durante a Idade Média. Neste capítulo, você vai estudar a crise econômica que acometeu o sistema feudal e o modificou.

Crise do feudalismo

Durante a Baixa Idade Média, a oferta de alimentos aumentou, mas não com regularidade. Por isso, qualquer evento climático mais drástico, como seca ou fortes chuvas, desestabilizava a produção agrícola, gerando fome – o que acontecia com certa frequência.

Entre os anos 1315 e 1317, a Europa foi assolada por intensas chuvas, que arrasaram os campos e comprometeram as colheitas. A falta de alimentos alastrou a fome por grande parte do continente. As populações dessas regiões ficaram suscetíveis a inúmeras doenças, o que acarretou alto índice de mortalidade.

Consequentemente, aumentavam cada vez mais as tensões sociais. Ao mesmo tempo, as epidemias causavam declínios populacionais, levando ao aumento do valor da mão de obra e ao encarecimento dos produtos artesanais.

No século XIV, conflitos entre as monarquias francesa e inglesa ocasionaram aumento de impostos, confiscos e calotes. Banqueiros faliram, desestabilizando o já frágil sistema financeiro europeu.

No final do século XV, as corporações de ofício urbanas enfrentavam concorrência da produção rural (mais barata) e viam seus lucros diminuírem. Diante desse cenário, as corporações tentavam manter seus privilégios com a adoção de um controle mais rigoroso e restritivo do mercado, o que provocou confrontos com os trabalhadores rurais.

Biblioteca Medicea Laurenziana, Florença

Distribuição de alimentos em tempos de fome. Iluminura retirada de manuscrito italiano do século XIV.

A peste negra

A urbanização trouxe também consequências negativas, entre elas a proliferação e o alastramento mais rápido de doenças, como a que ficou conhecida por peste negra.

A peste negra era o nome dado às pestes bubônica e pneumônica. A primeira era transmitida por pulgas e causava bolhas escuras. Essa forma da doença chegava a matar até 80% dos infectados. O segundo tipo era transmitido de pessoa a pessoa e vitimava 100% dos doentes em apenas dois ou três dias após a contaminação.

Originária de Caffa (na atual Crimeia), ela possivelmente foi levada por mercadores genoveses para Constantinopla, Messina, Gênova e Marselha e se alastrou do sul em direção ao norte e do litoral para o interior do continente. Essa forma de distribuição seguia o mesmo padrão de desenvolvimento demográfico e comercial ocorrido na Idade Média.

Estima-se que a peste negra tenha sido responsável pela morte de aproximadamente um terço da população europeia, o que gerou escassez de mão de obra durante o século XIV.

Biblioteca Britânica, Londres

↑ Vítimas da peste negra sendo abençoadas por um padre. Iluminura em pergaminho fino retirada de *Omne Bonum*, de James le Palmer, 1360-1375.

A peste negra provocou também uma transformação na maneira com que as pessoas encaravam a morte. Antes da epidemia, a morte era vista como algo natural, diante da qual os moribundos deveriam dar suas últimas instruções e fazer obras de caridade. Depois da doença, a morte passou a ser vista como algo temível, pois todos estavam condenados a morrer, sem distinção de grupo social, riqueza ou poder.

Expansão da peste negra na Europa (1347-1352)

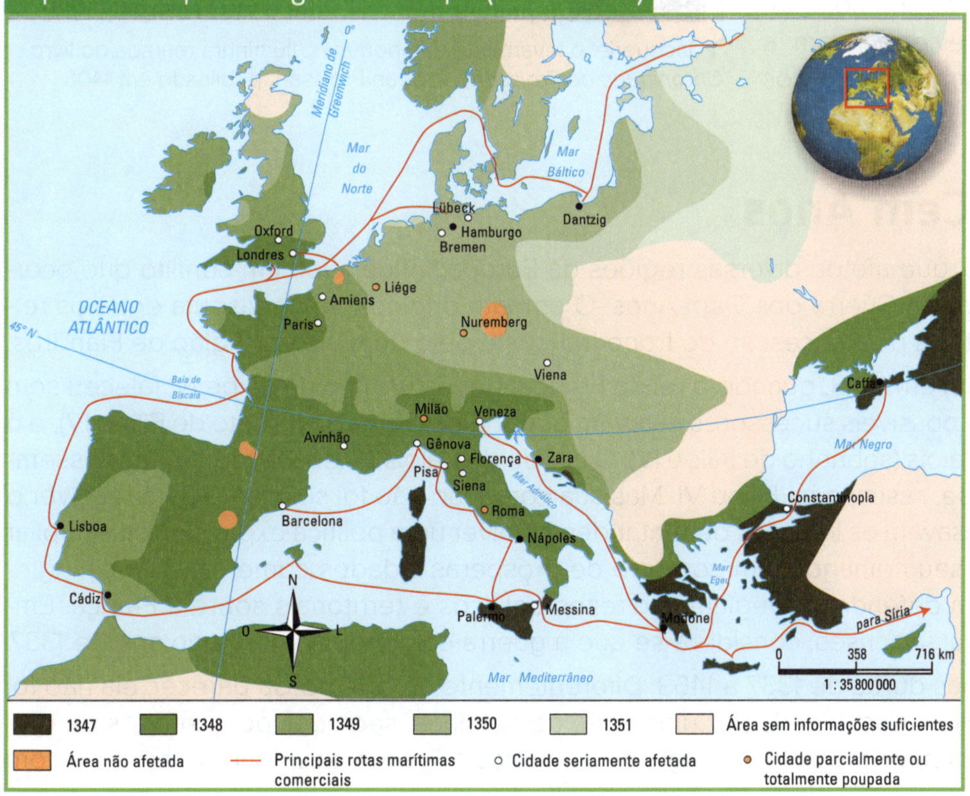

© DAE/Sonia Vaz

Fonte: Patrick O'Brien. *Atlas of world history*. Nova York: Oxford University Press, 2010. p. 105.

Rebeliões camponesas

Com a diminuição da população causada pela peste negra, a economia foi ainda mais prejudicada, pois não havia mão de obra suficiente. Os servos passaram a exigir mudanças, entre elas a diminuição dos impostos e maiores benefícios em troca do trabalho prestado. As transformações ocorridas no período afetaram a relação entre os servos e seus senhores.

Diversas manifestações dos camponeses aconteceram ao longo do século XIV, entre as quais podemos destacar as rebeliões em Flandres, no ano de 1323; em Paris, em 1358; e em Londres, em 1381.

As rebeliões mais conhecidas foram as Jacqueries, que receberam esse nome porque seu líder, Guillaume Cale, era conhecido por "Jacques Bonhomme" (uma expressão francesa que designa genericamente os camponeses). As Jacqueries aconteceram na França em 1358. Nesse período, os camponeses invadiam as terras dos senhores, assassinavam suas famílias e queimavam as propriedades. Mais de 150 delas foram atacadas.

Todas essas revoltas foram violentamente reprimidas, mas evidenciaram a crise, que se agravou com a Guerra dos Cem Anos.

↑ Jacquerie: o levante de camponeses. Iluminura retirada do livro *Chroniques de Froissart*, de Jean Froissart, publicado em 1408.

A Guerra dos Cem Anos

A crise do feudalismo, que afetou diversas regiões da Europa, influenciou um conflito que ocorreu ao final da Idade Média: a Guerra dos Cem Anos. O embate originou-se na disputa entre os reinos da França e da Inglaterra pela sucessão do trono francês e pelo domínio da região de Flandres.

As tensões começaram em 1328, quando o rei da França, Carlos IV, filho de Filipe IV, faleceu sem deixar herdeiros. Entre os possíveis sucessores estavam o rei inglês, Eduardo III (neto de Filipe IV), e o francês Filipe, conde de Valois (sobrinho de Filipe IV). O conde de Valois foi escolhido por uma assembleia francesa, tornando-se, assim, o rei Filipe VI. Mas sua coroação não foi suficiente para resolver o conflito. Os franceses acusavam os ingleses de tentar desenvolver uma política expansionista: ampliar seus domínios e ter, sob seu comando, um conjunto de prósperas cidades comerciais. Já os ingleses insistiam que estavam defendendo legítimos direitos políticos e territoriais sobre a França. Embora tenham ocorrido diversas crises, considera-se que a guerra começou somente no ano de 1337.

A Guerra dos Cem Anos durou de 1337 a 1453. Diferentemente do que possa parecer, ela não foi um conflito ininterrupto. Foi caracterizada por uma série de batalhas, seguidas por períodos de cerco às cidades. Tendo momentos favoráveis à Inglaterra e outros à França, essa guerra terminou com a vitória francesa.

Durante a Guerra dos Cem Anos foram utilizadas inovações tecnológicas que tornaram as batalhas mais mortais. Entre elas, podemos destacar:

- a cavalaria couraçada;
- as bombardas;
- a besta.

Cleveland Museum of Art. Foto: Bridgeman Images/Easypix Brasil

↑Armaduras de homem e de cavalo feitas de aço.

Stocksolutions/Shutterstock.com

↑Canhão medieval utilizado para bombardear castelos e fortificações.

Palazzo Ducale, Veneza. Fotografia: Erich Lessing/Album/Fotoarena

↑Besta veneziana.

As principais consequências da Guerra dos Cem Anos foram o enfraquecimento da nobreza, a desarticulação do feudalismo e a consolidação do poder real.

AQUI TEM MAIS

De camponesa a mártir, Joana d'Arc

Nascida em 1412, Joana d'Arc foi uma das personagens que mudaria os rumos da Guerra dos Cem Anos para o lado dos franceses. De origem humilde, a camponesa Joana nasceu e cresceu em meio à guerra. Desde os 13 anos ela afirmava ouvir vozes, atribuídas, por ela mesma, ao arcanjo São Miguel, que a chamava para libertar a França.

Nikonaft/Shutterstock.com

↑Estátua de Joana d'Arc na Place des Pyramides, em Paris, França.

Aos 17 anos, Joana partiu para o Castelo de Chinon, residência do rei francês Carlos VII, para cumprir sua missão. Ao se encontrar com o rei, Joana d'Arc falou de suas visões. Ele pediu que Joana fosse testada por membros eclesiásticos a fim de comprovar a veracidade das histórias. Após a confirmação, Carlos VII entregou à moça uma espada e o comando de uma tropa francesa. Munida e acompanhada de sua tropa, Joana d'Arc seguiu rumo a Orleans, então em posse dos ingleses, e libertou a cidade, expulsando-os. As constantes vitórias de Joana não foram bem vistas por alguns comandantes franceses, que temiam que a popularidade dela acarretasse levantes de camponeses. Com isso, Joana acabou sendo entregue aos ingleses pelos próprios franceses. Posteriormente, foi acusada de heresia e bruxaria, sendo condenada à morte na fogueira.

Em 1920, Joana d'Arc foi reconhecida como santa pela Igreja Católica, tornando-se heroína, mártir e padroeira da França.

1. Que motivos levaram os comandantes franceses a entregar Joana d'Arc aos ingleses?

Guerra de Reconquista

A partir do ano de 711, os muçulmanos começaram a ocupar a região que corresponde ao território atual de Espanha e Portugal. Alguns cristãos remanescentes refugiaram-se nas áreas montanhosas ao norte da península. Durante quase 400 anos, os muçulmanos dominaram grande parte da Península Ibérica, difundindo a cultura árabe na região. Eram pessoas vindas do norte da África e da Arábia que, ao ocuparem esse território, ficaram conhecidas como mouros.

Do século VIII até 1492, os cristãos tentaram expulsar os invasores. Esse movimento, denominado pelos cristãos de Guerra de Reconquista, foi responsável pela criação dos reinos de Portugal, Castela, Navarra e Aragão.

Mapas: © DAE/Alessandro Passos da Costa

Península Ibérica em 1100

Península Ibérica em 1180

Península Ibérica em 1250

Península Ibérica em 1492

Fonte dos mapas: Cláudio Vicentino. *Atlas histórico geral e do Brasil*. São Paulo: Scipione, 2011. p. 89.

O contato entre esses diversos reinos, unidos pela luta contra os muçulmanos, deu origem à cultura ibérica, da qual os brasileiros também são herdeiros, pois Portugal, que ocupou as atuais terras do Brasil, está localizado nessa península.

Para efetuar a ocupação dos territórios reconquistados, os reis cristãos doavam terras aos cruzados e nobres, garantindo assim a propriedade e, ao mesmo tempo, seu uso como meio de produção. Dessa forma, a tomada do território veio acompanhada da formação de novos reinos, habitados por pequenos nobres.

Bridgeman Images/Easypix Brasil

Aos poucos, esses reinos se uniram pelos laços de casamento, dando origem aos territórios da Espanha e de Portugal.

A elite muçulmana fugiu após o processo de reconquista empreendido pelos cristãos na Península Ibérica. Isso possibilitou a reestruturação social nos territórios dos atuais Estados da Espanha e de Portugal. A grande massa de muçulmanos pobres que permaneceu na Europa foi obrigada a converter-se ao cristianismo para continuar a viver na região. Esses cristianizados mantiveram a cultura árabe na península, misturando-a com as características da cultura ocidental, e passaram a ser conhecidos como mouriscos.

← Relevo em madeira que representa a entrada do rei Fernando II de Aragão e Isabel I de Castela em Granada, depois de concluído o processo de reconquista da Península Ibérica.

CURIOSO É...

Mouriscos e cristãos novos

Rubens Lima

A população muçulmana que permaneceu na Península Ibérica foi forçada a se converter ao cristianismo. Essa obrigação foi estendida também aos judeus que viviam na região. Esses convertidos receberam a denominação de cristãos novos. Após a conclusão do processo de reconquista da Península Ibérica, os espanhóis empreenderam a castelhanização da população a fim de destruir as identidades judaicas e mouras. Aos mouriscos, foi proibido o uso do idioma árabe e de trajes muçulmanos. Nesse período, os casamentos entre os antigos mouros deveriam ocorrer com as portas abertas para evitar dúvidas sobre a prática dos ritos religiosos.

AQUI TEM MAIS

Al-Andalus: o crescente e a cruz

Chamada pelos muçulmanos de Al-Andalus e de Andaluzia pelos cristãos, a região ao sul da atual Espanha foi governada por dissidentes da Dinastia Omíada, que lá se refugiaram depois que os abássidas tomaram o poder no Império Islâmico.

No século X, o governante da Al-Andalus assumiu o título de califa, dando origem ao Califado de Córdoba. Nesse local havia muçulmanos, cristãos e judeus convivendo, quase sempre, pacificamente.

O isolamento dessa sociedade dos centros de poder muçulmanos criou condições para o florescimento de uma identidade própria, fundamentada na tolerância, no idioma árabe e no governo autônomo.

Até hoje, as cidades espanholas mais antigas dessa região preservam os bairros judeus, cristãos e muçulmanos, um ao lado do outro.

Alexandre Rotenberg/Alamy/Fotoarena

↑ Bairro judeu em Córdoba, Espanha.

1. Para os dias atuais, qual é a importância de antigas cidades preservarem esses bairros?

Centralização do poder e ascensão da burguesia

Durante a Idade Média, apesar de o rei ser o maior suserano do sistema feudal, ele não detinha todo o poder político, pois este era exercido pelos diversos senhores feudais. Cada feudo tinha um conjunto de leis e exército próprio, o que aumentava ainda mais a descentralização.

No século XII iniciou-se um processo de centralização política das monarquias europeias. Os principais fatores que contribuíram para isso foram:

- a crise do feudalismo;
- o fortalecimento do poder do rei;
- as mudanças das relações de trabalho;
- o desenvolvimento dos centros urbanos e do comércio;
- a ascensão da burguesia, que se aliou ao rei.

Biblioteca Britânica, Londres

↑Iluminura de transação comercial em uma casa de contagem em Gênova, século XIV.

A burguesia

A burguesia, classe social que exercia o comércio, ganhava importância à medida que se fortalecia economicamente. No entanto, ela não compartilhava do *status* e dos privilégios do clero e da nobreza.

Interessada em ampliar seus negócios, a burguesia associou-se aos reis, visando enfraquecer o poder descentralizado dos senhores feudais. O objetivo era unificar a política territorial e monetária para liberar o comércio.

Para concretizar essa aliança e garantir o poder real, a burguesia oferecia recursos ao poder real, que, em troca, proporcionava as condições e a estrutura necessárias para os empreendimentos e os interesses burgueses.

Palácio de Versalhes, Versailles

↑Gillot Saint-Evre. *Encontro entre os reis Felipe II da França e Henrique II da Inglaterra, em Gisors, em 21 de janeiro de 1188,* 1839. Óleo sobre tela, 1,12 m × 1,63 m.

A nobreza

A nobreza, apesar de perder a autonomia política da época em que administrava os próprios feudos, continuou privilegiada socialmente. Os nobres mais próximos do rei até passaram a fazer parte da Corte, grupo que vivia em torno da família real, levando uma vida luxuosa, sem ter de trabalhar para sobreviver.

Essa composição social foi propícia para que os monarcas impusessem sua autoridade sobre a nobreza feudal e ampliassem o poder real centralizado em torno de um Estado unificado, o que deu origem às monarquias modernas.

Os primeiros reinos a se transformarem em monarquias modernas foram Inglaterra, França, Espanha e Portugal. A consolidação das monarquias inglesa e francesa foi consequência da Guerra dos Cem Anos (1337-1453), enquanto a formação das monarquias espanhola e portuguesa estava diretamente relacionada à expulsão dos muçulmanos da Península Ibérica.

ATIVIDADES

NO CADERNO

SISTEMATIZAR

1. O que foi a peste negra e como ela se propagou na Europa?
2. Por que as Jacqueries são consideradas revoltas violentas?
3. O que foi a Guerra dos Cem Anos e quais foram suas consequências para a Europa durante a Idade Média?
4. O que eram os burgos e quem eram os burgueses?
5. A aliança entre o rei e a burguesia não beneficiou apenas a expansão comercial burguesa, mas também os reis. Cite as vantagens dessa aliança para o rei.
6. O que foi a Guerra de Reconquista?
7. Por que podemos dizer que a formação das monarquias modernas portuguesa, espanhola, francesa e inglesa foi o resultado de anos de conflitos?

REFLETIR

1. Leia o texto a seguir e faça o que se pede.

De prósperos agricultores, muitos foram convertidos em miseráveis esfomeados e esfarrapados. O que o senhor lhes deixava muitas vezes não bastava para manter a produção em seu nível anterior. E quanto menor era o produto, tanto maior se tornava a parcela dele que era preciso entregar ao castelo.

Nesse desespero, os camponeses organizaram levantes, invadiam e incendiavam os castelos. Na Inglaterra e na Alemanha houve verdadeiras guerras camponesas. Mas, mesmo quando inicialmente vitoriosos, os camponeses não foram capazes de impor à aristocracia uma derrota decisiva e acabaram sendo reprimidos. Em outros lugares, a reação dos camponeses foi abandonar os domínios, registrando-se muitas fugas em massa.

Paul Singer. *A formação da classe operária*. São Paulo: Atual, 1994. p. 18.

a) Quais foram as principais causas das revoltas camponesas no século XIV?

b) Como ocorreu a reação camponesa?

2. A ilustração a seguir foi feita por um artista belga da cidade de Bruges com base nos textos das *Crônicas de Froissart*, de Jean Froissart (1337-1404). Esses manuscritos são considerados a principal fonte de informação sobre a primeira metade da Guerra dos Cem Anos. Observe a imagem e responda às questões.

Biblioteca Nacional da França, Paris

↑ A Batalha de Crécy: Eduardo, o Príncipe Negro, comanda o exército inglês contra a poderosa tropa do exército francês. Iluminura do livro *Chroniques de Froissart*, de Jean Froissart, 1408.

a) Que inovações bélicas do período aparecem na imagem?

b) Qual foi a influência para a Guerra dos Cem Anos, das então novas tecnologias utilizadas nos combates?

DESAFIO

1. A cultura ibérica está presente em muitas cidades brasileiras. Ela pode ser percebida em algumas manifestações culturais de origem portuguesa introduzidas no Brasil no século XVII, como a Cavalhada. Faça uma pesquisa sobre a Cavalhada, como ela acontece no Brasil e quais cidades brasileiras ainda a representam.

FIQUE POR DENTRO

A mesquita

Mesquitas não são apenas locais especiais para orações mas também para aprender o Alcorão, livro sagrado do Islã, e reunir a comunidade. Apesar de as primeiras mesquitas serem ao ar livre, ao longo do tempo passaram a ser construções com minaretes, cúpulas e elementos arquitetônicos decorados.

A casa do profeta

A mesquita básica é inspirada na casa do profeta Maomé e sua planta é quadrada. No momento da oração, o profeta posicionava-se de frente para os seguidores, que oravam enfileirados e eram protegidos do Sol por palmeiras ou estruturas de barro. Esse espaço servia apenas para professar a fé, usá-lo para outra finalidade seria considerado *haram* (pecado). Há também um pátio ao ar livre e um *mihrab*, nicho que aponta a posição de Maomé na frente dos adoradores. Ele está localizado na parede da *quibla*, que dá aos fiéis a direção da cidade de Meca, local ao qual as orações devem ser dirigidas.

Caaba

É a casa de Deus e o local mais sagrado para o islamismo, com sua famosa pedra negra.

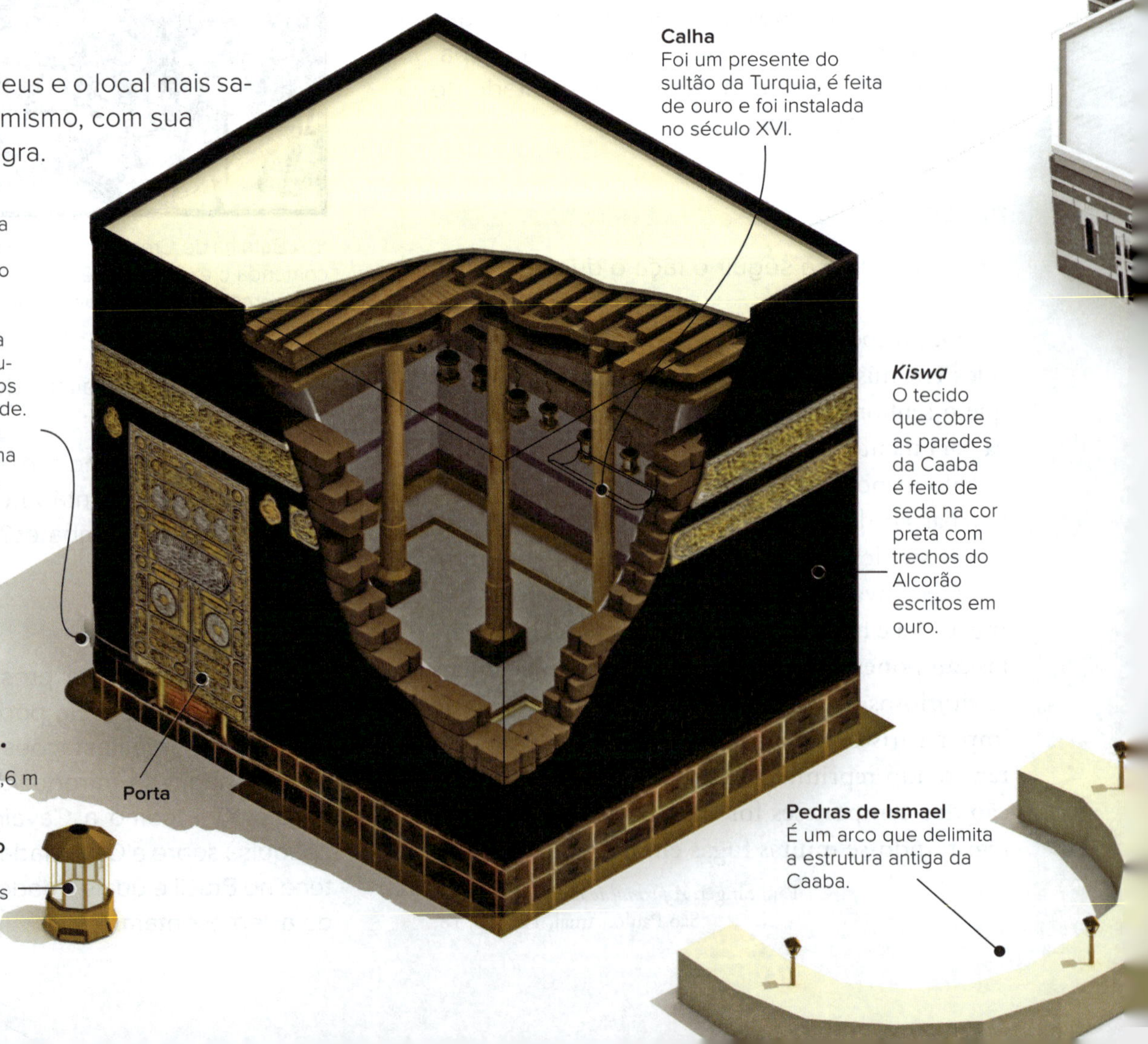

Dimensões

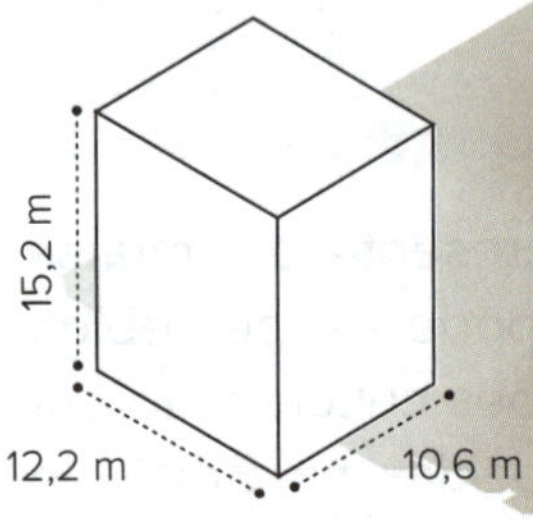

Mesquita Masjid al-Haram

É considerada a maior mesquita do mundo, localizada na cidade de Meca e construída em torno da Caaba.

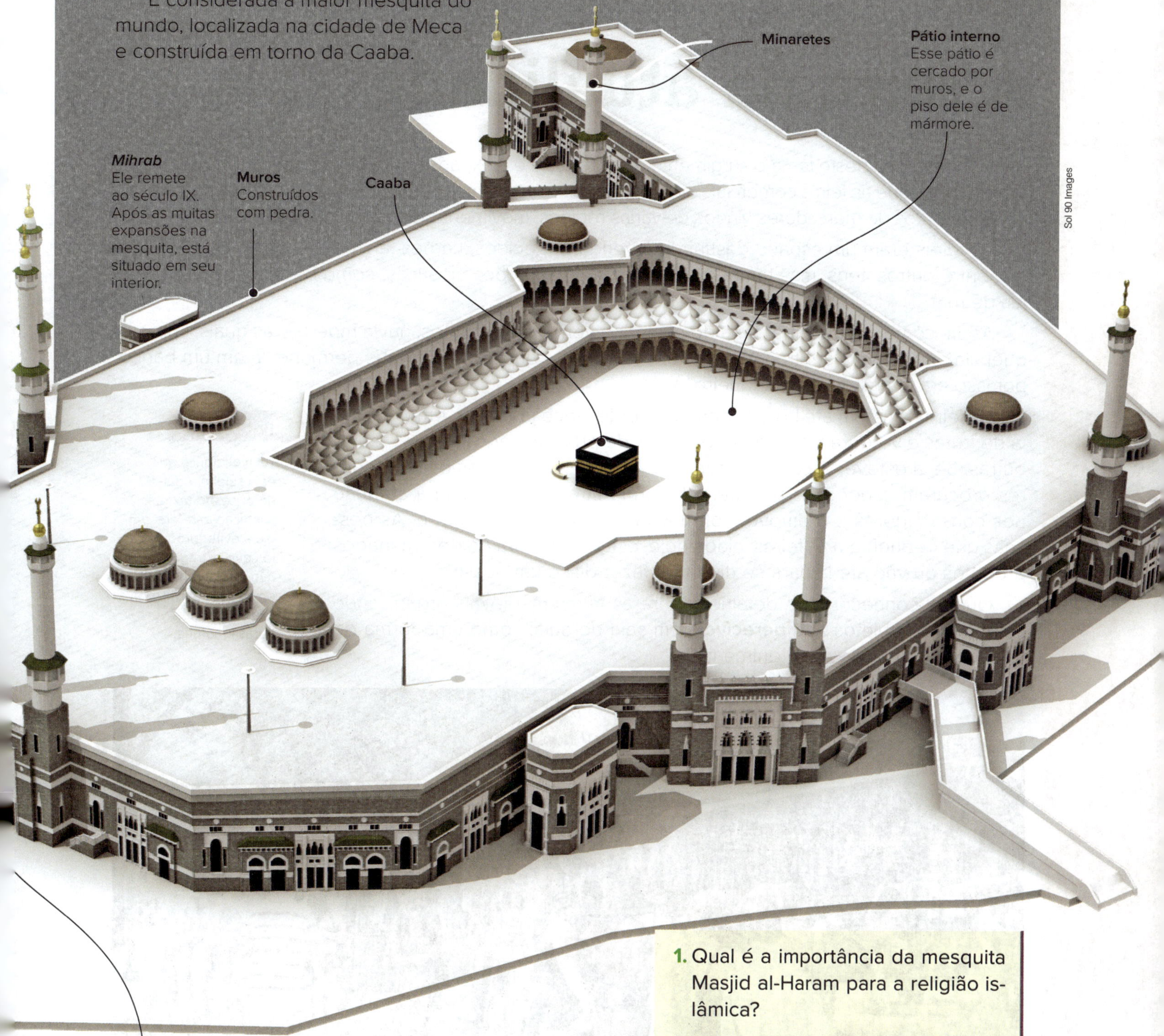

Porta *salam*
Reformada no século IX pela última vez, diz-se que Maomé passava por ela quando visitava sua esposa. Os peregrinos passam por ela ao fazer a *tawaf* (um dos rituais islâmicos).

Peregrinos
O maior encontro de pessoas de todo o mundo acontece anualmente nessa mesquita. Ela comporta cerca de 4 milhões de pessoas em seus quase 360 000 m².

1. Qual é a importância da mesquita Masjid al-Haram para a religião islâmica?
2. Faça uma pesquisa sobre as mesquitas da cidade ou estado onde você mora. Escolha uma delas e busque elementos similares aos da mesquita Masjid al-Haram. Organize os dados encontrados e use-os para elaborar uma redação.

LABORATÓRIO DA HISTÓRIA

A feira na atualidade

Você estudou neste tema o surgimento da burguesia e a expansão urbana e comercial no século XI. Viu, também, que as feiras comerciais, de Champagne, por exemplo, eram importantes lugares para a troca de produtos de mercadores vindos de várias regiões, movimentando a vida na Idade Média.

As feiras eram um espaço destinado à venda de tecidos, carnes, animais ainda vivos, artesanatos, entre outros itens, mas também contavam com atrações artísticas, como os saltimbancos (artistas de rua).

Assim como em qualquer feira de compra e venda de produtos, havia moedas, as quais, com frequência, precisavam ser trocadas por um cambista – que, normalmente, permanecia em um banco, por isso era chamado de "banqueiro".

As feiras existem até hoje e, possivelmente, você já esteve em uma, seja de frutas e verduras, seja de artesanato, de produtos agropastoris, entre outras. Se já esteve, você pôde perceber que nesses lugares os vendedores procuram expor seus produtos de forma atraente, chamam a atenção dos consumidores e promovem ofertas para incentivar a compra. As pessoas que frequentam as feiras, ainda hoje, estão à procura de determinados produtos ou vão até lá para se divertir e fazer disso um passeio.

Que tal conhecer mais detalhes sobre as feiras medievais organizando uma feira de objetos não **perecíveis** em sala de aula, como uma forma de trocar produtos e de entretenimento?

GLOSSÁRIO

Perecível: aquilo que está sujeito a deteriorar-se; no texto, a indicação refere-se a evitar produtos que estragam se não forem consumidos rapidamente, por exemplo, frutas, verduras e carnes.

João Prudente/Pulsar Imagens

↑Feira de artesanato realizada aos domingos na Praça da República, em Belém (PA).

Passo a passo

1. Para facilitar a organização, forme um grupo com dois ou três colegas.
2. Com a orientação do professor, reúna-se com os colegas para a montagem de um estande de "venda". Os objetos a serem "vendidos" podem ser coletados entre os integrantes do grupo e devem ser listados no caderno.
3. O próximo passo é definir quem ficará na posição de cambista para a troca de moedas. Isso pode ser feito por sorteio, por escolha ou como a maioria decidir.

Rubens Chaves/Pulsar Imagens

↑ Artesanato à venda na Avenida Paulista. São Paulo (SP).

4. Cada grupo deve elaborar uma moeda de troca, como se os integrantes fossem mercadores de regiões diferentes. Os grupos devem escolher um nome para a moeda de troca e confeccionar 60 notas, de iguais tamanhos, sendo 20 de 1, 20 de 5 e 20 de 10 "dinheiros". Cada equipe deve ficar com 10 notas de cada valor para serem distribuídas, igualitariamente, entre seus componentes. Aos cambistas devem ser destinadas as outras 30 notas. Cambistas e membros das equipes devem guardar suas notas para o dia da feira.
5. Elaborem uma lista com os objetos que serão trazidos para a sala de aula.
6. No dia combinado para trazer os objetos, os grupos devem atribuir um valor fictício a cada um dos itens. Os valores devem ficar registrados no caderno, para servir de consulta quando o estande da feira for montado.
7. Cada grupo deve elaborar etiquetas de preços para fixar nos produtos e escolher, com a orientação do professor, uma forma de expor suas mercadorias.
8. Vocês deverão criar um espaço para os cambistas, lembrando que eles precisarão de uma mesa e de uma caixa para a organização das moedas a serem trocadas.

Pronto! Cada grupo deve deixar seus objetos separados para a organização da feira em um momento posterior.

Finalização

1. No dia da feira na sala de aula, cada grupo deve expor, sobre o local definido como estande, os objetos a serem "vendidos". Fixem com fita adesiva as etiquetas de preços nos produtos.
2. Em posse de seus "dinheiros", comecem a comprar e vender produtos entre si, circulando pelos estandes, mas sempre deixando alguém na própria exposição para "vender" as mercadorias do grupo.
3. Naturalmente, integrantes de grupos distintos que quiserem trocar moedas por produtos terão de pegar dinheiro com o banco que ali estará disponível para essa atividade (para facilitar, o valor de troca será sempre de 1 para 1, independentemente da moeda).

Boas "compras" e "vendas" e divirtam-se, afinal vocês estão em uma feira!

Azuz/Shutterstock.com

PANORAMA

FAÇA AS ATIVIDADES A SEGUIR E REVEJA O QUE VOCÊ APRENDEU.

NO CADERNO

1. Durante o Califado Fatímida, a capital islâmica mudou para o Cairo. Observe a imagem e faça o que se pede.

a) Descreva a imagem.

b) Qual é a relação entre a Mesquita de Ibn Tulun e a expansão do Islã?

suronin/Shutterstock.com

Mesquita de Ibn Tulun, no Cairo, Egito.

2. Caracterize o feudalismo quanto:

a) às relações sociais entre reis, nobres e camponeses;

b) à organização política e territorial.

3. Explique por que as cidades medievais retomaram o crescimento a partir do século X e quais foram as consequências dessa retomada.

4. Analise o mapa a seguir e faça o que se pede.

Rotas comerciais medievais - 1300

© DAE/Sonia Vaz

Fonte: Jeremy Black (Ed.). *World history atlas*. Londres: Dorling Kindersley, 2008. p. 190-191.

a) Se você fosse um comerciante na época medieval, com interesse no comércio inter-regional, em qual desses locais provavelmente não moraria: Hamburgo, Barcelona ou Toledo? Justifique sua resposta.

b) Onde se concentravam as feiras? O que explica essa concentração?

c) Associe o mapa acima com a crise do feudalismo.

5. O intercâmbio comercial e cultural surgido entre os povos islamizados e africanos possibilitou o desenvolvimento de rotas comerciais que, originadas na África, foram responsáveis por conectar várias partes do mundo. Pensando nisso, responda:

a) Quais regiões faziam parte dessas rotas?

b) Por que a oficialização do idioma árabe foi importante no processo de desenvolvimento das rotas comerciais?

6. Durante a Idade Média, as corporações de ofício combatiam a obtenção de altos lucros estipulando o "preço justo" e a Igreja condenava a usura. A ideia de lucratividade não era tão presente, a princípio, na mentalidade do ser humano medieval. Por que podemos dizer que a Igreja, nesse período, pode ser considerada um entrave para o desenvolvimento econômico e comercial?

7. Mesmo com a peste negra presente em toda a Europa, alguns locais e classes sociais foram mais afetados. Explique quem sofreu mais com ela.

8. Explique quais foram as principais dificuldades enfrentadas pela sociedade europeia no final do feudalismo.

9. O surgimento da burguesia durante a Baixa Idade Média foi um dos fatores da transição da estrutura feudal para o capitalismo. Por ser ligada ao comércio, essa nova classe queria expandir seus lucros. O que a burguesia fez para alcançar esse objetivo?

10. Explique as causas e as consequências do processo de monetarização ocorrido no decorrer na Idade Média.

11. Explique os fatores que levaram à centralização do poder na Europa no processo de transição do feudalismo para a formação dos Estados Modernos.

12. Leia o trecho a seguir e responda às questões.

> Nós [o Papado], com autoridade de Deus todo poderoso, [...] exortamos, solicitamos [...] a todos os fiéis cristãos, principalmente da "Nação espanhola", para que ajudem corajosamente e de modo permanente com seus recursos e pessoas [...] os mesmos Rei e Rainha a combaterem os ditos sarracenos e a reconquistarem o dito reino de Granada, e a manterem o entusiasmo da dita fé. [...] Pela glória do seu nome e pela derrota dos mesmos sarracenos, não temam expor-se aos perigos da morte, obedecendo as ordens dos mesmos Rei e Rainha, merecendo receber por isso os prêmios da vida eterna.

Paulo Issues (Org.). *A conquista espiritual da América Espanhola: 200 documentos, século XVI*. Petrópolis: Vozes, 1992. p. 233.

a) No texto, qual é o desejo expresso pela Igreja?

b) Nesse discurso, a Igreja prometeu algo para que seus fiéis a auxiliassem na Guerra de Reconquista? Explique.

DICAS

LEIA

Cruzadas, de Cécile Morisson (L&PM).
O livro relata alguns fatores que contribuíram para que ocorressem as Cruzadas. A narrativa aborda as principais expedições militares, os Estados cristãos criados pelos cruzados e as repercussões dessas expedições.

Guerra e poder na sociedade feudal, de Cyro de Barros Resende Filho (Ática).
O livro aborda o desenvolvimento da sociedade feudal europeia por meio de uma das instituições fundamentais do período: a estrutura militar servil e suas transformações.

O ano 1000: a vida no final do primeiro milênio, de Robert Lacey e Danny Danziger (Campus).
Em uma viagem mês a mês, durante um único ano, o texto aborda questões como crença religiosa, superstição, medicina, culinária, agricultura e política.

O que sabemos sobre o islamismo, de Shahrukh Husain (Callis).
O livro explora vários aspectos do islamismo com belas fotos, ilustrações e texto objetivo.

Museus do Vaticano, Roma

↑ Rafael Sanzio. *Escola de Atenas*, 1510 a 1511. Afresco, 5 m × 7,7 m. Nesta obra, Sanzio pintou vários filósofos no mesmo ambiente. No centro, estão Platão e Aristóteles. Platão aponta para o alto, o que o identifica com o mundo inteligível. A mão de Aristóteles está na horizontal, com a palma virada para baixo, representando o terrestre.

TEMA 2

A Europa renascentista

NESTE TEMA

VOCÊ VAI ESTUDAR:

- a escolástica e o humanismo;
- as ideias renascentistas e sua expansão para outras regiões da Europa;
- o desenvolvimento da ciência no período do Renascimento;
- as contribuições dos renascentistas para o desenvolvimento das ciências atuais.

A Idade Média foi um longo período da história europeia no qual a Igreja Católica tinha muita influência e poder, controlando também os saberes da cultura. Mas um processo de mudança estava em curso, e algo passaria a lutar com a religião pelo poder. Vamos entender como religião e ciência entraram em embate no século XIV e como elas se relacionam com a Grécia Antiga.

CAPÍTULO

1 A escolástica e o humanismo

Neste capítulo, você vai conhecer a escolástica, um novo pensamento crítico, surgido na Igreja Católica durante a Idade Média com base na filosofia de Aristóteles.

A escolástica

No início do século IX, surgiu, nos monastérios, um conjunto de pensamentos inspirados na Filosofia e na Arte denominado escolástica. Apesar de nunca haver se consolidado como uma teoria ou mesmo uma doutrina, a escolástica foi o resultado de um período marcado por discussões e opiniões divergentes em relação aos conhecimentos científicos e aos ensinamentos cristãos.

A figura de maior destaque nessas discussões foi Tomás de Aquino, pertencente à Ordem dos Dominicanos. Ele desenvolveu reflexões filosóficas sobre muitas das grandes questões da Filosofia e da Teologia da época. Ele também demonstrou que o pensamento de Aristóteles podia ser compatível com o cristianismo. Assim se formava o que ficou conhecido posteriormente como **tomismo**.

GLOSSÁRIO

Tomismo: conjunto das doutrinas teológicas e filosóficas de São Tomás de Aquino (1225-1274), consideradas o ponto central do pensamento escolástico. Destaca-se pela busca de uma harmonia entre o racionalismo de Aristóteles e a tradição do cristianismo.

A partir do século XII, por meio de traduções árabes, as obras de Aristóteles foram recuperadas, disseminadas em parte da Europa Ocidental, e serviram de base para o pensamento escolástico. O pensamento aristotélico era caraterizado pela preocupação com a ciência e o saber empírico, ou seja, baseava-se na observação e experimentação. Em uma sociedade que se transformava, abandonando lentamente o sistema feudal e estimulando o comércio e a mobilidade social, essas ideias pareciam mais adequadas às novas necessidades.

Museus Estatais de Berlim. Fotografia: Oronoz/Album/Fotoarena

Lição na Universidade de Bolonha. Miniatura de *Ética a Nicômaco*, obra de Aristóteles.

O método escolástico

A grande contribuição da escolástica para o desenvolvimento do pensamento medieval foi adotar um rigor metodológico, ou seja, criar regras e preceitos que estabelecem uma ordem na construção do saber. Assim, os escolásticos procuravam dar explicações científicas e racionais para questões teológicas e para os fenômenos naturais. Contudo, suas discussões assumiam cada vez mais um caráter especulativo distanciado da realidade, o que os enfraqueceu.

Nesse momento de esvaziamento da escolástica, surgiu o **humanismo**. Este foi um movimento intelectual que buscava recuperar o pensamento da Antiguidade Clássica, adaptando-o à realidade da época. O crescimento comercial e o dinamismo ocasionado por ele na Península Itálica propiciaram o nascimento do movimento na região, além do fato de ela ter sido o berço do Império Romano, modelo de inspiração para os humanistas.

O pensamento humanista

Influenciados pelo racionalismo escolástico, os humanistas propuseram o estudo de todos os fenômenos possíveis, sempre com foco no ser humano, que seria a medida de todas as coisas. Surgia, assim, o **antropocentrismo**. Isso não significou a negação da existência de Deus, o fim do teocentrismo, mas apenas que os estudos deveriam ser conduzidos além das concepções teológicas.

GLOSSÁRIO

Antropocentrismo: pensamento filosófico que coloca o ser humano como centro do Universo. Essa concepção vem do princípio grego de que o homem é a medida de todas as coisas.

O conceito de ser humano no pensamento ocidental não é estático. Ele foi se transformando de acordo com o contexto histórico. Assim, desde a Antiguidade grega, passando pela romana e chegando à Idade Média, vários autores se debruçaram sobre o tema.

Cada um trouxe olhares novos e propostas diferentes. Santo Agostinho, nascido na África no século IV, foi um dos que mais contribuiu para a ampliação da ideia de humanismo, influenciando a Igreja medieval e o próprio pensamento ocidental com obras como *A cidade de Deus*.

Grande parte da atenção de Agostinho se concentrou na relação entre razão e fé e na questão do conhecimento interior, na descoberta do que chamamos de subjetividade, ou seja, daquilo que tem ligação com o sujeito. Além desses temas, ele defendia o uso da razão como elemento de orientação das ações humanas.

Biblioteca Nacional, Paris

Iluminura da edição francesa de *A cidade de Deus*, de Santo Agostinho, traduzida por Raoul de Presles, c. 1469-1473, 53 cm × 40 cm.

Suas ideias predominaram até o momento em que Aristóteles começou a ser redescoberto pelos escolásticos.

Esse embate entre razão e fé é um dos sinais das transformações pelas quais a Europa Medieval do século XIII passava. Contribuiu para isso a expansão dos horizontes culturais, decorrente, em parte, das Cruzadas e do fortalecimento das cidades, núcleos importantes para a criação e difusão de conhecimento.

Coleção particular

← Alpine. *Santo Agostinho*, c. 1470. Pintura sobre madeira, 109 cm × 91 cm.

O ensino nas escolas e nas universidades

Com a retomada do crescimento urbano na Europa surgiram novos centros de produção e divulgação dos saberes: as universidades. A primeira universidade europeia foi fundada na cidade de Bolonha, no final do século XI. Vale frisar que foi a primeira da Europa, mas não do mundo. No Império Árabe já existiam universidades desde meados do século IX.

Seguiram-se, à universidade de Bolonha, as de Paris, Oxford, Cambridge, Salamanca e outras. Nessas universidades europeias, os debates escolásticos puderam ser ampliados e os pensadores foram estimulados a desenvolver e expor suas ideias.

Os humanistas aproveitaram as universidades, criadas pelos escolásticos, para aprofundar e difundir seus conhecimentos. Como a escolástica começava a perder a hegemonia no pensamento cristão europeu, eles foram assumindo o controle das universidades, reformando-as de acordo com suas novas ideias.

Ao lado do humanismo, esses novos centros de produção do conhecimento promoveram o desenvolvimento das ciências. No lugar da ciência aristotélica e do **geocentrismo**, surgiram novos cientistas, como Nicolau Copérnico, Johannes Kepler e Galileu Galilei, cada um dando sua contribuição para o avanço do conhecimento científico.

No seu tempo, alguns desses pensadores foram perseguidos e forçados a renunciar às suas ideias. Hoje, sabemos que esses estudos contribuíram para a autonomia da razão, acima das questões de fé, que guiaria o estudo dos seres humanos e dos fenômenos naturais.

GLOSSÁRIO

Geocentrismo: teoria defendida por Aristóteles segundo a qual a Terra seria o centro do Universo.

O poder do saber

Na Idade Média havia uma tradição cultural, descrita a seguir, que definia a separação entre as esferas de poder na Europa.

- *Sacerdotium* (poder religioso): comandado pelo papa, que detinha o controle da espiritualidade.
- *Imperium* (poder imperial): representado pelo Sacro Império Romano-Germânico na figura do imperador, que detinha o comando político.
- *Studium* (poder do saber e dos estudos): monopolizado pelos detentores do ensino de nível superior.

O *studium* era o poder que conectava os outros dois, uma vez que a fonte, tanto do saber religioso como do laico, era as universidades.

No início, as universidades medievais europeias não eram locais nos quais todos os temas podiam ser ensinados, mas nelas todos os estudantes eram recebidos, não apenas os que morassem próximo a elas. A partir do século XIII, as universidades europeias foram se transformando em centros especializados nas matérias de educação superior (Teologia, Direito e Medicina), ensinadas aos alunos por vários professores.

Biblioteca Nacional da França, Paris

↑ Reunião de doutores na Universidade de Paris. Manuscrito. Miniatura de Chants Royaux, século XVI.

CURIOSO É...

Ensino Superior

A partir da segunda metade do século XIII, para abrir uma universidade, era preciso obter uma autorização do papa ou do imperador. Uma vez recebida a autorização, a universidade poderia ser criada e os professores nela admitidos obtinham o reconhecimento e o prestígio que lhes permitiam ensinar em qualquer outro centro de Ensino Superior.

Em vista de aprimorar os sistemas de ensino locais, várias regiões começaram a se esforçar para obter permissão do papa ou do imperador para fundar uma universidade.

Peter Horree/Alamy/Fotoarena

→ Fachada de um dos prédios da Universidade de Salamanca, Espanha. Fundada em 1218, é uma das universidades mais antigas da Europa.

AQUI TEM MAIS

As universidades e o Renascimento

Os teóricos definiram universidade como um conjunto de conhecimentos que abarcam a totalidade de tudo o que se conhece. Assim, as universidades são instituições capazes de transmitir saberes acumulados ao longo da história da humanidade.

As primeiras universidades europeias foram constituídas ainda na Idade Média e carregavam fortes ideais do cristianismo. Mas, com o passar do tempo, elas foram tornando-se independentes da Igreja Católica e passaram a difundir a ideia de conhecimento laico, ou seja, um conhecimento científico com base em pesquisas e provas materiais.

O desenvolvimento das universidades na Europa contribuiu para desencadear o Renascimento, pois era nesses espaços que se elaboravam complexos e variados pensamentos que possibilitaram criticar os **postulados** da Igreja e, consequentemente, promover as grandes revoluções. Nesse período, a sociedade renascentista acreditava que poderia conhecer tudo o que existe e que esse conhecimento deveria ser organizado e difundido ao máximo. Algumas invenções tecnológicas da época, como a imprensa, facilitaram a divulgação dessas ideias.

GLOSSÁRIO

Postulado: ideia admitida como fato, sem necessidade de demonstração.

Universidades e centros renascentistas – séculos XIV-XVI

Fontes: Georges Duby. *Atlas histórico mundial*. Barcelona: Larousse, 2007. p. 162; Cláudio Vicentino. *Atlas histórico geral e do Brasil*. São Paulo: Scipione, 2011. p. 77.

1. O que é uma universidade?

2. Como instituição, de que forma a universidade colaborou para o desenvolvimento do pensamento científico durante a Idade Média?

ATIVIDADES

NO CADERNO

SISTEMATIZAR

1. Por que a escolástica não pode ser considerada uma teoria?

2. Reescreva no caderno as afirmativas que citam os fundamentos mais importantes da escolástica.
   a) O pensamento árabe-muçulmano.
   b) As ideias de Santo Agostinho.
   c) Os preceitos de Tomás de Aquino.
   d) As obras de Aristóteles.

3. Por que a escolástica foi importante para o desenvolvimento do pensamento ocidental?

4. Qual é a relação entre a escolástica e o humanismo?

5. Relacione cada termo à respectiva definição.
   I. Antropocentrismo
   II. Humanismo
   III. Classicismo
   IV. Individualismo
   V. Antimedievalismo
   a) Tendência estética que retomou os estudos da Antiguidade greco-romana.
   b) O ser humano como figura central.
   c) Desprezo à cultura medieval.
   d) Estudos direcionados à condição humana.
   e) Valorização do indivíduo.

6. Como os centros de ensino ajudaram a difundir o pensamento humanista?

REFLETIR

1. Observe a imagem ao lado. De que forma o que ela representa foi o resultado de um movimento de base religiosa?

2. É possível perceber como a relação entre a herança clássica, o contato com outros povos e a urbanização contribuiu para o desenvolvimento do humanismo? Algum desses elementos foi mais importante? Converse com um colega a esse respeito e, juntos, tentem chegar a uma conclusão.

Biblioteca do Instituto de França, Paris

↑Desenho do protótipo de uma hélice, projetado por Leonardo da Vinci, c. 1500.

DESAFIO

1. Pesquise a respeito das universidades mais antigas do mundo. Localize-as, identificando as europeias, e informe a data de fundação de cada uma. Depois, explique qual foi a importância delas.

CAPÍTULO

2 As bases do Renascimento

No capítulo anterior, você estudou a influência dos escolásticos e dos humanistas no surgimento das universidades da Europa. Neste capítulo, você vai estudar algumas características do Período Renascentista e conhecer aspectos e artistas do Renascimento italiano.

O Renascimento provocou uma mudança no pensamento dominante na Europa ocidental, tendo o humanismo como o cerne dessa mentalidade. O antropocentrismo se sobrepôs aos valores teológicos herdados da Idade Média, colocando o ser humano como centro do mundo.

Assim, os humanistas consideravam que os autores clássicos (gregos e romanos) deveriam ser estudados para servir de alicerce a novas concepções intelectuais. Isso gerou um conjunto de ideias que pode ser considerado a base do pensamento renascentista.

Precursores do Renascimento

Foram muitos os precursores do Renascimento, ou seja, artistas e pensadores que, posteriormente à experiência histórica, apresentaram propostas filosóficas e estéticas ocorridas simultaneamente e sem necessário vínculo entre si. Assim, passado esse período, foi identificado que o conjunto do que estava ocorrendo nessa fase final do medievo, costuma-se chamar de Renascimento.

Biblioteca Nazionale Marciana, Veneza

↑ Dante e Virgílio encontram Ulisses, cena do Canto XXVI de *A divina comédia*, de Dante Alighieri, século XIV.

Literatura

A literatura renascentista caracterizou-se por obras que defendiam a dignidade, a racionalidade e o poder individual dos seres humanos.

De modo geral, nas narrativas, os seres humanos eram tratados como seres feitos à "imagem de Deus" (o que significava considerá-los potencialmente criativos e capazes de fazer julgamentos morais); seres livres (capazes de seguir a própria vontade, determinação ou destino); atores sociais (com o direito de governar o mundo por serem criaturas de Deus); seres de alma imortal (uma forma de Deus mostrar o quanto a humanidade é preciosa); seres que poderiam alcançar o sucesso por meio de conquistas pessoais.

Entre os precursores desse movimento, destacam-se Dante Alighieri, Francesco Petrarca e Giovanni Boccaccio.

Dante Alighieri escreveu o **poema épico** *A divina comédia* entre os anos 1304 e 1321. A obra reproduz as ideias religiosas da Idade Média e o excesso de rigor dos pontos de vista da Igreja Católica. Dante elogia a liberdade de consciência, o espírito de investigação e a aspiração ao conhecimento universal. A obra representa uma síntese dos conhecimentos filosóficos, científicos, religiosos e políticos da sociedade medieval.

GLOSSÁRIO

Poema épico: poema extenso, que narra fatos heroicos de temas históricos e lendários.

Petrarca era poeta e estudioso do latim. Ficou conhecido como "pai do humanismo" por sua influência na filosofia humanista. Ele acreditava no estudo do pensamento e da ação humana, não vendo conflitos entre a fé religiosa e o potencial do ser humano. Destacou-se em razão de seus poemas em italiano, língua que contribuiu para aprimorar. Entre suas obras estão *Odes a Laura*, ainda expressando um sentido de religiosidade medieval, e a epopeia *De África*, já com inspiração greco-romana.

Outro precursor importante foi Boccaccio, cuja obra principal é o *Decamerão*, em grego "Dez dias", coleção de novelas escrita entre 1348 e 1353. Essa obra é considerada um marco literário porque rompe com a moral medieval, que valorizava o amor espiritual, e aborda temas e valores terrenos.

Artes visuais

De Agostini Picture Library/G. Nimatallah/Bridgeman Images/Easypix Brasil

↑ Nicola Pisano. *Púlpito do batistério de Pisa*, 1255-1260.

Cappella degli Scrovegni, Pádua

← Giotto di Bondone. *A lamentação de Cristo*, c. 1305. Afresco, 2 m × 1,85 m.

Assim como a literatura, a arte visual renascentista foi hábil em mostrar a individualidade e a dignidade do ser humano. Os retratos dessa época, por exemplo, procuravam expressar a singularidade e a unicidade das pessoas.

Na escultura, podemos eleger como precursor Nicola Pisano, que tomou como exemplo o estilo romano clássico. Seu ***Púlpito** do **batistério** de Pisa*, de 1260, é considerado uma obra-prima. Nela, Nicola Pisano esculpiu relevos tridimensionais, uma inovação que se tornou a marca do início de uma nova fase da História da Arte.

Em relação aos primórdios da pintura renascentista, Giotto di Bondone foi um inovador. Durante a Idade Média, as pinturas religiosas eram tradicionalmente planas e estáticas; as figuras eram pintadas de frente para o observador e, na maioria das vezes, não havia cenário, como se elas estivessem suspensas no ar. Ele rompeu com esse padrão e representou, em suas pinturas, as figuras com volume e inseridas em um cenário, com noção de profundidade, de modo que parecem movimentar-se. Elas também transmitem sentimentos como amor, medo, raiva e agonia. A obra de Giotto di Bondone mostra também a inspiração naturalista e a ênfase à anatomia, ao colorido das cenas e às expressões faciais.

GLOSSÁRIO

Batistério: local da edificação da igreja onde fica a pia batismal.
Púlpito: lugar elevado dentro da edificação da igreja, reservado para a fala do sacerdote e a pregação da religião.

Renascimento italiano

O Renascimento floresceu principalmente no norte da Península Itálica. Como vimos, foi nessa região que surgiu a primeira universidade da Europa.

Outros fatores contribuíram para que o início desse movimento cultural ocorresse nessa região, entre os quais estão o desenvolvimento comercial, a intensa urbanização e consequente concentração de pessoas, o que facilitava a difusão de conhecimento, e a ação dos **mecenas**, que incentivavam e patrocinavam os artistas.

Além disso, pessoas provenientes do Império Romano do Oriente fugiram para a Península Itálica após a conquista de Constantinopla pelos turcos, em 1453. Essas pessoas trouxeram manuscritos antigos e passaram a ensinar grego e filosofia para um público cada vez mais numeroso e interessado.

Contudo, é bom destacar que o Renascimento não foi uniforme, ele variava de acordo com o desenvolvimento econômico e social das regiões da península. Dessa forma, as regiões que mais se destacaram foram Florença, Roma e Veneza.

GLOSSÁRIO

Mecenas: pessoa ou entidade que patrocina financeiramente um artista, uma instituição ou um evento cultural.

Florença

A República de Florença foi um dos centros renascentistas da Península Itálica mais dinâmicos e com mais atividade artística e intelectual.

No século XV, essa cidade já se destacava das demais pela qualidade da pintura, escultura e arquitetura de seus artistas. Os florentinos usavam diversos materiais e eram eles que, tradicionalmente, traziam inovações tecnológicas. Disciplinas como História, Poesia e Filosofia Moral eram muito estudadas nas universidades. Na Biblioteca Nazionale havia um vasto catálogo de livros clássicos e de Medicina.

Na época em que a família Médici esteve no poder (entre 1434 e 1492), os artistas contaram com proteção e incentivo. Formada por banqueiros e comerciantes, a família Médici era rica e poderosa, influenciando, dessa maneira, toda a Toscana, região em que Florença está localizada.

Lourenço de Médici, que governou de 1469 a 1492, ficou conhecido como o maior patrono do período. Ele encomendou obras escultóricas, pictóricas e arquitetônicas, comprou manuscritos, contratou tradutores, fundou uma escola filosófica e foi o grande artífice da revolução artística que ocorreu na cidade. Seu filho, Giovanni de Médici, tornou-se papa em 1513, com o nome de Leão X, e foi um grande apoiador de Rafael e Michelangelo, entre outros. Governantes ou papas, os Médicis foram os grandes mecenas da cultura ocidental ao incentivarem e patrocinarem as obras de arte mais importantes dos séculos XV e XVI.

Bridgeman Images/Easypix Brasil

Capela dos Príncipes, no interior da Basílica de São Lourenço, em Florença, Itália. A imagem mostra o altar ladeado pelos túmulos de Cosimo I de Médici e Fernando de Médici. A capela foi projetada por Matteo Nigetti em 1644.

Robert Harding World Imagery/Getty Images

↑ Catedral de Santa Maria del Fiore, cuja cúpula foi projetada por Filippo Brunelleschi no século XV. Florença, Itália.

Arquitetura

A arquitetura renascentista caracterizou-se pelo uso de elementos da Antiguidade Clássica. Entre os artistas, o grande destaque foi Filippo Brunelleschi, pesquisador da técnica de perspectiva, ou seja, a técnica de representar objetos tridimensionais em uma superfície plana, dando a ilusão de espessura e profundidade. Alguns de seus projetos mais importantes foram: a cúpula da Catedral de Santa Maria del Fiore, projetada entre 1417 e 1420; o Hospital dos Inocentes, em 1419; a Igreja de São Lourenço, em 1419; e a Basílica do Espírito Santo, em 1434.

Segundo o pensamento renascentista, a arquitetura e o planejamento urbano deveriam ser racionais, pois essa era uma das maneiras de demonstrar a grandeza do conhecimento humano. Assim, o detalhamento matemático e as proporções dos edifícios foram mais valorizados. Dado o aprimoramento técnico na área de construção, o arquiteto, nesse período, deixou de ser anônimo e passou a ser reconhecido pelos edifícios que projetava.

Escultura

No início do Renascimento, os escultores buscaram aperfeiçoar as **esculturas góticas** aplicando a esse estilo elementos da escultura da Antiguidade Greco-Romana. Destacaram-se artistas como Lorenzo Ghiberti e Donato di Niccoló, conhecido como Donatello. Ghiberti conseguiu impor os padrões estéticos da arte renascentista sobre as influências góticas. Donatello é considerado o mais importante escultor florentino do século XV.

GLOSSÁRIO

Escultura gótica: caracterizou-se por utilizar poucos detalhes, formas retas e alongadas.

Pintura

No campo da pintura, o Renascimento empregou amplamente a perspectiva, com forte idealização das imagens. Preocupados em fazer composições harmônicas, os artistas ampliaram o domínio de diversas técnicas de pintura, como o afresco e a têmpera, criando estilos próprios que os diferenciavam de tantos outros pintores que surgiam na Península Itálica.

Os destaques foram Masaccio, que concebia a pintura como imitação do real, e Sandro Botticelli, cujas obras são caracterizadas pela sensibilidade, beleza delicada e harmonia.

Galleria degli Uffizi, Florença

↑ Sandro Botticelli. *Nascimento de Vênus*, c. 1485. Têmpera sobre tela, 1,72 m × 2,78 m. Um dos temas recorrentes das obras desse artista é a mitologia clássica.

Literatura

No campo da literatura, destacou-se o pensador Nicolau Maquiavel, autor de *O príncipe*. Apoiado na história e nos fatos da época em que viveu, nessa obra Maquiavel defendeu a criação de um Estado unificado, com poder político forte, centralizado e independente da Igreja.

Gimas/Shutterstock.com

↑ Igreja de San Giorgio Maggiore, projetada por Andrea Palladio. Veneza, Itália.

Veneza

Veneza era um importante centro urbano cujo comércio estava estreitamente ligado ao Oriente Próximo. Essa particularidade fez com que o Renascimento adquirisse novas formas na região, dada a diversidade de conhecimento e de cultura que circulava no local. Ali se desenvolveu um estilo conhecido por *chiaroscuro*, em que o artista emprega na pintura efeito de luz e sombra para criar efeito dramático e ilusão de forma tridimensional.

Parte dessas características é proveniente das técnicas utilizadas pela família Bellini – representada pelo pai, Jacopo, os filhos dele, Giovanni e Gentili, e o cunhado, Andrea Mantegna – que criou diversas obras espalhadas pela cidade. Além dos Bellini, sobressaíram os pintores Carpaccio, Ticiano, Antonello de Messina, Veronese, Tintoretto e Giorgione.

Na arquitetura, o grande destaque foi Andrea Palladio, que deixou o importante trabalho teórico chamado *I quattro libri dell architettura (Os quatro livros de arquitetura)*. Ele projetou igrejas e, para a elite da época, palácios.

Roma

O Renascimento chegou a Roma na segunda metade do século XV, quando artistas de Florença se mudaram para a região. Em Roma foram os papas que se tornaram os patronos das artes, em especial Júlio II (1503 a 1513) e Leão X (1513 a 1521).

> **GLOSSÁRIO**
>
> **Estuque:** massa feita com pó de mármore amassado com cal, gesso e areia.

Durante o Renascimento, Roma passava por diversas escavações arqueológicas, o que fez com que muitas obras da Roma Antiga fossem descobertas e estudadas, possibilitando um desenvolvimento intelectual e artístico ainda maior.

Na arquitetura, destacou-se Donato Bramante, que projetou a Igreja de San Pietro in Montorio, a Basílica de São Pedro e o Palácio Caprini. Ele procurou fazer uma síntese de elementos da arquitetura clássica usando material de baixo custo, como **estuque** e abóbodas moldadas.

Michelangelo Buonarroti, conhecido apenas como Michelangelo, foi arquiteto, pintor, escultor e poeta. Deixou várias esculturas em Florença, entre elas a célebre *Davi*. Já em Roma projetou para os papas a abóbada da Basílica de São Pedro, pintou os afrescos da Capela Sistina, entre eles *O Juízo Final* e *A criação de Adão*, e esculpiu *Moisés* e a *Pietà*.

SvetlanaSF/Shutterstock.com

Rafael Sanzio, outro artista do período, deixou muitas obras cujas características principais são harmonia, simetria e regularidade de formas e de cores. Entre elas destacam-se: *A disputa do sacramento*, *A escola de Atenas*, *Transfiguração* e *A libertação de São Pedro*.

← Afrescos de Michelangelo na abóbada da Basílica de São Pedro, Vaticano.

ATIVIDADES

NO CADERNO

SISTEMATIZAR

1. Quais são as principais características do Renascimento?
2. Que motivos contribuíram para que a Península Itálica se tornasse o "berço do Renascimento"?
3. Quem eram os mecenas?
4. Explique o que diferencia o Renascimento em Florença, Veneza e Roma.

REFLETIR

1. As duas pinturas a seguir são do artista renascentista Sandro Botticelli. Nelas, o pintor se expressou de formas diferentes. Analise-as e estabeleça as diferenças.

Galleria degli Uffizi, Florença

Sandro Botticelli. *Alegoria da primavera*, c. 1482-1485. Têmpera sobre madeira, 2,07 m × 3,19 m.

Galleria degli Uffizi, Florença

Sandro Botticelli. *Anunciação*, 1489. Têmpera sobre madeira, 1,5 m × 1,56 m.

DESAFIO

1. Muito se fala dos artistas do Renascimento, mas as artistas criaram obras com tanto destaque quanto as dos homens. Vamos conhecê-las? Pesquise as artistas renascentistas, como Artemisia Gentileschi, Lavinia Fontana ou Sofonisba Anguissola.

CAPÍTULO

3 Expansão do Renascimento

No capítulo anterior, você estudou algumas características gerais do Renascimento na Península Itálica. Neste capítulo, você vai estudar como o Renascimento se expandiu para outras regiões da Europa.

A difusão na Europa

A expansão comercial europeia possibilitou o contato entre diferentes culturas. A partir do século XV, com a circulação de alguns artistas, o Renascimento também influenciou outras localidades fora da Península Itálica.

Flandres e Países Baixos

O desenvolvimento do comércio e das manufaturas fez da região de Flandres (atual norte da Bélgica) uma das mais ricas da Europa. Os pintores **flamengos** do século XV trouxeram inovações para as artes plásticas, incluindo novas técnicas de pintura a óleo, e passaram a trabalhar a intensidade das cores.

GLOSSÁRIO

Flamengo: indivíduo originário da região de Flandres.

Nessa região, a Igreja Protestante (que será estudada no Tema 3) não se interessava em patrocinar pinturas religiosas. Assim, os artistas produziram obras que retratavam situações cotidianas. Por isso, é comum encontrar pinturas de pessoas e paisagens.

Nesse contexto também se destacou o humanista Erasmo de Roterdã (1466-1536), importante escritor e filósofo dos Países Baixos. Ele foi autor da obra *Elogio da loucura*, na qual satirizava a sociedade de sua época, chegando a denunciar alguns abusos da Igreja Católica e o comportamento do clero.

Kunsthistorisches Museum, Viena

↑ Pieter Bruegel, o Velho. *Casamento de camponeses*, 1568. Óleo no painel, 1,14 m × 1,64 m.

Alemanha

Na região da atual Alemanha e atual Áustria, as formas artísticas que predominaram durante o Renascimento foram as artes gráficas (gravuras em madeira, cobre ou água-forte), altares, esculturas devocionais e painéis religiosos.

Destacaram-se Albrecht Dürer (1471-1528), com *A adoração dos Reis Magos*, *Os quatro apóstolos* e *Cristo crucificado*; e Hans Holbein (1497-1543), que retratou Erasmo de Roterdã e o rei da Inglaterra Henrique VIII.

França e Inglaterra

Tanto na França como na Inglaterra, o Renascimento ocorreu tardiamente por causa da Guerra dos Cem Anos e dos conflitos posteriores. Na França, os monarcas Luís XI (1461-1483) e Francisco I (1515-1547) atuaram como mecenas de literatos, filósofos e artistas.

Os grandes destaques franceses foram os arquitetos Pierre Lescot e Philibert Delorne; os escultores Jean Goujon e Michel Colombe; o pintor Jean Fouquet; e os humanistas Michel de Montaigne e François Rabelais.

O Renascimento inglês se desenvolveu mais ativamente no campo da literatura e da música. Em 1518, o autor Thomas Morus escreveu *A utopia*, texto em que imaginou uma sociedade perfeita, baseada em princípios racionais, sem males ou injustiças. Por meio dessa obra, Morus fez sérias críticas à sociedade de sua época.

29september/Shutterstock.com

Museu do Louvre, em Paris, França. O museu foi construído em 1527 a pedido do rei Francisco I ao arquiteto Pierre Lescot. Ao longo dos anos, passou por diversas reformas e, atualmente, é um dos mais visitados do mundo.

Outro autor foi o dramaturgo William Shakespeare (1564-1616), que escreveu diversas peças com temáticas universais, como amor, ódio, poder, traição, avareza, entre outras. Nos dias atuais, ele tornou-se conhecido pelo desenvolvimento psicológico de seus personagens. *Hamlet*, *Romeu e Julieta*, *O mercador de Veneza*, *Júlio César*, *Rei Lear* e *Macbeth* estão entre suas principais obras.

Espanha e Portugal

O Renascimento na Península Ibérica coincide com o período do fim das Guerras de Reconquista. O contato intenso entre árabes e ibéricos por quase sete séculos influenciou a arte na região.

Na Espanha, o destaque foi o escritor Miguel de Cervantes Saavedra (1547-1616), autor de *Dom Quixote*, livro que satiriza os valores medievais e a Igreja Católica. Na pintura, destacaram-se Domenikos Theotokopoulos, chamado El Greco (1541-1614), em cujas obras notam-se o estilo bizantino, a influência veneziana e a cultura ibérica; e Pedro Berruguete, que recebeu influências flamengas e italianas e as reelaborou.

Igreja de Santo Tomé, Toledo

El Greco. *O enterro do conde de Orgaz*, 1586. Óleo sobre tela, 4,6 m × 3,6 m.

No século XVI, Portugal tornou-se uma das maiores potências náuticas, manteve contato com o Oriente, a África e a América, além de outras localidades europeias. Essas relações possibilitaram um forte intercâmbio cultural. Assim, o Renascimento português originou-se da mescla do gótico local com as influências estrangeiras.

O nome de maior destaque do humanismo português foi Francisco Sá de Miranda e, na poesia, Luís Vaz de Camões (1524-1580), autor da epopeia *Os Lusíadas*. Na arquitetura, a obra mais representativa é o Mosteiro dos Jerônimos, construído no reinado de D. Manuel I.

Desenvolvimento científico

O poder do papel

Em meio ao desenvolvimento científico renascentista, Johannes Gutenberg destacou-se por sua contribuição para a tecnologia da impressão e da **tipografia**. Ele promoveu o desenvolvimento da prensa móvel, que teve importante papel nas ciências.

Coleção particular

↑ Johannes Gutenberg examina uma prova, século XIX. Gravura colorizada à mão.

A prensa móvel era composta de pequenos blocos metálicos com letras e símbolos em relevo embebidos de tinta. Ao pressioná-los contra uma folha de papel, servia como um carimbo, transferindo a mensagem para o papel. Essa técnica ofereceu mais agilidade ao processo de cópias.

Antes do uso da prensa, os livros eram manuscritos. Gutenberg desenvolveu os tipos móveis, inventou uma liga para os tipos de metal e tintas à base de óleo, além da prensa gráfica. Foi a partir da prensa criada por Gutenberg que o mundo começou a compartilhar de fato o conhecimento. Com o aperfeiçoamento das técnicas de impressão, os textos passaram a ser elaborados e distribuídos de maneira rápida e eficaz, o que facilitou o acesso ao conhecimento.

GLOSSÁRIO

Tipografia: arte e técnica de compor e imprimir usando tipos móveis.

Universitatsbibliothek, Gotinga. Foto: Bridgeman Images/Easypix Brasil

Em 1971, foi fundado o Projeto Gutenberg (www.gutenberg.org), uma biblioteca *on-line* que digitaliza, arquiva e distribui gratuitamente obras culturais. (Acesso em: dez. 2018)

← Página da *Bíblia de Gutenberg* ou "Bíblia de 42 linhas", como ficou conhecida a Bíblia impressa por ele. Datada de 1455, ela levou cinco anos para ficar pronta e tornou-se reconhecida pela estética primorosa e qualidade técnica.

A força da racionalidade

Além do desenvolvimento artístico, outras áreas do conhecimento foram influenciadas pelo Renascimento, como Astronomia, Biologia, Física e Matemática. Os cientistas do Período Renascentista procuraram explicar o mundo de maneira racional, por meio da observação, experimentação e formulação de hipóteses, buscando um caminho livre das limitações e explicações impostas pela Igreja.

A Astronomia

Durante o Renascimento, uma grande contribuição a respeito do Universo foi dada pelo astrônomo polonês Nicolau Copérnico (1473-1543). Ele contestou a teoria geocêntrica de Ptolomeu (90-168 d.C.), em que a Terra era considerada o centro do Universo. Para comprovar seus estudos, Copérnico criou a teoria heliocêntrica, segundo a qual o centro do Universo era o Sol e os planetas giravam ao redor dele. Pouco tempo depois, seu trabalho foi aperfeiçoado pelo alemão Johannes Kepler (1571-1631), ao demonstrar que os planetas se moviam em torno do Sol em órbitas elípticas.

Coleção particular

↑ *Planisphaerium Copernicanum*, gravura de cobre retirada de *Harmonia macrocosmica*, de Christoph Cellarius, 1660. Representação do sistema heliocêntrico desenvolvido por Copérnico, em que a Terra e outros planetas estão em órbita em torno do Sol.

Outro grande nome da ciência renascentista foi o florentino Galileu Galilei (1564-1642). Físico e astrônomo, ele é considerado um dos fundadores do método experimental e da ciência moderna. Galileu foi responsável pela descoberta do termômetro e pela lei de aceleração dos corpos em queda, além de ter aperfeiçoado o telescópio refrator. Com esse aprimoramento descobriu as manchas solares, as crateras da Lua e os anéis de Saturno, entre outros elementos.

GLOSSÁRIO

Herético: aquele que desrespeita uma religião.

As descobertas e as teorias defendidas por Galileu atraíram muitos admiradores, mas também vários opositores. Em 1616, o Tribunal do Santo Ofício declarou que a teoria heliocêntrica era **herética**, mas autorizou Galileu a continuar usando-a como uma hipótese matemática. Entretanto, após a publicação do livro *Diálogo sobre os dois principais sistemas do mundo*, em que Galileu voltou a defender o heliocentrismo, foi acusado de desobedecer a uma ordem religiosa em um período em que a ciência ainda era obscura diante da religião. Foi condenado pelo Tribunal do Santo Ofício, em 1633, pela forma como defendia o heliocentrismo e não pelo que defendia. Foi banido a uma espécie de prisão domiciliar, onde ficou recluso até a morte.

Museu do Louvre, Paris

↑ Joseph-Nicolas Robert-Fleury. *Galileu diante do Santo Ofício*, 1847. Óleo sobre tela, 1,96 m × 3,08 m. Galileu foi perdoado pela Igreja Católica séculos depois, em 1992, por um pedido formal expedido pelo papa João Paulo II.

FORMAÇÃO CIDADÃ

Durante o Renascimento, quem pensasse diferente do que era estipulado pela Igreja Católica enfrentava sérios problemas. A Igreja usava a censura para tentar calar e abafar muitas ideias. Atualmente, no Brasil, a prática de censura é proibida por lei. Em sua opinião, há liberdade de expressão e de pensamento na sociedade de nossos dias? Debata com os colegas e anote no caderno as principais ideias.

LINK A inovação de Gutenberg

Sérgio Pedreira/Pulsar Imagens

↑ Jovens frequentam biblioteca escolar. Salvador (BA). Após a invenção de Gutenberg, os livros passaram a ser grandes difusores de conhecimento, possibilitando o acesso a mais pessoas.

Houve um tempo em que guardar e reter informações dependia inteiramente da memória. Os conhecimentos eram transmitidos oralmente entre as pessoas. A invenção da escrita abriu uma nova página na história, proporcionando o armazenamento de um sem-número de informações por longo tempo.

Hoje a transmissão de informações é praticamente instantânea. Uma vez em posse de um texto, ele pode circular pelo mundo em instantes. Esse texto é copiado, alterado, reproduzido e difundido para milhões de pessoas em segundos.

Mas nem sempre foi assim, pois antes da invenção dos computadores, da impressora e da internet, para divulgar um texto era preciso copiá-lo à mão. Havia pessoas responsáveis por essa função, os chamados copistas. Entre os séculos XIV e XV, os monges encarregados de contar e registrar a história dos reinos trabalhavam para reproduzir uma enorme quantidade de conteúdo. A profissão de copista foi de grande importância para a divulgação de conteúdo.

No entanto, com a inovação de Gutenberg, a transmissão de informações avançou muito mais rápido, já que, na prensa, era possível montar uma página de conteúdo e reproduzir em alguma quantidade, empregando bem menos esforço e tempo do que na forma anterior.

Obviamente, essa tecnologia se desdobrou em mudanças significativas na sociedade da época. A inovação da prensa e dos tipos móveis de Gutenberg proporcionou o barateamento dos livros, popularizou a circulação de informações e possibilitou às pessoas um acesso mais rápido ao conhecimento, antes detido por pequenos grupos. Em um momento como o Renascimento, esse desenvolvimento tecnológico foi de grande importância para os avanços nas áreas científica, religiosa e política.

Com o tempo, as formas de obter e partilhar informação ganharam outras mídias, que não apenas o papel. Conseguimos informações por meio de vídeos e gravações em áudio. Por meio de nossos aparelhos celulares, podemos acessar qualquer conteúdo, inclusive o das maiores bibliotecas do mundo, e salvá-lo num *nanochip*.

3dmask/Shutterstock.com

Portanto, o verdadeiro desafio de nosso tempo não parece estar na forma de partilhar, armazenar ou divulgar conteúdo, mas consiste em ser capaz de selecionar fontes confiáveis e verificar a veracidade das informações veiculadas.

1. Que aspectos da invenção de Gutenberg revolucionaram o conhecimento?

2. De que modo a invenção da prensa móvel, no século XV, impactou os dias atuais?

ATIVIDADES

NO CADERNO

SISTEMATIZAR

1. Como a região de Flandres se destacou no Período do Renascimento?
2. O Renascimento não ocorreu de forma homogênea na Europa, na verdade, teve muitas particularidades. Assim como na França, na Inglaterra o Renascimento foi tardio. Quais foram os motivos para esse atraso?
3. O Renascimento na Península Ibérica foi influenciado por outras regiões. Explique como ocorreu essa influência.
4. A Astronomia na Europa foi aprimorada durante o Renascimento, e desse desenvolvimento surgiu a teoria heliocêntrica. Caracterize o processo de formação dessa teoria.

REFLETIR

1. A gravura a seguir foi feita pelo renascentista Albrecht Dürer. Ela representa um animal enviado da Índia ao rei de Portugal em 1515.

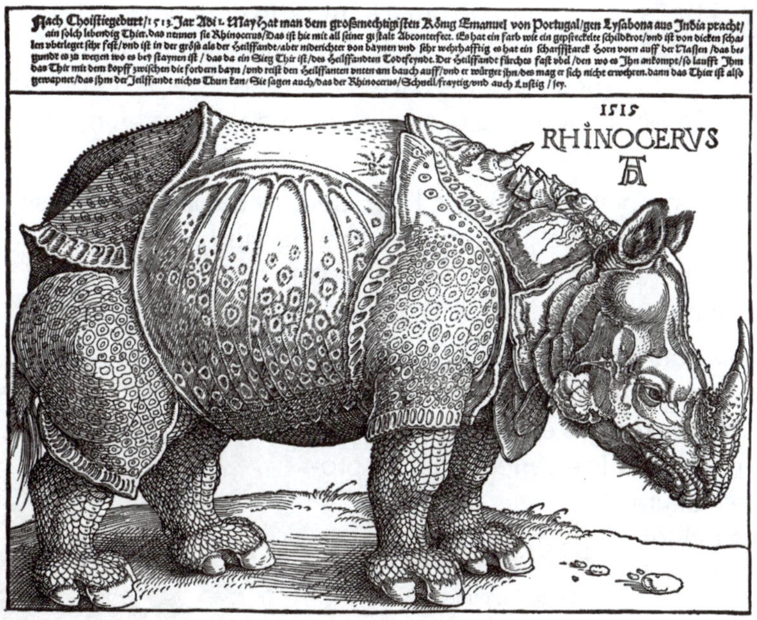

Museu Britânico, Londres

Albrecht Dürer. *O rinoceronte*, 1515. Gravura sobre madeira.

a) A imagem representa um animal real ou imaginário?

b) Faça uma breve pesquisa e responda: De que modo o animal chegou a Portugal e em que contexto?

c) O rinoceronte de Albrecht Dürer tornou-se referência para muitos artistas e foi reproduzido em diversas obras. Elabore uma hipótese para responder: Por que o animal despertou o interesse do artista e da sociedade europeia na época?

DESAFIO

1. Imagine que você é um artista do período do Renascimento e recebeu a encomenda de pintar o interior de uma capela. Elabore um diálogo entre você, um mecenas e um religioso medieval. Lembre-se de que cada personagem tem uma mentalidade diferente.

FIQUE POR DENTRO

Leonardo da Vinci, um gênio renascentista

Leonardo da Vinci foi um grande gênio renascentista. Conhecia Física, Matemática, Geologia e Química, entre outras áreas de conhecimento.

Leonardo da Vinci (1452-1519) foi um arquiteto, engenheiro, pintor e escultor capaz de perceber os vários aspectos das questões sociais e culturais de seu tempo e de desenvolver soluções para elas. Da Vinci teve acesso a uma educação completa, comum às elites renascentistas que buscavam saciar a sede de saber por meio de incansáveis pesquisas. Seu conhecimento com frequência é descrito como sobre-humano, mas era uma junção de muito estudo e inteligência.

Filho de um alto **notário** com uma camponesa, Leonardo frequentou as principais casas italianas. Membro da elite, amigo de ricos e poderosos, como reis e papa, Leonardo era também um bom vendedor de sua mão de obra. Além disso, foi discípulo dos mestres mais reconhecidos e importantes da época.

Ele ficou famoso como artista, pintor e escultor. Entre seus trabalhos, *Mona Lisa*, a pintura mais famosa, atualmente encontra-se protegida por uma redoma de vidro à prova de balas no Museu do Louvre, na França, onde milhares de visitantes enfrentam longas filas diariamente para admirá-la.

Apesar de sua obra mais conhecida ser essa pintura com aplicação de técnicas inovadoras, a maior parte de seus trabalhos não são quadros, mas desenhos e esboços a carvão ou à pena e à tinta, como projetos 3-D e caricaturas. Os projetos arquitetônicos e de escultura estão registrados em seus diários, que perfazem mais de 13 mil páginas com notas e desenhos.

GLOSSÁRIO

Notário: o mesmo que tabelião.

Biblioteca Reale, Turim

Retrato de um homem barbudo, possivelmente um autorretrato, criado por Leonardo da Vinci, c. 1513. Giz vermelho sobre papel.

Imagens: Royal Collection, Londres

Leonardo da Vinci. Figuras equestres, estudo para o Monumento Trivulzio, 1508-1511. Caneta e tinta sobre papel, 27,8 cm × 19,8 cm.

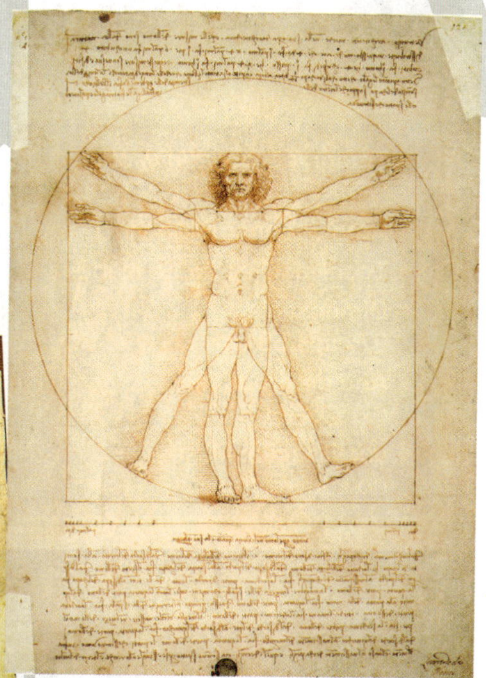

Leonardo da Vinci. *O homem vitruviano*, c. 1492. Caneta e tinta sobre papel, 34,3 cm × 24,5 cm.

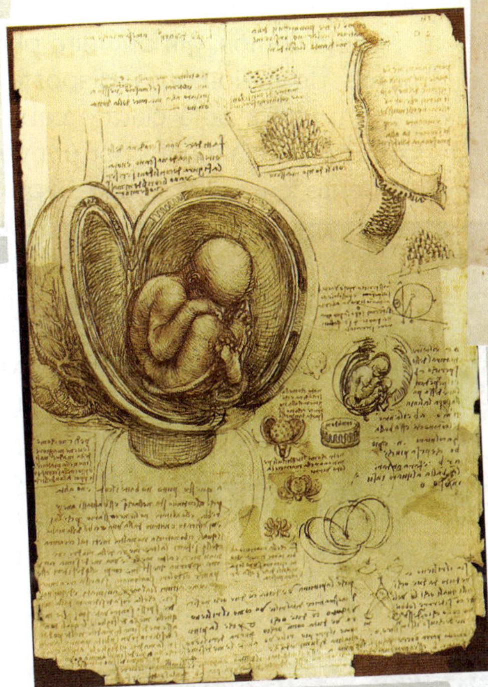

Estudos de Leonardo da Vinci do final do século XV e início do século XVI revelam seu interesse por seres humanos, animais e máquinas.

Nas anotações, podemos identificar seus diversos interesses, desde preocupações cotidianas, como lista de compras ou de pessoas que lhe deviam dinheiro, até outras muito intrigantes e enriquecedoras, como: desenhos de asas e sapatos para caminhar sobre a água; estudos e planejamentos detalhados; desenhos de rostos e gestos de animais e bebês; dissecações; estudos de plantas, formações rochosas, piscina de hidromassagem, máquinas de guerra, helicóptero e projetos arquitetônicos.

Um de seus desenhos mais famosos é o *Homem vitruviano*, um estudo das proporções do corpo humano no qual Leonardo revela profundo conhecimento de Anatomia e Matemática. Seu conhecimento em Ciências Exatas possibilitou-lhe esboçar alguns projetos que só foram desenvolvidos centenas de anos depois de sua morte, como o tanque de guerra, o helicóptero, a calculadora, as embarcações modernas, entre outros.

Como artista, Leonardo da Vinci é um dos maiores representantes da capacidade humana de criar beleza e inspirar legiões de seguidores; suas invenções e seu legado são uma fonte de inspiração infinita para a criatividade humana.

Leonardo da Vinci deixou diversas pinturas e milhares de páginas com desenhos e estudos diversos.

1. O que Leonardo da Vinci representou para o movimento artístico denominado Renascimento cultural?
2. Quais são as principais áreas de conhecimento em que Da Vinci atuava?

A Gioconda

- **Título:** *A Gioconda (Mona Lisa)*
- **Autor:** Leonardo da Vinci
- **Técnica:** Óleo sobre madeira
- **Dimensão:** 97 cm × 53 cm
- **Ano de produção:** c. 1503-1506
- **Localização:** Museu do Louvre, Paris

A obra *A Gioconda* ou *Mona Lisa* encontra-se, atualmente, no Museu do Louvre, em Paris (França). É uma obra incompleta do grande pintor renascentista Leonardo da Vinci.

Nela vemos, em primeiro plano, uma figura feminina imponente, de meio-corpo, disposta um pouco de lado. A personagem tem a pele clara e cabelo suavemente encaracolado, coberto parcialmente por um véu. Ela está com os braços levemente cruzados e sua expressão facial é enigmática. Em segundo plano há um cenário campestre, esfumaçado, com matas verdes, estradas de terra e um rio. O suposto sorriso de Mona Lisa e seu olhar estabelecem uma estreita comunicação com quem observa o quadro, por isso, a obra lembra mais uma fotografia do que uma pintura.

Tanto o sorriso da mulher quanto sua identidade são um enigma até hoje. Como não há documentos que certifiquem essa informação, não se sabe, ao certo, quem é a pessoa representada. Contudo, acredita-se que seja Lisa Gherardini, provavelmente nascida em 1479, esposa de um comerciante de sedas chamado Francesco del Giocondo.

Museu do Louvre, Paris

Leonardo da Vinci. *Mona Lisa* (*A Gioconda*), c. 1503-1506. Óleo sobre madeira, 97 cm × 53 cm.

Contextualizando a pintura

A Gioconda levou anos de trabalho de Da Vinci. Elementos da pintura revelam que ele tinha conhecimentos de Geometria. A posição da cabeça, dos ombros, dos braços e das mãos de Mona Lisa tem uma estrutura piramidal, e em toda a composição do quadro há simetrias muito proporcionais, o que aumenta a harmonia da imagem. Uma das inovações – utilizada também pelo pintor Rafael de Sanzio, famoso artista do período – foi a curvatura dos ombros da figura feminina.

Acredita-se que um amigo de Da Vinci, Gian Giacomo Caprotti, tenha vendido o quadro aos tesoureiros do rei da França em 1517. Com imprecisões, portanto, sabe-se que *A Gioconda* passou a pertencer às coleções reais francesas.

O quadro foi registrado e incorporado ao Museu do Louvre em 1797, mas no século XIX esteve nos aposentos da imperatriz Josephina Bonaparte. Ainda hoje, a obra é visitada por milhares de turistas e curiosos do mundo todo, que fazem filas no Louvre para vê-la de perto.

Museu do Louvre, Paris

↑ Representação da estrutura piramidal e de algumas simetrias observadas na obra.

Lapon Pinta/Shutterstock.com

← Visitantes fotografam a obra *Mona Lisa*, de Leonardo da Vinci, no Museu do Louvre. Paris, França, 2014.

Refletindo sobre a pintura

1. Explique por que o quadro *A Gioconda* é cercado de mistérios.
2. Com base em seus conhecimentos sobre a arte renascentista, escreva um pequeno texto respondendo às questões a seguir.
   a) Por que o quadro se parece com uma fotografia?
   b) A que se deve a composição harmônica e simétrica da obra?

PANORAMA

FAÇA AS ATIVIDADES A SEGUIR E REVEJA O QUE VOCÊ APRENDEU.

NO CADERNO

1. Situe Santo Agostinho na história do pensamento medieval.

2. Que fatores levaram a Península Itálica a ser considerada o "berço do Renascimento"? Cite as cidades que se destacaram nesse movimento.

3. O Renascimento foi o primeiro movimento artístico burguês da Idade Moderna. Quais foram as críticas levantadas pelos renascentistas?

4. Considerando a origem do movimento renascentista e sua expansão pela Europa, é possível afirmar que houve relação entre o desenvolvimento comercial e o desenvolvimento artístico naquele período? Explique.

5. Observe a pintura a seguir. Descreva as características que a identificam como uma obra renascentista.

Galeria Nacional, Londres

Jan Van Eyck. *Retrato do casal Arnolfini*, 1434. Óleo sobre madeira, 83,7 cm × 57 cm.

6. Explique a importância de Dante Alighieri e Francesco Petrarca para o humanismo do Renascimento.

7. Como é possível relacionar o Renascimento artístico com o científico?

8. Relacione a invenção de Gutenberg à expansão do Renascimento pela Europa.

9. No caderno, relacione os locais descritos a seguir às afirmações sobre o Renascimento na Europa.

I. Flandres e Países Baixos
II. Região da atual Alemanha
III. França
IV. Inglaterra
V. Espanha
VI. Portugal

a) Marcado por forte intercâmbio cultural, com elementos do gótico e de outros povos, obras literárias e arquitetônicas de destaque.

b) Pinturas com cores intensas que representavam cenas do dia a dia.

c) Influenciado por artistas da península itálica e de Flandres, teve grandes nomes da literatura e da pintura.

d) Grande quantidade de gravuras em madeira, esculturas e painéis religiosos, com influências das artes flamenga e da península itálica.

e) Destaque para a música e a literatura, contando com um dos maiores dramaturgos de todos os tempos.

f) Desenvolvimento tardio e motivado pelas trocas comerciais com outras regiões.

10. Estabeleça uma relação entre o texto a seguir e o que você estudou neste tema.

> Se nos primeiros séculos do cristianismo houve uma inclinação no sentido de desmaterializar o homem e privilegiar seu interior [...], a partir do século XII os homens tendem a expor cada vez mais seu invólucro material [...].
>
> Tereza Aline Pereira de Queiroz. *O Renascimento*. São Paulo: Edusp, 1995. p. 35. (Coleção Acadêmica).

11. Se Copérnico e Galileu tivessem nascido antes do século XII, eles teriam as mesmas condições de desenvolver suas ideias. Você concorda com essa frase? Explique.

12. Observe a imagem abaixo.

Vik Muniz. *Duas vezes Mona Lisa*, 1999. Geleia e creme de amendoim, 1,21 m × 1,52 m.

a) A qual obra do Renascimento ela se refere?

b) Você acha que o artista dessa pintura manteve as técnicas da obra original?

c) Em sua opinião, por que será que uma obra criada há mais de 500 anos ainda faz parte de nosso imaginário?

13. Como você viu, no Renascimento diversas obras foram produzidas nas mais variadas áreas do saber. Pesquise uma obra de artes plásticas e uma de arquitetura, de países diferentes. Elabore um texto para cada imagem e monte um cartaz para apresentar aos colegas as características típicas do Renascimento encontradas nelas.

14. Copérnico, Kepler e Galileu foram fundamentais para o desenvolvimento científico do Renascimento. Assim como eles, outros cientistas e pensadores contribuíram para a ciência de seu tempo. Pesquise o nome de três cientistas ou pensadores da atualidade que, por meio de suas descobertas, ajudaram a ciência a se desenvolver. Anote o nome deles no caderno e cite a contribuição de cada um.

↑ Monges franciscanos rezam na Igreja do Santo Sepulcro, onde, segundo a tradição católica-cristã, encontra-se o túmulo de Jesus Cristo. Jerusalém, Israel, 2018.

TEMA 3

O cristianismo em transformação

NESTE TEMA

VOCÊ VAI ESTUDAR:

- a divisão do cristianismo;
- Martinho Lutero e a Reforma Protestante;
- o surgimento das religiões protestantes;
- as reações da Igreja Católica contra os protestantes.

A história da Europa medieval é, em boa medida, a história da Igreja Católica e de como ela se relacionou com os poderes políticos e os vários grupos sociais que viviam sob seus domínios. Por isso, analisar essas relações é fundamental para compreender as transformações pelas quais a Europa cristã passou ao longo dos últimos séculos da Idade Média. Vamos conhecer como, em objeção a várias práticas, surgiram algumas vertentes do cristianismo.

CAPÍTULO

1 A cristandade dividida

Neste capítulo, você vai estudar os questionamentos e as críticas que a Igreja Católica recebeu de seus fiéis, além das consequências desse descontentamento.

Após a fase inicial e de expansão da fé cristã, o cristianismo se consolidou na Europa durante o século IV, com o imperador Constantino. Nos séculos seguintes, houve outros momentos em que o cristianismo mostrou toda sua força, como no batismo de Clóvis e nas alianças com os reinos germânicos, com destaque para os francos.

Ainda assim, o cristianismo nunca deixou de enfrentar tensões internas, como as geradas pelos movimentos heréticos, alimentados por pessoas que faziam as próprias interpretações dos textos sagrados, em geral questionando práticas da Igreja. Havia desde quem duvidasse da natureza divina de Jesus Cristo até quem afirmasse o contrário, que Cristo tinha apenas uma dimensão divina e não humana.

Outro elemento importante que causava atrito dentro da Igreja Católica dizia respeito à forma como eram feitas as imagens sacras. No século VIII, o imperador de Constantinopla já se opunha à adoração de ícones, baseando-se em uma interpretação de uma passagem bíblica. Essa era a visão dos iconoclastas, que propunham não só impedir que essas imagens fossem criadas como também destruir as que já existiam. A situação só se acalmou em 787, no **Concílio** de Niceia.

Foi nesse contexto que ocorreu a ruptura da ordem interna da Igreja Católica, em 1054, que ficou conhecida como **Cisma do Oriente**. Roma e Constantinopla romperam a unidade cristã e formaram, respectivamente, a Igreja Católica Apostólica Romana e a Igreja Ortodoxa, situação que se mantém até os dias de hoje.

Além das diferenças teológicas, esse rompimento também foi causado pelo que ficou conhecido como **cesaropapismo**, sistema que atribuía poder ao imperador bizantino para interferir na Igreja. O ápice dos desentendimentos se deu na excomunhão do patriarca de Constantinopla pelo papa de Roma.

Biblioteca Britânica, Londres. Fotografia: Bridgeman Images/Easypix Brasil

Iconoclastas destruindo uma imagem de Cristo. Página do *Theodore Psalter*, 1066.

Novas práticas da Igreja Católica

Depois do Cisma do Oriente, a Igreja Católica continuou enfrentando **dissidências** internas causadas por movimentos de oposição e heréticos. As heresias cresceram em número e força a partir do século XI, na época do cisma. Alguns exemplos eram o culto à Maria (mãe de Jesus Cristo) e os movimentos dos cátaros e dos valdenses, grupos que atuavam no que hoje é a Alemanha, França e Itália – ainda que a presença dos cátaros tenha sido maior no sul da França. Somente com a decretação de uma cruzada, em 1209, e a posterior atuação da Inquisição, é que a Igreja apaziguou o movimento dos cátaros. Já os valdenses perduraram por toda a Idade Média.

Esses grupos de contestação seguiam pressionando ainda mais a Igreja. Como resposta, as autoridades eclesiásticas lançaram mão de vários mecanismos de controle sobre a vida das pessoas – além da Inquisição, que se dedicava à caça de hereges e, posteriormente, de praticantes de rituais de bruxaria ou feitiçaria –, por meio de violência extrema e confissões forçadas.

GLOSSÁRIO

Concílio: junta de eclesiásticos presidida pelo papa.
Contestador: desafiador, provocador.
Dissidência: desavença, conflito; ato de se separar de um grupo.
Indulgência: perdão dos pecados concedido pela Igreja Católica.
Remissão: neste contexto, perdão, absolvição.
Sacramento: ato ou ritual sagrado.

Em 1190, a **remissão** dos pecados foi instituída pelo papado autorizando a venda de **indulgências**. Nesse contexto, o perdão passou a ser concedido também pela venda por dinheiro. Essas práticas viriam a ter, séculos depois, profundo impacto na história da Europa e do Ocidente. Em 1216, foi instituída a confissão dos pecados ao padre. Depois, em 1237, a leitura da Bíblia foi proibida aos leigos, como forma de aumentar o poder da Igreja entre seus adeptos, preservando o monopólio das interpretações canônicas. Outros livros entraram na lista de proibições. Dois séculos depois, em 1439, a Igreja Católica criou a doutrina dos sete **sacramentos**: batismo, confirmação, eucaristia, penitência, unção dos enfermos, ordem e matrimônio. Por fim, o purgatório foi instituído, por decreto papal.

O conjunto dessas alterações abriu fissuras na estrutura da Igreja que a enfraqueceriam diante do acirramento de movimentos **contestatórios** do século XIV ao XVI.

Biblioteca Britânica, Londres

Representação do batismo de Isabel, filha do rei Carlos V da França e de Joana de Bourbon, século XV. Miniatura de *Grandes Chroniques de France*.

O poder papal

As críticas a setores da Igreja Católica vinham de outras direções, não só dos hereges. O crescimento urbano, a partir do século XII, foi paralelo ao crescimento das ordens **mendicantes** religiosas (franciscanos, dominicanos e agostinianos), que haviam escolhido as cidades como local de moradia e trabalho.

Mas essas ordens não cresciam apenas em número. Elas enriqueciam, ao lado dos novos comerciantes urbanos. Seus conventos refletiam essa riqueza, abandonando os ideais de pobreza e humildade. Por isso, começaram a ser muito criticados por diversos setores sociais.

O começo do século XIII foi o auge do poder papal. Contando com esse poder, Inocêncio III, realizou uma reforma na Igreja. Nela, pretendia-se, entre outras medidas:

- melhorar o nível dos pregadores;
- condenar o enriquecimento do clero;
- combater as heresias.

GLOSSÁRIO

Diocese: região administrativa em antigas províncias romanas; região sob administração eclesiástica de um bispo.

Mendicante: no contexto da Idade Média, eram pregadores itinerantes que viviam de esmolas em grandes centros urbanos com o intuito de evangelizar as pessoas.

A estrutura administrativa da Igreja crescia, enquanto a nova sede papal de Avignon, no sul da França, tornava os custos maiores. Essa situação levou ao aumento de taxações e à transferência das rendas locais para os papas de Avignon. Isso gerou mais descontentamento por parte dos cleros locais, ao que se somou a interferência papal na nomeação para os cargos nas **dioceses**.

Enquanto isso, as cidades cresciam. Os párocos, porém, não tinham condições de lidar com o aumento da população urbana pobre que pedia acolhida espiritual nas igrejas.

Na virada do século XIII para o XIV, aproveitando seu poder econômico e político, a Igreja quis dominar os Estados europeus. Muitos deles, organizados em poderosos Estados-Nações, em especial França e Inglaterra, recusaram essa investida e se opuseram ao papado.

Como resultado, a Igreja Católica não conseguiu conter as ondas de insatisfação, muitas delas geradas pelos próprios membros. O ápice dessas revoltas ocorreria no começo do século XVI e abalaria profundamente as estruturas eclesiásticas.

AKG-Images/Fotoarena

Papa Inocêncio III, afresco do monastério de São Benedito. Itália, século XIII.

ATIVIDADES

NO CADERNO

SISTEMATIZAR

1. Explique o que foi o movimento iconoclasta.

2. Cite dois exemplos que revelam as tensões internas na Igreja Católica depois do Cisma do Oriente.

3. Associe o Cisma do Oriente com os desentendimentos entre as igrejas de Roma e de Constantinopla.

4. O que era o cesaropapismo?

5. Copie o texto a seguir completando as lacunas.

   A crise da Igreja Católica caracterizou-se pela ______ de sua autoridade por intelectuais e reis. O ______ cometia abusos, como a venda de ______.

6. Relacione a criação da sede de Avignon com a crise pela qual a Igreja Católica passava a partir do século XIII.

REFLETIR

1. Leia o trecho a seguir.

> No concílio de Vienne, em 1311, o franciscano [...] Albertino de Casale escandaliza-se com a construção, no coração das cidades, em pleno centro de especulação imobiliária, de suntuosos conventos de mendicantes. No século XV, os franciscanos [...] retomam essas críticas e alguns, na Bretanha por exemplo, querem que o movimento dê uma guinada estabelecendo conventos nas florestas e nas ilhas. Muitos acham que os mendicantes se perderam nas cidades que pretendiam salvar.
>
> Jacques Le Goff. *Uma longa Idade Média*. 4. ed. Trad. Marcos de Castro. Rio de Janeiro: Civilização Brasileira, 2013. p. 189.

   a) Qual atitude dos mendicantes foi criticada por observadores da época?

   b) Relacione essas críticas ao momento que a Igreja Católica vivia na Europa nos séculos finais da Idade Média.

2. Relacione a imagem abaixo com a crise que a Igreja Católica enfrentava com mais intensidade a partir do século XII. Em sua opinião, a Igreja foi bem-sucedida com esse tipo de medida?

Biblioteca Britânica, Londres

↑ O matrimônio foi um dos sete sacramentos instituídos pela Igreja Católica, em 1439. Na imagem, casamento de Filipe, Duque de Borgonha, e Margarida de Flandres. Miniatura de"Chroniques de France ou de St. Denis (de 1270 a 1380)", século XIV.

3. A Igreja Católica impôs seu poder, entre outros meios, pela confirmação e pelo reforço de seus dogmas, que estão relacionados ao que os fiéis têm de mais enraizado: a crença no poder divino. Sabendo disso, como foi possível que setores da cristandade pudessem se revoltar contra a Igreja?

DESAFIO

1. Críticas foram uma constante para a Igreja Católica durante o período medieval, em particular a partir dos séculos XII. E hoje, como a Igreja Católica reage às críticas que recebe? Pesquise sobre os temas que geram mais críticas à Igreja Católica no século XXI e demonstre como seus líderes reagem a elas.

CAPÍTULO

2 Reforma Protestante

No capítulo anterior, você estudou as crises que a Igreja Católica enfrentou a partir do século XII. Neste capítulo, você vai estudar a crise no catolicismo e o surgimento das religiões protestantes.

Durante o século XVI, o território hoje conhecido como Alemanha era um conjunto de principados e cidades autônomas que faziam parte do Sacro Império Romano-Germânico. Sua organização econômica ainda era agrária e semifeudal, com exceção da parte sul, onde havia cidades ricas e se desenvolvia o comércio.

GLOSSÁRIO

Eclesiástico: relativo à Igreja ou a seus sacerdotes.

Assim como em outras regiões europeias, diferentes grupos sociais estavam descontentes com ações praticadas pela Igreja Católica. Além disso, os nobres desejavam as terras da Igreja, a burguesia queria livrar-se da obrigatoriedade de enviar dinheiro a Roma e o povo, de forma geral, também queria deixar de pagar os inúmeros impostos **eclesiásticos**. Nesse contexto, as pregações do religioso Martinho Lutero foram bem recebidas, resultando no movimento de dissidência da Igreja Católica que ficou conhecido como Reforma Protestante.

Difusão da Reforma Protestante – século XVI

© DAE/Sonia Vaz

Fonte: Georges Duby. *Atlas histórico mundial*. Barcelona: Larousse, 2007. p. 163.

Rapidamente, essa reforma se disseminou pela Europa, chegando à América, e novas lideranças surgiram, com propostas e objetivos distintos dos defendidos por Lutero. Thomas Müntzer, João Calvino e Henrique VIII foram alguns dos nomes de maior destaque entre os reformadores do século XVI.

É importante lembrar que essas pessoas, assim como outros de seu tempo, não inauguraram os discursos reformadores. Movimentos de renovação já haviam surgido na Europa cristã séculos antes, com mais ímpeto a partir do século XI.

Naquela época, a Igreja Católica reagiu com as medidas que você já estudou. Desta vez, no século XVI, ela também reagirá, mas de maneira bem diferente.

Luteranismo

Martinho Lutero (1483-1546) era monge agostiniano e lecionava na Universidade de Wittenberg, na Saxônia. Embora fosse seguidor da doutrina católica, começou a criticar algumas ações e ensinamentos da Igreja, principalmente a venda de indulgências e a ideia de que somente a fé verdadeira poderia salvar as pessoas. Ele pregava que o bem estava nas boas obras praticadas pelos fiéis e pela Igreja.

Em 1517, Lutero afixou na porta da Catedral de Wittenberg um documento com 95 **teses** contra a venda das indulgências. No documento, ele criticou a autoridade do papa – mas não pretendeu acabar com ela –, reforçou a perseverança na fé e o arrependimento por toda a vida, afirmou que os sacerdotes eram apenas meios para comunicar o perdão de Deus aos crentes e que todos deveriam ter acesso a Deus sem intermediários, por isso defendia a livre interpretação da Bíblia. Adeptos das ideias de Lutero imprimiram várias cópias das teses e passaram a divulgá-las em toda a região.

O papa Leão X exigiu, em 1520, que Lutero se retratasse perante a Igreja Católica, mas ele se negou, sendo excomungado, isto é, expulso da Igreja.

GLOSSÁRIO

Convicto: quando se está convencido de algo.
Dieta: assembleia de religiosos que ocorre em um convento.
Pastor: guia espiritual ou líder protestante.
Tese: proposição que se faz sobre algum tema.

Em 1521, durante a **Dieta** de Worms, o imperador Carlos V solicitou a Lutero que se retratasse e negasse suas teses. Entretanto, **convicto** dos próprios ideais, ele defendeu seus pensamentos e propôs ainda uma reforma na estrutura da Igreja Católica. Com isso, Lutero foi declarado um herege, mas seu pensamento se propagou, resultando em uma ruptura na Igreja Católica e no início de uma nova religião.

Staatsgalerie Stuttgart

↑Anton von Werner. *Lutero na Dieta de Worms*, 1900. Óleo sobre tela.

A religião luterana rompeu com o papado e colocou os **pastores** dessa nova religião sob a direção dos príncipes germânicos. É importante ressaltar que esse processo ocorreu apenas em alguns dos principados germânicos.

Com a Reforma Luterana, os favorecidos foram a nobreza feudal e a grande burguesia. A nobreza feudal foi beneficiada porque os pastores luteranos estavam sob a direção dos príncipes, e a Igreja Luterana apossou-se das terras da Igreja Católica. Já a grande burguesia acabou liberada das obrigações financeiras que tinha com a Igreja Católica, mantendo, então, seus recursos nos estados germânicos.

Radicalização da reforma

As ideias da Reforma Luterana não ficaram apenas no campo religioso, elas se espalharam pelo Sacro Império Romano-Germânico, provocando vários conflitos sociais e políticos. Os cavaleiros e os camponeses desejavam, além de uma reforma religiosa, grandes mudanças econômicas, sociais e políticas. Em 1523, iniciou-se a chamada Revolta dos Cavaleiros, organizada pela pequena nobreza protestante. Os cavaleiros atacaram os principados católicos para se apoderar de suas riquezas. Contudo, os católicos reagiram, impedindo que a revolta continuasse.

No ano seguinte, camponeses e trabalhadores urbanos envolvidos na Revolta dos Cavaleiros também se manifestaram. Sob a liderança do pastor Thomas Müntzer, principal líder dos **anabatistas**, pretendiam fazer significativas reformas sociais contra a alta nobreza e o clero. Espelhando-se nas primeiras comunidades cristãs, desejavam um regime em que todos os bens pertencessem à comunidade e, com isso, não houvesse diferenças sociais. Por fim, a falta de união e de organização das forças camponesas contribuiu para que a grande nobreza, aliada aos cavaleiros, aos burgueses, à Igreja Luterana e à Igreja Católica, vencesse a revolta.

Paz de Augsburgo

Na Dieta de Spira, em 1529, Carlos V, rei da França, procurou reconciliar os príncipes católicos e os príncipes luteranos. Entretanto, diante das ações de Carlos V que favoreciam os príncipes católicos, os representantes e príncipes de estados luteranos resolveram iniciar um protesto. A partir de então, os luteranos começaram a ser chamados de protestantes, termo que se estendeu a todas as outras doutrinas que romperam com a Igreja de Roma.

Victoria & Albert Museum, Londres

↑ George Cattermole. *A Dieta de Spira em 19 de abril de 1529*, século XIX.

Em 1555, foi assinada a Paz de Augsburgo, um tratado que estabelecia a tolerância oficial aos luteranos no Sacro Império Romano-Germânico. Segundo esse documento, os súditos deveriam seguir a religião de seu príncipe.

Grande parte dos Estados alemães tornou-se luterano, mas a região sul do império ainda permaneceu católica. O luteranismo também se expandiu para o norte da Europa, chegando a reinos como Dinamarca, Normandia e Suécia.

Calvinismo

O calvinismo foi uma das principais religiões surgidas em consequência da Reforma Protestante. Defensor das reformas de Lutero, João Calvino (1509-1564) foi um **teólogo** francês que passou a ser perseguido em sua terra de origem por pregar contra a Igreja Católica. Ao se refugiar na Basileia, cidade da Suíça, entrou em contato com diversas outras ideias protestantes e sintetizou sua doutrina na obra *Instituição da religião cristã*, publicada em 1536.

Meses mais tarde, entrou em conflito com as autoridades civis sobre questões eclesiásticas e foi expulso de Genebra em 1538.

Entretanto, em 1541, retornou à cidade e assumiu o pastorado da Igreja Protestante. Escreveu uma nova liturgia e um novo catecismo, *Ordenanças eclesiásticas*. Lutou contra as autoridades civis e os **libertinos**, famílias influentes na cidade. Em 1555, os partidários de Calvino acabaram derrotando os libertinos e aqueles que os apoiavam, passando a constituir os conselhos municipais.

GLOSSÁRIO

Anabatista: grupo que prega o batismo na idade adulta. Suas crenças e práticas religiosas diferem das católicas.

Libertino: indivíduo que desconsidera as regras e dogmas religiosos.

Teólogo: indivíduo especializado no estudo de temas relacionados ao divino e suas relações com o mundo.

Desse modo, o calvinismo propagou-se e ganhou muitos adeptos nas regiões em que a burguesia tinha força e poder. Na França, os calvinistas passaram a ser conhecidos como huguenotes; na Holanda receberam o nome de reformistas; na Inglaterra foram chamados de puritanos; e na Escócia, de presbiterianos.

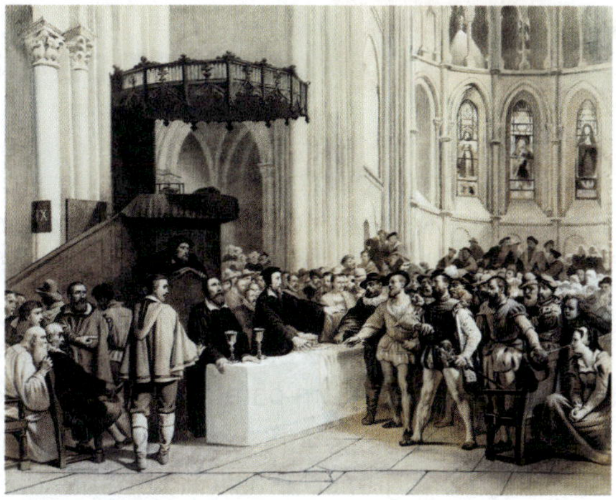
Bibliothèque Publique et Universitaire, Genebra

↑ João Calvino recusa-se a dar a comunhão aos libertinos na Catedral de Genebra, Suíça. Ilustração do século XVI.

Calvino foi influenciado pelo protestantismo de Lutero, mas aprofundou sua doutrina e acabou por romper com os luteranos e com a Igreja Católica. Ele não condenava o empréstimo de dinheiro a juros, ensinava que as pessoas poderiam multiplicar suas riquezas e que ser rico não era pecado.

Um dos princípios do calvinismo prega que Deus é soberano de tudo. Ele está no controle de todas coisas.

Outra inovação da doutrina calvinista está no conceito de predestinação. Segundo ela, é da vontade de Deus que somente algumas pessoas tenham direito à salvação eterna. Nesse caso, os sinais favoráveis estariam ligados à condução de uma vida materialmente próspera, ocupada pelo trabalho e afastada das ostentações materiais. Por essas razões, o calvinismo tornou-se a religião de muitos burgueses.

Anglicanismo

Na Inglaterra, a Reforma religiosa originou-se na política.

O rei Henrique VIII, da Dinastia Tudor, e outros grupos sociais ingleses desejavam escapar da influência e da autoridade da Igreja Católica, que interferia em questões pertinentes à política inglesa.

Nessa época, o rei desejava divorciar-se de sua esposa, Catarina de Aragão. A Igreja Católica, porém, não autorizava o divórcio. Em 1533, o rei usou o fato de o papa ter se recusado a anular seu casamento como pretexto para romper com Roma. Para isso, foi necessário convencer o Parlamento inglês a declarar que o direito divino dos reis se sobrepunha à autoridade da Igreja Católica.

No ano seguinte, por meio do primeiro Ato de Supremacia, o Parlamento inglês instituiu o rei como chefe supremo da Igreja na Inglaterra, dando a ele o direito de reprimir heresias e excomungar. A essa nova igreja foi dado o nome de Igreja Anglicana, na qual o rei passou a nomear os bispos. O anglicanismo já combinava características das igrejas protestantes luteranas e calvinistas, mas em uma estrutura que preservava aspectos da Igreja Católica. A partir desse momento, as terras da Igreja Católica foram confiscadas pelo Estado inglês.

A nobreza apoiou Henrique VIII, que assim se apossou das terras e dos bens da Igreja Católica. Já grande parte da burguesia, que desejava um culto simples e com baixos custos, acabou aderindo ao anglicanismo.

Embora, na doutrina, a Igreja Anglicana se aproximasse da reforma de Lutero, em muitos aspectos se manteve semelhante à Igreja Católica.

Walker Art Gallery, Live

← Hans Holbein (o Jovem). *Henrique VIII*, c. 1537. Óleo sobre painel, 2,38 m × 1,34 m.

LINK Presença protestante no Brasil

Desde o período da colonização, o protestantismo esteve presente na América Portuguesa, em regiões que haviam sido dominadas por franceses e holandeses. Contudo, foram dominações breves e limitadas a poucas regiões, principalmente no caso francês.

Foi só a partir do século XIX que o protestantismo foi implantado no Brasil de forma duradoura, apresentando, desde essa época, um crescimento lento, mas constante. Naquele momento, muitos imigrantes que vieram para o Brasil eram adeptos do protestantismo.

Ao longo dos séculos XX e XXI, a expansão do protestantismo ocorreu tanto em razão do crescimento demográfico brasileiro quanto da redução do número de católicos. Nesse período, outras religiões também apresentaram aumento no número de adeptos.

Principais características do crescimento protestante no Brasil – séculos XX e XXI

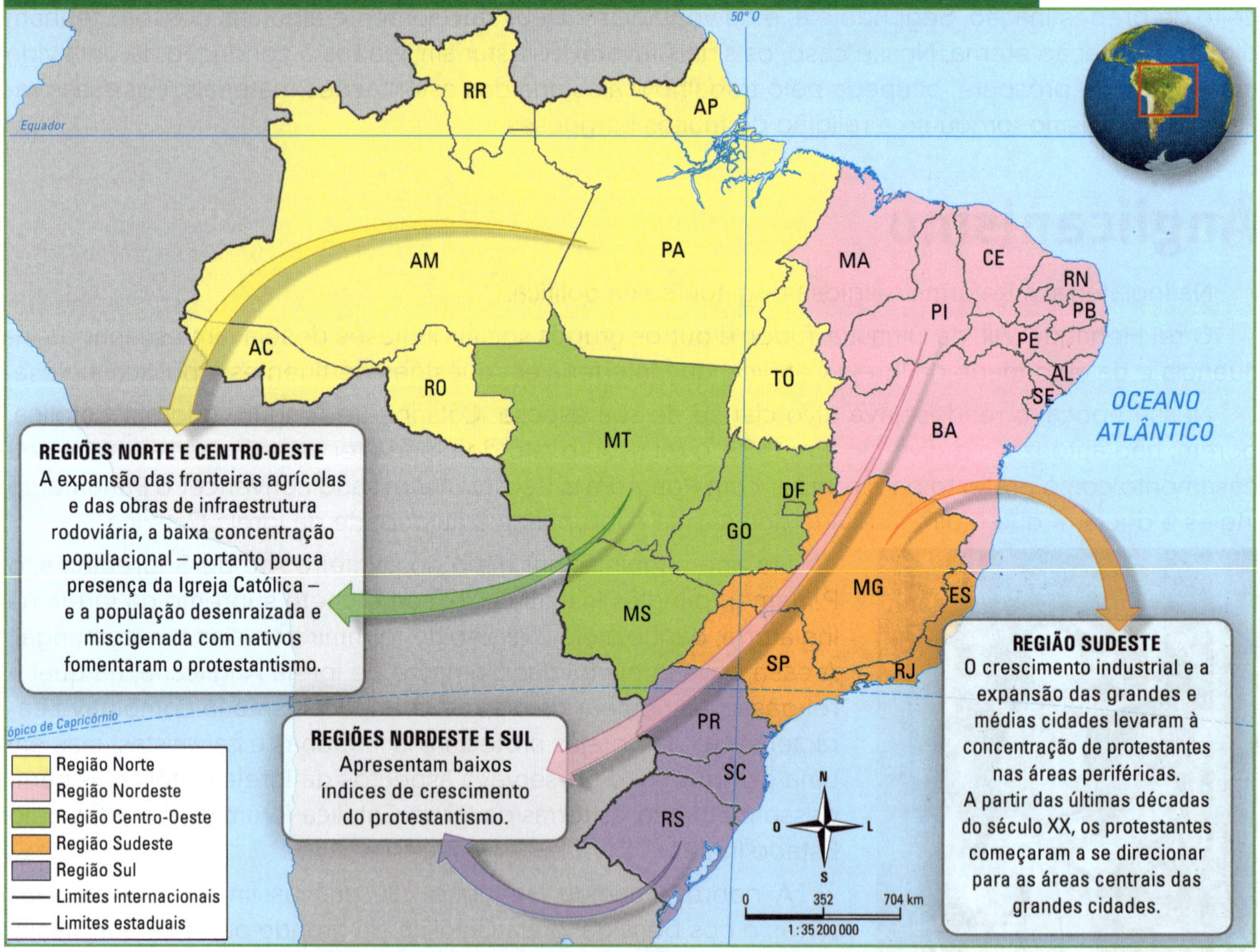

© DAE/Sonia Vaz

Fonte: *Atlas geográfico escolar*. 7. ed. Rio de Janeiro: IBGE, 2016. p. 94.

1. Com base nestas informações, explique a seguinte frase.

Mais que nunca a expressão “protestantismo” deixou de ser unívoca.

Zwinglio M. Dias. Notas sobre a expansão e as metamorfoses do protestantismo na América Latina. *Numen: revista de estudos e pesquisa da religião*, v. 3, n. 2, p. 47-62, 2000.

ATIVIDADES

NO CADERNO

SISTEMATIZAR

1. Que motivos levaram ao surgimento da Reforma Protestante?

2. Analise o mapa da página 72.
   a) A expansão do protestantismo seguiu algum critério geográfico?
   b) Quais foram as regiões que se mantiveram fora do alcance do protestantismo?
   c) E quais foram as que mais se converteram a ele?
   d) O que levou à situação observada na Inglaterra?

3. O que estabelecia o tratado denominado Paz de Augsburgo?

4. Quais foram as principais religiões criadas após a Reforma Protestante? Descreva suas diferenças em relação à Igreja Católica.

REFLETIR

1. A Reforma Protestante inaugurou novas religiões, mas não inaugurou as críticas à Igreja Católica.
   a) Essa frase está correta? Explique.
   b) Qual foi a grande herança dos movimentos reformistas do século XVI?

2. Leia o texto e, em seguida, responda às questões.

Em Veneza, particularmente, um grupo de escritores com educação humanista conseguiu sustentar-se com suas penas, em meados do século XVI, escrevendo tanto sobre tal variedade de assuntos que vieram a ser conhecidos como *poligraphi*. Figuras semelhantes podiam ser encontradas em Paris, Londres e outras cidades no final do século XVI, produzindo entre outras publicações, cronologias, cosmografias, dicionários e outros guias para o conhecimento. Os grupos até aqui mencionados não esgotam as possibilidades para os homens de saber do século XVI. A Reforma acrescentou outra. A ideia de Martinho Lutero de um sacerdócio de todos os crentes originalmente parecia tornar supérfluo o clero. [...] Mas Lutero despontou a tempo de sustentar a ideia de um clero culto que pregasse o Evangelho ao povo, sendo a esse respeito seguido por Calvino e outros reformadores protestantes. Do lado católico, a fundação de seminários a partir do século XVI mostra cuidado semelhante com a educação dos párocos. Parte do clero educado nessas instituições parece ter se dedicado aos estudos como vocação, ainda que continuassem a servir suas paróquias [...].

Desta maneira, as igrejas podem ser consideradas, à sua revelia, fundadoras da vida de estudos como carreira.

Peter Burke. *Uma história social do conhecimento: de Gutenberg a Diderot*. Rio de Janeiro: Jorge Zahar Editor, 2000. p. 29.

   a) Por que as ideias de Martinho Lutero poderiam tornar o clero supérfluo?
   b) De que modo a invenção da imprensa também ajudou a tornar o clero supérfluo?
   c) Segundo o texto, a reforma causou profundo impacto na maneira de se estudar e pesquisar na Europa. Qual foi esse impacto?

3. As ideias calvinistas, na época em que começaram a ser divulgadas, trouxeram grandes consequências para a burguesia europeia. Você acha que a burguesia recebeu essas informações positiva ou negativamente? Justifique sua opinião com base no que você aprendeu neste capítulo.

DESAFIO

1. O protestantismo na Inglaterra foi implantado de forma diferente do restante da Europa. Conhecendo o processo que levou à criação do anglicanismo, analise a imagem de Henrique VIII (página 75) e pesquise-a. Descubra por que o rei inglês foi representado dessa forma. Elabore hipóteses que possam explicar o impacto dessa imagem para os súditos dele na época.

CAPÍTULO

3 Contrarreforma

No capítulo anterior, você estudou a Reforma Protestante e seu impacto nos domínios da Igreja Católica. Neste capítulo, você vai conhecer a reação da Igreja Católica contra os protestantes.

A reação da Igreja Católica para conter o avanço do protestantismo no século XVI foi denominada Contrarreforma, ou Reforma Católica.

Para recuperar os antigos fiéis, essa instituição utilizou diferentes métodos, entre eles, a evangelização dos povos das terras conquistadas em outros continentes, o combate ao que considerava heresia, a **clarificação** dos dogmas católicos, a criação de novas ordens religiosas e a moralização da administração eclesiástica.

GLOSSÁRIO

Clarificar: tornar algo compreensível.

No movimento de Contrarreforma, antigas ordens religiosas foram reestruturadas, outras foram criadas. A Companhia de Jesus, fundada pelo ex-soldado espanhol Inácio de Loyola, foi a mais importante ordem da Igreja Católica para combater os protestantes, servindo também para converter ao catolicismo os povos das terras conquistadas pelos europeus durante a expansão marítima.

Concílio de Trento

Em 1545, o papa Paulo III convocou um concílio para serem discutidas questões relativas, principalmente, à ameaça protestante. Realizado na cidade de Trento, na atual Itália, esse concílio é considerado o mais importante da Igreja Católica, pois foi nele que ela confirmou seus dogmas e tomou decisões sobre as fontes de fé e a disciplina eclesial.

Uma das principais decisões tomadas pelos religiosos afirmava que as fontes da fé eram as tradições e a Bíblia, motivo pelo qual deveria ser interpretada de acordo com os ensinamentos da Igreja. Foram mantidos o culto aos santos, o celibato clerical, o latim nas cerimônias religiosas, a indissolubilidade do casamento e o comando supremo da Igreja pelo papa. Também foi decidido como lidar com as descobertas científicas que colocavam a Igreja Católica em cheque, inclusive reativando o Tribunal do Santo Ofício. Por outro lado, reconheceu alguns equívocos, como a venda de indulgências, passando a condená-las.

O Concílio de Trento, como ficou conhecido, só se encerrou em 1563, no papado de Pio IV. As decisões foram promulgadas em sessão pública.

Coleção particular

Concílio de Trento: encontro do sínodo realizado na Catedral de Trento, 1565. Gravura em cobre.

AQUI TEM MAIS

Index Librorum Prohibitorum

Com a criação da lista de livros proibidos – sob o nome de *Index Librorum Prohibitorum*, que vigorou por mais de 400 anos –, a Igreja Católica passou a punir com a morte os autores incluídos na lista e a declarar hereges seus inúmeros leitores.

A primeira versão desse índice foi criada em 1559 e promulgada pelo papa Paulo IV. Ela durou menos de um ano, quando foi substituída por outra, avaliada e autorizada pelos membros do Concílio de Trento. A intenção da Igreja Católica ao compor a lista era proteger a fé e a moral católicas, que estavam ameaçadas pela leitura dos livros considerados heréticos.

Coleção particular

← Frontispício da edição espanhola do *Index Librorum Prohibitorum*, 1570.

Além da lista dos livros proibidos, o índice indicava livros cuja leitura era recomendada. Estes eram, geralmente, relacionados à história da Igreja, à teologia e à disseminação da religião e da moral católica.

Essa lista foi considerada um dos principais instrumentos de censura usados pela Igreja Católica ao longo da história. Com base nela, foram censuradas obras de cientistas, filósofos, enciclopedistas e poetas, entre eles Galileu Galilei, Nicolau Copérnico, Giordano Bruno, Nicolau Maquiavel, Erasmo de Roterdã, John Locke, Denis Diderot, René Descartes, Rousseau, Montesquieu, Voltaire e Victor Hugo.

Mas a tentativa de controlar a informação, e consequentemente manter o poder, não foi tão eficiente, pois era impossível que a Igreja Católica controlasse todos os livros impressos e divulgados diariamente.

1. No contexto de criação do *Index Librorum Prohibitorum*, quais foram as motivações para a Igreja Católica elaborar essa lista de livros proibidos?

Os jesuítas

A Companhia de Jesus foi a ordem religiosa mais importante da Igreja Católica no combate ao protestantismo. Foi também a instituição mais combativa na divulgação da fé católica a outros povos do mundo, dos europeus aos nativos da América Portuguesa, incluindo ainda povos do Extremo Oriente.

Seu fundador foi Inácio de Loyola, filho de uma família nobre e oficial do exército do imperador Carlos V. Durante um cerco à cidade de Pamplona, ele foi ferido e, no período de recuperação, dedicou-se à leitura de obras religiosas, o que foi determinante para sua formação e para a posterior criação da Companhia de Jesus.

Museo Storico Aloisiano, Castiglione delle Stiviere. Fotografia: Album/Fotoarena

↑ Inácio de Loyola, fundador da Companhia de Jesus. Retrato do século XVII.

Tendo renunciado a todas as suas riquezas e feito a peregrinação a Jerusalém, Loyola decidiu estudar. Assim, dirigiu-se a Paris, centro da produção intelectual da época, onde se juntou a outros religiosos, com os quais formou o primeiro grupo do que viria a ser a Companhia de Jesus. Em 1534, os sete companheiros (como ele e outros seis religiosos se denominavam) fizeram votos de pobreza e castidade e iniciaram a evangelização de camponeses italianos.

Os jesuítas valorizavam muito os estudos, em especial os de línguas. Preocupados com a evangelização dos povos nativos, os religiosos compreendiam a necessidade de conhecer e estudar a língua local, tarefa facilitada pela própria formação intelectual deles. Assim, é possível entender por que uma das primeiras gramáticas em língua portuguesa foi obra dos jesuítas.

Fundação Biblioteca Nacional, Rio de Janeiro

↑ Página da obra *Grammatica da Lingua Portuguesa com os mandamentos da santa madre igreja*, de João de Barros, 1539.

As cartas jesuíticas

Loyola preocupava-se com a convivência dos jesuítas com povos de variados costumes e crenças. Ele considerava fundamental a união entre os **missionários** e seus superiores que residiam na Europa. Como os missionários vinham de diversos locais e falavam variadas línguas, decidiu-se pela adoção do latim, em vez das **línguas vulgares**. O latim garantiria a propagação das obras realizadas pelos jesuítas.

A preocupação com a língua explica-se pelo fato de que a escrita desempenhou papel fundamental na consolidação do poder da Companhia de Jesus. Muitas cartas foram produzidas pelos jesuítas, informando sobre as condições dos locais em que estavam e divulgando as obras feitas em nome de Deus.

Assim, o intuito das cartas era mostrar a união em torno da vontade de Deus e o objetivo da missão sendo alcançado. As notícias deveriam relatar os avanços das obras e as ações apostólicas. Os missionários sabiam que estavam produzindo um texto para ser interpretado e lembrado.

As cartas foram a base da comunicação entre os jesuítas que viviam espalhados pelo mundo e o principal meio de construção e divulgação de uma doutrina comum.

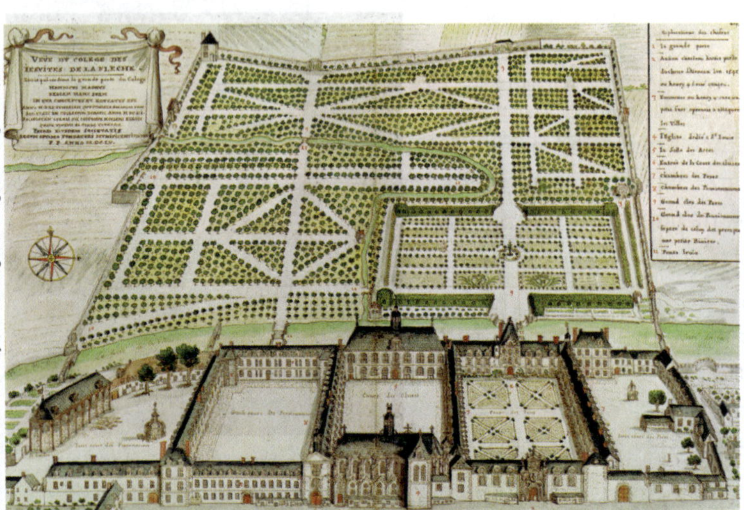

Biblioteca Nacional da França, Paris. Fotografia: Bridgeman Images/Easypix Brasil

← Vista do Colégio de Jesuítas em La Flèche, 1655. Gravura colorida. O Colégio de Coimbra fazia parte da rede de ensino criada pelos jesuítas na Europa a partir de meados do século XVI.

GLOSSÁRIO

Língua vulgar: língua falada pelo povo.
Missionário: pessoa que se dedica a propagar uma ideia. No sentido religioso, aquele que leva palavra de fé a outras pessoas.

ATIVIDADES

NO CADERNO

SISTEMATIZAR

1. Para conter o avanço do protestantismo, a Igreja Católica reagiu com a Contrarreforma. Indique quais foram os dois principais instrumentos utilizados por ela para reaver sua força e explique as funções deles.
2. Qual é a relação entre o Concílio de Trento e a Reforma Protestante?
3. Relacione a história de vida de Inácio de Loyola com os fundamentos da Companhia de Jesus.
4. Por que a Companhia de Jesus foi importante para a Igreja Católica?
5. Quem os jesuítas combateram em suas missões de fé?
6. No conjunto a seguir, existe um termo que não faz parte de um contexto comum. Identifique-o e reescreva os que pertencem ao mesmo conjunto.
   - avanço do protestantismo
   - *Índice dos livros proibidos*
   - rede de ensino
   - Companhia de Jesus
   - apoio à miscigenação

REFLETIR

1. De que forma você relacionaria a prensa de Gutenberg com o *Index Librorum Prohibitorum*? A quem essa relação seria favorável?
2. A censura é uma atitude radical e que afeta as sociedades nos mais variados graus.
   a) Cite um exemplo de censura apresentado neste capítulo.
   b) Por que você acha que um governo ou uma instituição precisaria decretar uma medida como essa?
   c) Como ficaria a produção do conhecimento sob censura?

DESAFIO

1. A gravura ao lado retrata o massacre da noite de São Bartolomeu, no qual muitos protestantes foram assassinados com autorização do rei francês em um confronto entre protestantes e católicos na França, em 1572.
   a) Faça uma pesquisa com o tema "O massacre de São Bartolomeu". Com base nela, elabore uma redação explicando as origens desse acontecimento, como ocorreu e quais foram as consequências dele.
   b) Analise a imagem com base nas suas descobertas.

Coleção particular

↑ Gravura de Franz Hogenberg, criada em 1580, que representa o massacre de São Bartolomeu.

FIQUE POR DENTRO

Tribunal do Santo Ofício

Coleção particular. Fotografia: Universal History Archive/Getty Images

↑ Gravura que representa uma procissão para o auto de fé em Lisboa, século XVIII. O processo inquisitorial era marcado por grandes procissões, desde a visita do inquisidor até a fase final, o que mobilizava um grande número de pessoas da localidade.

A instalação dos processos de inquisição pelo Tribunal começava com a chegada do inquisidor, que era recebido por uma procissão e uma missa. Era a chamada **visita**.

Após a visita, era anunciado o **édito de fé**, no qual os moradores da região eram convocados a denunciar pessoas que suspeitassem estar praticando desvios de conduta – seguir outras religiões, praticar blasfêmias e heresias, professar crenças em divindades da Antiguidade, entre outras práticas condenadas pela Igreja.

Aqueles que confessassem, por livre iniciativa, ter cometido infrações leves – como afirmações perigosas e práticas de superstição – recebiam penas também mais leves. Já os que fossem acusados durante o édito de fé eram submetidos à **instrução**, ou seja, processo de investigação que instigava o acusado a admitir sua culpa em relação às acusações dirigidas a ele.

Quem se recusasse a confessar sua culpa era submetido ao **tormento**, que consistia em sessões de práticas de tortura que visavam obter a confissão. Apesar da presença de um médico, que acompanhava a sessão para evitar que o acusado sofresse graves ferimentos, muitos réus não suportavam as torturas e morriam.

Os que resistiam eram submetidos ao julgamento, no qual o promotor do processo solicitava a condenação e os próprios réus preparavam sua defesa, auxiliados por um advogado e eventuais testemunhas. Caso fossem condenados, estavam sujeitos a diversos tipos de pena, incluindo morte na fogueira. Também ocorriam excomunhão,

O Tribunal do Santo Ofício foi criado na Idade Média pela Igreja Católica como instrumento de perseguição aos que professassem ideias contrárias às defendidas pelas autoridades da Igreja. Alternando épocas de maior e menor atuação, em especial na Península Ibérica, o tribunal seguiu com suas atividades até 1821 na Espanha. Os principais perseguidos eram os mouros, judeus e protestantes.

Heritage Images/DIOMEDIA

→ Gravura de 1759 que representa um julgamento feito pela Inquisição espanhola em Madri.

confisco de bens, açoites, exílio, exposição pública com roupas de penitente e renúncia aos erros –, para que se tornassem um exemplo para a população. Então, eram levados à prisão ou a conventos para ser reeducados.

O processo inquisitorial terminava com um **auto de fé**, evento público em que os acusados recebiam a condenação ou absolvição. Nele, montava-se um grande palanque em praça pública para que todos pudessem assistir às solenidades.

Museu do Prado, Madrid

↑ Francisco Rizi. *Auto de fé na Plaza Mayor de Madri*, 1683. Óleo sobre tela, 2,77 m × 4,38 m.

Prisma/UIG/Getty Images

← Gravura do século XIX que representa um auto de fé, no qual os condenados eram lançados à fogueira ainda vivos.

GLOSSÁRIO

Édito de fé: documento lido publicamente que dava início às confissões espontâneas.

1. Comente como os processos de acusação eram instaurados pelo Tribunal do Santo Ofício, tendo em vista a capacidade dos réus de se defender.

2. As ações realizadas pela Igreja Católica por meio do Tribunal do Santo Ofício são motivo de muitas críticas até hoje à fé católica. Você acha que essas críticas são legítimas? Você considera que a violência poderia ser justificada porque, na época em que o Tribunal estava instaurado, era aceita por autoridades e pela população em geral?

LABORATÓRIO DA HISTÓRIA

Os depoimentos orais

Um depoimento nos possibilita conhecer e compreender elementos que, por vezes, podem ficar restritos a outros tipos de fonte histórica.

Em depoimentos como o de Menocchio, sobre o qual leremos a seguir, é possível perceber os sentimentos da pessoa: seus medos e angústias, sonhos e esperanças, desilusões e desesperanças, raiva e ironia.

A história do moleiro Menocchio

Domenico Scandella, vulgo Menocchio, foi um moleiro que nasceu em 1532, em Montereale, pequena aldeia italiana. Ele havia sido magistrado da região e administrador da paróquia de sua aldeia, mas, em 1583, foi acusado de heresia e levado a julgamento no Tribunal do Santo Ofício.

Vejamos, então, um pouco dessa história, resgatada pelo historiador Carlo Ginzburg.

Não é fácil entender pelos autos do processo qual era a reação dos conterrâneos de Menocchio às suas palavras. É claro que ninguém estava disposto a admitir ter escutado com aprovação os discursos de um suspeito de heresia. Pelo contrário, alguns se preocuparam em comentar com o vigário-geral que conduzia o inquérito a própria reação indignada. "Menocchio, pelo amor de Deus, não vai falando essas coisas por aí!" – teria exclamado, segundo ele mesmo afirmou, Domenico Melchiori. Giuliano Stefanut testemunha: "Eu lhe disse várias vezes, especialmente uma, indo para Grizzo, que eu gostava dele, mas não podia suportar seu jeito de falar das coisas da fé, que sempre discutiria com ele e que, se cem vezes me matasse e depois eu voltasse a viver, continuaria a me deixar matar pela fé". O padre Andrea Bionima havia até mesmo feito uma ameaça velada: "Cale a boca, Domenego, não diga essas coisas, porque um dia você se arrepende". Outra testemunha, Giovanni Povoledo, dirigindo-se ao vigário-geral, arriscou uma definição, embora genérica: "Tem má fama e tem opiniões erradas, como aquelas da seita de Lutero". Entretanto, esse coro de vozes não deve nos enganar. Quase todos os interrogados declararam conhecer Menocchio havia muito tempo: uns, havia trinta, quarenta anos; outros, 25; outros, ainda, vinte. Um deles, Daniele Fasseta, disse conhecê-lo "desde moleque, com o nariz sujo, já que éramos da mesma paróquia". [...] O próprio Giuliano Stefanut, que havia enfrentado Menocchio, dizendo-se pronto "a morrer pela fé", acrescentou: "Eu gosto dele". [...] Muitos anos depois, quando do segundo processo, uma testemunha declarou: "Eu o vejo conversando com muita gente e acho que é amigo de todo mundo". E, apesar disso, a certa altura dispararam uma denúncia contra ele que abriu caminho para o inquérito.

[...]

Museu dos Agostinhos, Toulouse

↑Jean Paul Laurens. *The Agitator of Languedoc*, 1887. Óleo sobre tela, 1,16 m × 1,49 m. A obra retrata um Tribunal do Santo Ofício no período da Inquisição.

Apesar dos conselhos [de como se comportar no inquérito instaurado pelo Santo Ofício], demonstrou-se muito loquaz [...]. Assim, mesmo admitindo ter alimentado dúvidas quanto à virgindade de Maria dois ou três anos antes, e ter falado sobre isso com várias pessoas, entre as quais o padre de Barcis, observou: "É verdade que eu falei disso com várias pessoas, mas não forçava ninguém a acreditar; pelo contrário, convenci muitos dizendo: 'Vocês querem que eu ensine a estrada verdadeira? Tente fazer o bem, trilhar o caminho dos meus antecessores e seguir o que a Santa Madre Igreja ordena'. Mas aquelas palavras que eu disse antes eu dizia por tentação, porque acreditava nelas e queria ensiná-las aos outros; era o espírito maligno que me fazia acreditar naquelas coisas e ao mesmo tempo me instigava a dizê-la aos outros".

Carlo Ginzburg. *O queijo e os vermes: o cotidiano e as ideias de um moleiro perseguido pela Inquisição.* Trad. Maria Betânia Amoroso e José Paulo Paes. Rev. téc. Hilário Franco Jr. São Paulo: Companhia das Letras, 2006. p. 33, 34 e 36.

Azuz/Shutterstock.com

Passo a passo

Vamos realizar um relato oral?

1. Releia o trecho selecionado do livro de Carlo Ginzburg e observe como o relato oral pode ajudar na reconstituição de um fato histórico. Como seria contada a história de Menocchio se tivéssemos um único relato? Por que diferentes relatos ajudam a entender melhor o comportamento de Menocchio?
2. Pensando nessas questões, reúna-se com três colegas e, juntos, escolham um fato ocorrido hoje ou em dias anteriores na escola ou um programa de televisão ou da internet a que vocês todos tenham assistido.
3. A proposta é que vocês percebam o que acontece quando pessoas diferentes comentam o mesmo assunto.

Finalização

1. Após a escolha do assunto a ser contado, cada integrante do grupo vai anotar em uma folha de caderno, em tópicos, os principais pontos relacionados a ele.
2. Depois de alguns minutos, cada um vai ler aos colegas do grupo seu relato, que precisa ser claro e objetivo.
3. Enquanto cada um faz sua leitura, os outros anotam, na mesma folha de papel, as informações que não haviam mencionado.
4. Quando todos tiverem terminado suas leituras, comparem as anotações entre si.
5. Juntos, elaborem um novo texto, incorporando as contribuições de todos os membros do grupo.
6. Analisem se o texto final ficou muito diferente dos textos iniciais e se vocês chegaram a mudar a interpretação do assunto tratado.
7. Em casa, componha um breve texto individual que mostre o que vocês compreenderam sobre a história oral e seus impactos na percepção e na interpretação de eventos do passado.

Bom trabalho!

PANORAMA

FAÇA AS ATIVIDADES A SEGUIR E REVEJA O QUE VOCÊ APRENDEU.

NO CADERNO

1. Observe as imagens a seguir. A primeira fotografia mostra o interior de um templo católico; e a segunda, o de um templo luterano.

Rubens Chaves/Pulsar Imagens

↑Altar da Igreja São José, localizada no centro de Belo Horizonte (MG).

Edson Antunes

↑Altar de um templo da Congregação Evangélica Luterana da Paz, em São Paulo (SP).

a) Relacione as diferenças e as semelhanças entre os dois altares.

b) Levante hipóteses para explicar as características de cada um deles.

2. A imagem mostra o encontro entre o papa Francisco I e o patriarca da Igreja Russa Ortodoxa. Explique a importância desse evento.

Vatican Media/AFP

↑Papa Francisco e Bartolomeu I, Patriarca Ecumênico da Igreja Ortodoxa, na Pontifícia Basílica de São Nicolau em Bari. Itália, 2018.

3. A imagem mostra parte da cidade de Avignon, no sul da França. Nela, podemos ver a sede papal.

Michel & Gabrielle Therin-Weise/Alamy/Fotoarena

↑Sede papal em Avignon, França.

a) Descreva os Palácios Papais.

b) Elabore uma hipótese que explique a razão de terem sido construídos dessa forma.

4. Quais foram as principais mudanças na Inglaterra após o rompimento do Estado com a Igreja Católica e por que os nobres apoiaram o rei?

5. Pode-se afirmar que, mais do que movimentos internos de dissidência com a Igreja, a Reforma e a Contrarreforma responderam ao contexto social e político do momento. Nesse sentido, que motivos levaram parte da população a apoiar Martinho Lutero em suas críticas à Igreja Católica?

6. Durante o Renascimento, o autor Giordano Bruno e o físico Galileu Galilei foram julgados pelo Tribunal do Santo Ofício. Como consequência, Giordano foi queimado vivo na fogueira e Galileu teve de negar toda a sua produção intelectual para que não fosse morto. Com base em seus conhecimentos e no trecho a seguir, responda à questão.

Não me sinto na obrigação de acreditar que o mesmo Deus que nos dotou de sentidos, razão e intelecto tencionava descartar o uso destes e por algum outro meio nos dar o conhecimento que com eles podemos obter.

David Eliot Brody e Anol R. Brody. *As sete maiores descobertas científicas da história*. São Paulo: Companhia das Letras, 1999. p. 64.

- Que motivos levaram a Igreja Católica a impedir a propagação de ideias como as de Giordano Bruno e Galileu Galilei?

7. Sobre a Inquisição, responda:
   a) O que foi a Inquisição e qual era a instituição responsável pelo cumprimento dos processos inquisitoriais?
   b) De que maneira esses julgamentos demonstravam o poder da Igreja Católica no período?

8. A guerra, tanto física quanto ideológica, entre religiões na contemporaneidade é bastante nítida. A intolerância religiosa existe tanto em nosso país como em outros locais do mundo. No entanto, nem todos os seguidores de determinada religião são intolerantes com pessoas de outras religiões.
   Com base no que você aprendeu e no que conhece do assunto, ou mesmo no que vivencia, elabore um texto crítico a respeito da intolerância religiosa.

9. O escritor Jorge Amado descreveu no romance *Tenda dos milagres* as perseguições sofridas na primeira metade do século XX por praticantes das religiões de origem africana. Leia o texto a seguir e responda à questão.

Reunidos no terreiro em festa, homens pacíficos e alegres orixás viram-se interrompidos e ameaçados. Alguns valentes juntaram-se a Manuel Praxedes na resistência...

A destruição dos objetos rituais não acalmou a fúria, o ódio dos cruzados. Era pouco. Puseram fogo no barracão; as chamas consumiram o terreiro de Sabaji. Para exemplo.

Por muitos anos prolongou-se a guerra santa, a cruzada civilizadora. Durante o império de Pedrito Gordo, dândi e delegado, bacharel com leituras e teorias, a violência foi cotidiana, sem apelo ou proteção. O dr. Pedrito prometera acabar com a feitiçaria, o samba, a negralhada. Vou limpar a cidade da Bahia.

Jorge Amado. *Tenda dos milagres*. Rio de Janeiro: Record, 2001. p. 232-233.

- No Brasil ainda há preconceito em relação às religiões de origem africana? Justifique sua resposta.

DICAS

▶ ASSISTA

Lutero. Alemanha; EUA, 2003. Direção: Eric Till, 112 min.
O filme retrata a vida e a obra do líder reformista protestante Martinho Lutero e sua luta para transformar os dogmas religiosos da cristandade.

LEIA

Uma voz feminina na Reforma, de Rute Salviano Almeida (Hagnos).
No contexto da Reforma, a autora destaca o papel feminino e a contribuição de Margarida de Navarra, a rainha que forneceu abrigo a Calvino e protegeu outros reformadores.

↑ Palácio de Versalhes, França. O palácio que abrigou a Corte francesa, com cerca de 6 mil pessoas, é um edifício com centenas de salas e quartos decorados com rica tapeçaria, obras de arte e mobiliário suntuoso.

TEMA 4

As monarquias absolutistas

NESTE TEMA

VOCÊ VAI ESTUDAR:

- as monarquias absolutistas na Europa;
- o processo de formação dos Estados Modernos;
- a expansão comercial e marítima europeia.

O Palácio de Versalhes foi a residência do rei Luís XIV. Considerado o maior palácio da época e símbolo da monarquia absolutista, tornou-se o mais luxuoso de toda a Europa no período. Atualmente, abriga um museu e é um dos pontos turísticos mais visitados na França.

Com base na análise da fotografia e da legenda, você sabe dizer quais são os motivos para a construção de uma edificação como o Palácio de Versalhes? Por que ele é considerado um dos símbolos da monarquia absolutista? Quem vivia nele no tempo de Luís XIV?

CAPÍTULO 1

A formação dos Estados Modernos

Neste capítulo, você vai estudar o processo de formação dos Estados Modernos e as principais teorias que vigoravam nesse período.

Museu do Louvre, Paris. Foto: Bridgeman Images/Easypix Brasil

↑ Coroa do rei Luís XV, esculpida em prata e ornamentada com pedras preciosas e pérolas, datada de 1722. A coroa é um dos maiores símbolos das monarquias desse período.

A partir do século XII, os centros urbanos e o comércio desenvolveram-se intensamente na Europa. A burguesia aliou-se a reis e ofereceu recursos que possibilitaram a burocratização e a criação de uma estrutura de Estado. A nobreza, que exercia o poder local, perdeu autonomia política, mas manteve prestígio social. Essas condições favoreceram a centralização do poder em torno de um Estado unificado, o que deu origem aos Estados Modernos.

O fortalecimento da figura real e o aparelhamento do Estado levaram à centralização do poder nas mãos do rei. Com o tempo, muitos deles justificaram sua posição como divina. Dessa maneira, as monarquias se tornaram absolutistas, ou seja, os poderes dos monarcas eram ilimitados e as decisões tomadas por eles, inquestionáveis. A figura do próprio rei representava o Estado, as pessoas que formavam a população assumiam a condição de súditos.

Com a formação das monarquias absolutistas, as cidades perderam autonomia e passaram a responder ao poder central do rei. O Estado unificou a administração do sistema legal e possibilitou a criação de um exército a serviço do poder real. Os impostos arrecadados eram utilizados para manter toda a estrutura estatal: a Corte, o exército e a administração.

O Estado absolutista

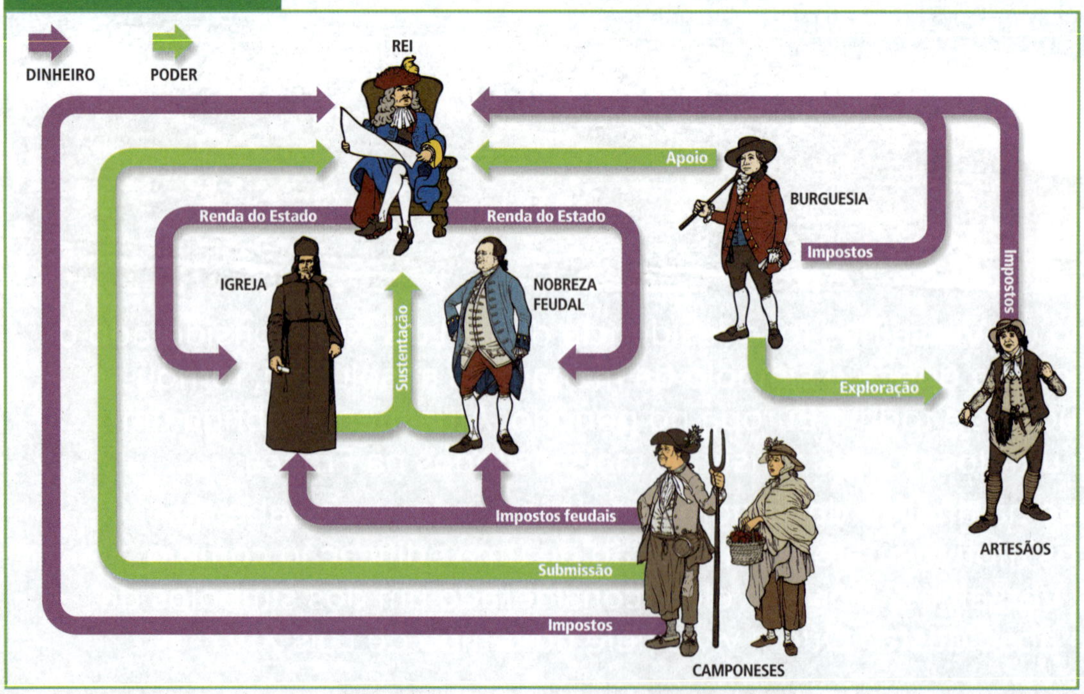

Alex Argozino

Teóricos do absolutismo

A monarquia absolutista contava com o apoio de alguns pensadores, que desenvolveram teorias para justificar o poder máximo nas mãos do rei.

Nicolau Maquiavel (1469-1527)

Pensador que se tornou muito influente em seu tempo, Nicolau Maquiavel desenvolveu ideias que posteriormente foram usadas para a elaboração de uma nova ciência – a teoria política –, aplicada ao Estado Moderno.

Em 1532, foi publicado *O príncipe*. Naquela época, havia uma tradição medieval que tinha como base a elaboração de livros de aconselhamento; o autor emitia opiniões e conselhos para que um governante tivesse sucesso em suas ações. Maquiavel inovou essa tradição ao romper com os conselhos para que os governantes agissem conforme os valores cristãos. Para ele, o governante deveria adotar uma moral política, mirando-se no exemplo dos grandes líderes do passado e do presente. Esse rompimento com a moral cristã foi o fator que incluiu a obra no *Index Librorum Prohibitorum,* da Igreja Católica.

O príncipe, além de um manual de instruções para o ato de bem governar, é um pequeno tratado sobre como conquistar territórios e mantê-los sob controle. Portanto, o livro também se caracteriza pelo **empirismo**, por se aproximar da realidade.

O autor defendia ainda que o monarca deveria ter duas características essenciais: capacidade de escolher a melhor estratégia para governar e manter-se no poder e ousadia para tomar decisões corretas no momento propício.

GLOSSÁRIO

Empirismo: doutrina filosófica segundo a qual as ideias e o conhecimento são gerados mediante experiências.

Pragmático: que busca resultados práticos.

IL PRENCIPE
DI NICOLO MA-
CHIAVELLI,
Al Magnifico Lorenzo di Piero
de Medici.
Con alcune altre operette, i titoli delle quali trouerai nella seguente facciata.
IN PALERMO
Appresso gli heredi d'Antoniello dagli Antonielli
à xxviij. di Gennaio, 1584.

Album/akg-images/Fototeca Gilardi/Album/Fotoarena

Frontispício da edição italiana do livro *O príncipe*, de 1584.

CURIOSO É...

Maquiavélico

Atualmente, o termo **maquiavélico** é usado para definir pessoas astutas que planejam atos de má-fé. Ele adquiriu esse significado pejorativo porque os pensamentos de Maquiavel foram interpretados como uma espécie de método para governantes que agiam de forma **pragmática**.

A análise negativa do termo começou na Contrarreforma, contexto em que a Igreja Católica condenava a obra. Há outras interpretações dos pensamentos de Maquiavel: uma visão afirma que ele alertava o povo sobre a tirania do Estado e outra, que ele satirizava os costumes dos governantes da época.

Rubens Lima

Thomas Hobbes (1588-1679)

Leviatã, a obra mais importante do inglês Thomas Hobbes, foi publicada em 1651. O nome do livro refere-se a uma criatura monstruosa e extremamente poderosa citada na Bíblia e foi uma metáfora usada pelo autor para referir-se ao Estado. Para Hobbes a noção de soberania é associada ao Estado e não ao governante.

Hobbes acreditava que, no estado natural, o ser humano é egoísta e promove guerras para obter vantagens. A solução para esse caos coletivo seria a existência de um contrato social, em que cada indivíduo abriria mão de seus interesses em nome da pacificação. Para garantir o cumprimento desse contrato, seria necessário um soberano, o leviatã, a quem as partes concederiam o poder de regular os conflitos sociais.

Para tanto, o soberano deveria ter total poder e liberdade, além de ser obedecido inquestionavelmente pelos súditos. O soberano se identificaria com o próprio Estado, e seu poder estaria acima da lei. Algumas interpretações apontam nesse livro um embrião da democracia moderna: se esse Estado for representativo e participativo, a soberania é do coletivo, e não apenas de uma pessoa.

Biblioteca do Congresso, Washington

↑ Frontispício da primeira edição de *Leviatã*, de Thomas Hobbes. Londres, 1651.

O **frontispício** de *Leviatã* apresenta a ilustração de um gigante (o governante, leviatã) cujo corpo é formado por pequenos seres humanos, reforçando a ideia de que esse soberano não está descolado da sociedade. Ele porta símbolos das autoridades real e religiosa, como coroa, espada e bastão pastoral, enquanto observa uma localidade, uma pequena cidade, na qual se destacam uma igreja e uma área mais bucólica. Do lado esquerdo da página há elementos do poder temporal, como castelo, coroa, canhão, armas e guerra. Já do lado direito estão os elementos do poder espiritual: a igreja, a **mitra**, os raios da excomunhão, símbolos representativos de **silogismos** e dilemas e um grupo de conselheiros.

FORMAÇÃO CIDADÃ

No Brasil, delegamos aos representantes do povo a função de cuidar dos interesses coletivos de acordo com a Constituição de 1988. É ela que regula a organização do Estado e rege a nação brasileira. Nesse contrato social, vivenciado por nós, assegura, com equidade, o bem-estar de toda a sociedade? Reflita a esse respeito e, em seguida, registre no caderno suas considerações.

GLOSSÁRIO

Frontispício: primeira página de um livro, em que consta informações sobre a obra.
Mitra: chapéu usado pelo papa.
Silogismo: raciocínio estruturado com base em duas ideias por meio das quais se chega a uma conclusão.

Galleria degli Uffizi, Florença

Jacques Bossuet (1627-1704)

O teólogo francês Jacques Bossuet escreveu o livro *Política tirada da Sagrada Escritura*, destacando-se como o principal representante da teoria do direito divino dos reis. Em sua obra, defendeu a ideia de que o povo devia obediência absoluta ao rei, abdicando, portanto, de seus direitos. Segundo o autor, o monarca ocupava a posição de representante divino e deveria prestar contas somente a Deus. Bossuet procurou justificar o poder do rei Luís XIV da França.

← Hyacinthe Rigaud. *Retrato de Jacques Benigne Bossuet*, 1693. Óleo sobre tela, 72 cm × 58 cm.

Absolutismo francês

A Guerra dos Cem Anos (abordada no Tema 1) e suas consequências favoreceram a união da França em torno do rei e o fortalecimento do exército, elementos fundamentais para o processo de centralização política.

A França consagrou-se como uma das monarquias mais importantes da Europa. Com a vitória na guerra, a Coroa francesa estabeleceu novos impostos. O mais importante era a talha, taxa cobrada pelas terras que os plebeus possuíam, tornando-se a principal renda do governo.

Com a morte do rei Luís XIII, em 1643, e a menoridade de seu filho herdeiro, Luís XIV, à época com apenas 4 anos de idade, assumiram o governo a rainha regente Ana da Áustria e o primeiro-ministro, o cardeal Mazarino. Ambos enfrentaram revoltas, mas controlaram o poder para garantir seus próprios interesses.

Allen.G/Shutterstock.com

↑Portão do Palácio de Versalhes, decorado com a alegoria do Rei-Sol, Luís XIV, e com flores-de-lis, símbolo da monarquia francesa.

Ao atingir a maioridade, Luís XIV (1643-1715) atendeu a algumas demandas da elite e restaurou a ordem. Após a morte de Mazarino, o rei, então com 22 anos, em vez de nomear um novo primeiro-ministro, anunciou que governaria sozinho. Assim, apoiou-se em ministros que não pertenciam à nobreza e estabeleceu-se como principal autoridade na França. Conhecido como Rei-Sol, justificava seu poder com base no direito divino de Bossuet. Consolidou, ainda, a burocracia francesa como a maior da Europa e, em 1685, revogou o **Édito de Nantes**, proibindo a religião protestante, o que tornou a França mais uma vez um reino exclusivamente católico. Dessa forma, o absolutismo francês chegou ao apogeu.

O **Édito de Nantes**, promulgado pelo rei francês Henrique IV em 13 de abril de 1598, concedeu direitos religiosos, civis e políticos aos grupos protestantes da França, ainda que limitasse a liberdade de culto. O catolicismo continuava a ser a religião oficial.

Ainda nesse período, a França foi consolidando os limites de seu domínio: anexou territórios pertencentes ao Império Germânico e ocupou a cidade de Estrasburgo e o Franco Condado.

A partir da segunda metade de seu reinado, em meio à guerra contra a Liga de Augsburgo, liderada pela Inglaterra, Luís XIV instaurou uma nova taxa que evidenciou seu anseio por recursos e seu poder absoluto. Quebrou, com isso, um dos principais privilégios da nobreza: a isenção de impostos.

Bertrand Rindoff Petroff/Getty Images

→ Galeria dos Espelhos no Palácio de Versalhes, França.

O Palácio de Versalhes foi construído durante o reinado de Luís XIV. Transformado em sede do governo e residência oficial da Corte francesa em 1682, tornou-se um dos símbolos mais notáveis do absolutismo, com sua arquitetura monumental e luxuosa. Esse palácio passou a ser um modelo de residência real para as monarquias absolutistas.

Absolutismo inglês

A vitória da França na Guerra dos Cem Anos fez a Inglaterra perder terras e gerou grande tensão na nobreza britânica. Nesse contexto, duas das mais influentes famílias britânicas, Lancaster e York, entraram em conflito, dando origem à Guerra das Duas Rosas. O conflito recebeu esse nome porque o símbolo da família Lancaster era uma rosa vermelha e o da família York, uma rosa branca.

Durante 30 anos (de 1455 a 1485) houve vários combates abertos, nos quais as duas famílias e seus apoiadores sofreram perdas e acumularam vitórias; os líderes pereceram e os filhos ou primos tomaram seu lugar. Por fim, uma das sucessões levou Henrique Tudor, parente distante dos Lancaster, a assumir o confronto e sair vitorioso da Batalha de Bosworth, em 1485. Ele foi coroado rei, intitulado Henrique VII, e casou-se com Elizabeth de York, unindo as duas famílias. Alguns descendentes dos York ainda persistiram no conflito até cerca de 1500, mas o próprio Henrique VII foi capaz de controlá-los.

National Portrait Gallery, Londres

↑ *Rainha Elizabeth I*, c. 1600. Óleo sobre painel, 127,3 cm × 99,7 cm.

Com Henrique VII, começou a Dinastia Tudor, iniciou-se o período absolutista. Contudo, foi seu filho Henrique VIII quem finalmente centralizou o poder com o apoio da burguesia e rompeu com a Igreja Católica em 1534 e fundou a própria igreja, a Anglicana.

Em 1534, declarou o Ato da Supremacia, colocando-se como chefe supremo da Igreja Anglicana. Com isso, expropriou bens da Igreja Católica, dissolveu mosteiros e colocou as terras da Igreja em leilão.

Ao assumir o trono, Elizabeth I, filha de Henrique VIII, colocou a Igreja sob dependência do Estado. Reinou por 45 anos e não se casou. Um dos motivos para isso foi manter o controle sobre o governo da Inglaterra.

Manteve a política absolutista de seus antecessores e incentivou a navegação e o comércio.

AQUI TEM MAIS

As rosas

Na Inglaterra, a Dinastia Tudor utilizou a simbologia das rosas na Casa dos York e dos Lancaster para construir sua imagem no poder. A rosa vermelha representava os Lancaster, e a rosa branca, os York. Com o casamento, houve a junção das duas rosas para criar o símbolo da dinastia que se legitimava no poder: a rosa branca no centro e a vermelha no exterior. O filho do casal, Henrique VIII, deu início à dinastia simbolizada pela junção das rosas, e seu reinado foi responsável pela unificação do Estado nacional inglês. Até hoje a rosa Tudor é usada pela oficialidade inglesa.

↑ Lancaster.

↑ York.

↑ Tudor.

Carlos Caminha

1. Como a simbologia das rosas na Inglaterra é interpretada pelas dinastias descendentes da Casa dos Tudor?

ATIVIDADES

NO CADERNO

SISTEMATIZAR

1. Por que as decisões dos reis absolutistas eram inquestionáveis?
2. De acordo com Maquiavel, quais eram as características essenciais de um monarca? Por que sua obra, *O príncipe*, foi proibida pela Igreja Católica?
3. Thomas Hobbes é considerado um filósofo contratualista por causa de sua teoria do contrato social. Explique a teoria hobbesiana.
4. O teólogo Jacques Bossuet defendeu a teoria do direito divino dos reis em seu livro *Política tirada da Sagrada Escritura*. Segundo ele, como a população deveria se portar perante o rei? Como essa teoria era justificada?
5. Explique a relação entre a Guerra das Duas Rosas e o início do absolutismo na Inglaterra.
6. Quem foi Luís XIV e quais foram as principais características de seu governo?

REFLETIR

1. Leia a seguir um trecho do livro *O príncipe*, de Maquiavel, e responda às questões.

> [...] eu digo que todo príncipe deve desejar a condição de clemente à de cruel, embora deva ter cuidado para não usar de forma equívoca esta clemência. [...] um príncipe, enquanto mantiver seus súditos unidos e leais, não deve pensar na acusação de crueldade, porque com poucos exemplos, ele será mais misericordioso que aqueles que, com demasiada misericórdia permitem a desordem, da qual se originam assassinos e ladrões, pois eles estão acostumados a prejudicar o povo todo, ao passo que aquelas acusações que surgem com um príncipe ofendem apenas um indivíduo.
>
> [...] Um príncipe deve inspirar medo de tal forma que, se não conquistar o amor, evite o ódio, porque ele pode suportar muito bem ser temido, enquanto não for odiado, o que acontecerá até que ele se abstenha de tomar os bens e as mulheres de seus cidadãos e súditos. [...] Quando um príncipe está à frente do seu exército, com muitos soldados sob seu comando, é essencial desconsiderar a reputação de cruel, pois, sem isso, nunca se mantém um exército unido ou disposto a realizar suas obrigações.

Nicolau Maquiavel. *O príncipe*. São Paulo: Penguin Classics; Companhia das Letras, 2010. p. 103.

a) Qual é o assunto abordado?

b) Para Maquiavel, que razões levariam um governante a ser, além de temido, odiado?

c) Nesse trecho, Maquiavel defende que o governante seja clemente com seus súditos, porém cruel quando estiver comandando um exército. Por que ele faz essa distinção?

d) Qual é sua opinião sobre a construção da imagem do governante sugerida por Maquiavel?

DESAFIO

1. A centralização do poder nas mãos dos reis foi fundamental para a compreensão do período de formação dos Estados Modernos. Teóricos como Nicolau Maquiavel, Thomas Hobbes e Jacques Bossuet contribuíram para embasar as ideias de centralização do poder em torno dos reis. Com base nisso, pesquise a biografia de cada um desses teóricos e apresente-as em quadro comparativo.

CAPÍTULO 2

As transformações comerciais

No capítulo anterior, você estudou o processo de formação dos Estados Modernos. Neste capítulo, vai aprender alguns conceitos de economia aplicados nos séculos XVI e XVII.

No século XV, durante a formação das monarquias modernas, o sistema comercial voltou-se para as atividades manufatureiras, com o objetivo de enriquecer o Estado e reforçar seu poder. Essa política econômica e comercial foi dominante entre os séculos XVI e XVII, ficando posteriormente conhecida como mercantilismo.

No entanto, é preciso esclarecer que esse termo não existia naquela época. Ele foi criado no século XIX por economistas alemães que defendiam o liberalismo, teoria adotada no século XVIII. O nome se refere à suposta predominância dos interesses dos mercadores sobre outras atividades econômicas do período.

Apesar das discussões a respeito do que tenha sido, o mercantilismo consolidou-se no estudo de História para definir esse conjunto de medidas, pois unir, em um único conceito, diversas ações ocorridas em um grande período facilita a compreensão e o estudo. Com o tempo, o termo se consagrou e é utilizado até hoje.

Quando falamos em mercantilismo, fazemos sua ligação com o absolutismo e com o período histórico compreendido entre os séculos XVI e XVIII.

Essa ligação direta apresenta um pequeno problema: o termo "mercantilismo", na realidade, surge apenas no final do século XIX.

Como? Que teoria revolucionária é essa? Como poderia ter surgido depois de ter existido?

Na verdade, os europeus ocidentais do século XV ao XVIII não conheciam a política econômica de seu tempo com o nome de mercantilismo. Não tinham noção de que as práticas econômicas eram mercantilistas, muito menos as viam como algo uniforme e, portanto, passíveis de definir.

A definição surgiu muito tempo depois com os historiadores e economistas que procuraram sistematizar as práticas econômicas daquele período histórico.

Cléber Cristiano Prodanov. *O mercantilismo e a América*. São Paulo: Contexto, 1998. p. 12.

CURIOSO É...

Mercantilismo

Rubens Lima

Os teóricos Thomas Mun, da Grã-Bretanha, Jean-Baptiste Colbert, da França, e Antonio Serra, da Itália, foram os principais promotores da doutrina político-comercial conhecida posteriormente como mercantilismo.

Essa doutrina dominou os principais Estados europeus entre os séculos XVI e XVIII, mas, embora elas a tenham fundamentado, o termo **mercantilismo** foi cunhado pelo inglês Adam Smith, um de seus maiores críticos, em 1776. Sua avaliação desfavorável versava sobre a importância dada pelos Estados europeus ao comércio e à acumulação de reservas em metais preciosos.

Características do mercantilismo

O mercantilismo é baseado nas trocas comerciais e foi muito utilizado pelos reinos de Portugal, Espanha, Inglaterra, França e Holanda, que buscaram enriquecer explorando suas colônias na América, África e Ásia. Como ele consistia em acúmulo de riquezas, esses Estados estabeleceram uma série de medidas para aumentar o lucro sobre as mercadorias comercializadas com as colônias.

Uma das principais características do mercantilismo era a intervenção do Estado na economia. Isso significa que todas as regras comerciais eram determinadas exclusivamente pelo Estado. Na relação colonial, o "Estado" é a metrópole.

A colônia, por exemplo, comprava e vendia produtos de apenas um parceiro econômico, prática denominada, atualmente, de monopólio comercial. Assim, a metrópole restringia as relações comerciais das colônias, obrigando-as a comprar seus produtos manufaturados a altos preços e a vender matéria-prima, metais e outros produtos a preços baixos.

Naquela época, um país era considerado rico de acordo com a quantidade de metais preciosos acumulados. Posteriormente, essa prática foi chamada de metalismo.

O papel intervencionista do Estado visava proteger o mercado interno e expandir o mercado externo. Com isso, pretendia-se garantir uma balança de pagamentos favorável, ou seja, a renda obtida com as exportações deveria superar as despesas com as importações. Isso era possível por meio de uma política protecionista, que determinava a cobrança de elevadas taxas sobre os produtos que entravam nas alfândegas e tornava desfavorável a importação.

Outra medida foi o estabelecimento de um acordo entre os maiores reinos da Europa ocidental para dividir as atividades produtivas entre eles, gerando, assim, áreas de especialização para cada um e diminuindo a concorrência. Posteriormente essa medida foi denominada Divisão Internacional do Trabalho, prática que existe até hoje.

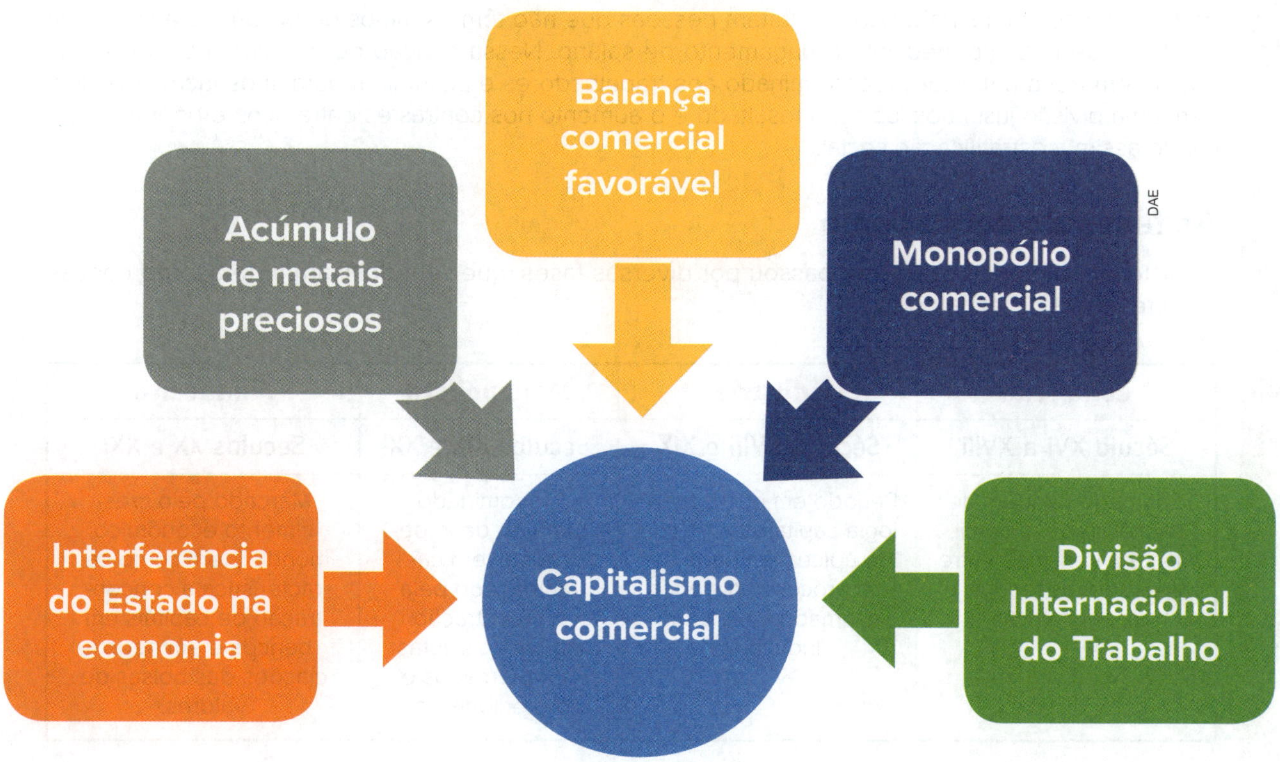

AQUI TEM MAIS

O sistema capitalista

↑ A estratificação econômica é fundamentada na posse de bens materiais e estabelece diferença entre ricos (classe alta), pobres (classe baixa) e pessoas em situação intermediária (classe média).

O capitalismo é um sistema econômico que tem como pressupostos básicos o direito à propriedade privada (qualquer tipo de posse, desde que o dono dela – o proprietário – tenha provas de que o objeto ou a terra realmente lhe pertence) e o acúmulo de riquezas, ou seja, de capital. Esse é o sistema adotado no Brasil e na maioria dos países hoje.

No sistema capitalista, as atividades econômicas mais importantes são o comércio e a indústria. Os capitalistas – ou seja, os indivíduos que possuem propriedades privadas que lhes rendem lucros e lhes possibilitam acumular capital – produzem e vendem mercadorias para a população. Um exemplo de capitalista são os industriais, que detêm os meios de produção (fontes de energia, recursos naturais, propriedades, ferramentas, máquinas) para fabricar mercadorias e, por meio da contratação de mão de obra, produzem e vendem suas mercadorias.

Para aumentar seus lucros, é comum os capitalistas ampliarem cada vez mais a produção e a venda de bens de consumo. Para isso, contratam pessoas que não têm os meios de produção e compram sua força de trabalho mediante o pagamento de salário. Nessa relação de trabalho, os capitalistas pagam em troca um valor predeterminado aos trabalhadores e acumulam para si os lucros obtidos. Sem uma divisão justa dos lucros, o resultado é o aumento nos contrastes entre ricos e pobres, reforçando assim a estratificação social.

As fases do capitalismo

Historicamente, o capitalismo passou por diversas fases, que se modificaram de acordo com as características de cada época:

Comercial	Industrial	Monopolista	Financeiro
Século XVI a XVIII	Séculos XVIII e XIX	Séculos XIX e XX	Séculos XX e XXI
Chamado também de capitalismo mercantil, marca a transição entre as estruturas feudais e as capitalistas.	Período em que a ideologia capitalista chegou ao ápice, resultado de um processo histórico chamado Revolução Industrial.	Denominado também de imperialista, era caracterizado pela concentração de capitais, lutas por mercados e protecionismo.	Marcado pelo crescimento econômico mundial, tem como característica a concentração de capitais em bancos e em negociações das bolsas de valores.

ATIVIDADES

NO CADERNO

SISTEMATIZAR

1. O que foi o mercantilismo?
2. Explique as características do sistema mercantilista.
3. De acordo com a política mercantilista, por que era preciso proteger a economia do país?
4. Quais são as características do capitalismo?
5. Qual era o papel do Estado na economia mercantilista?
6. Identifique as principais características do mercantilismo. Copie no caderno as afirmativas corretas.
   a) Intervenção estatal na economia.
   b) Decisão, em conjunto com a sociedade, sobre as regras a serem adotadas.
   c) Monopólio comercial.
   d) Metalismo.
   e) Prioridade às atividades agrícolas.
   f) Acúmulo de riquezas pelo Estado.
   g) Protecionismo alfandegário.

REFLETIR

1. Leia o texto a seguir e responda à questão.

> Com o objetivo de aumentar o poder do Estado diante dos outros Estados, encorajava a exportação de mercadorias, ao mesmo tempo em que proibia exportações de ouro e prata e de moeda, na crença de que existia uma quantidade fixa de comércio e riqueza no Mundo.
>
> Perry Anderson. *Linhagens do Estado absolutista*. São Paulo: Brasiliense, 1998. p. 35.

- A qual política econômica o texto se refere? Explique a importância de exportar mercadorias para outros lugares e, ao mesmo tempo, proibir a exportação de ouro, prata e moedas.

2. O mercantilismo pode ser considerado uma fase do capitalismo? Por quê?
3. Associe a imagem a seguir com o que você estudou neste capítulo.

Museu da America, Madri

Alonso Sánchez Coello. *Vista da cidade de Sevilha a partir do bairro de Triana*, c. 1576-1600. Óleo sobre tela, 1,5 cm × 3 cm.

DESAFIO

1. Você conheceu os mecanismos pelos quais os Estados enriqueciam durante o período estudado. Será que os atuais Estados enriquecem da mesma maneira? De que forma um Estado do século XXI, como o Brasil, produz riquezas? Como os países financiam suas atividades? Pesquise esse assunto com a ajuda do professor e troque informações com os colegas.

CAPÍTULO 3

Expansão comercial europeia

No capítulo anterior, você conheceu algumas características do mercantilismo, doutrina econômica europeia do século XVI ao XVIII. Neste capítulo, você vai estudar a expansão do comércio na Europa, que teve origem no ideal mercantilista e auxiliou a mantê-lo.

Como vimos no Tema 1, durante o século XIV, ocorreu uma grande crise do sistema feudal e, para reverter o quadro de dificuldades econômicas gerado por ela, teve início uma expansão comercial na Europa. Nesse contexto, surgiram as primeiras monarquias nacionais, que seguiam a doutrina mercantilista para calcular suas riquezas.

O ideal mercantilista de acúmulo de metais preciosos gerou o esgotamento das minas europeias. Assim, para que os Estados modernos se fortalecessem, foi necessário expandir o comércio na Europa e diversificar os produtos, buscando, por exemplo, especiarias asiáticas.

Podemos destacar alguns fatores que contribuíram para a expansão comercial europeia:

- a centralização do poder, que garantiu a autoridade dos reis;
- o enriquecimento da burguesia, que ajudou a financiar as viagens marítimas;
- a busca de caminhos alternativos em direção à Ásia;
- os aperfeiçoamentos técnicos e os estudos náuticos.

Principais rotas comerciais – século XIV

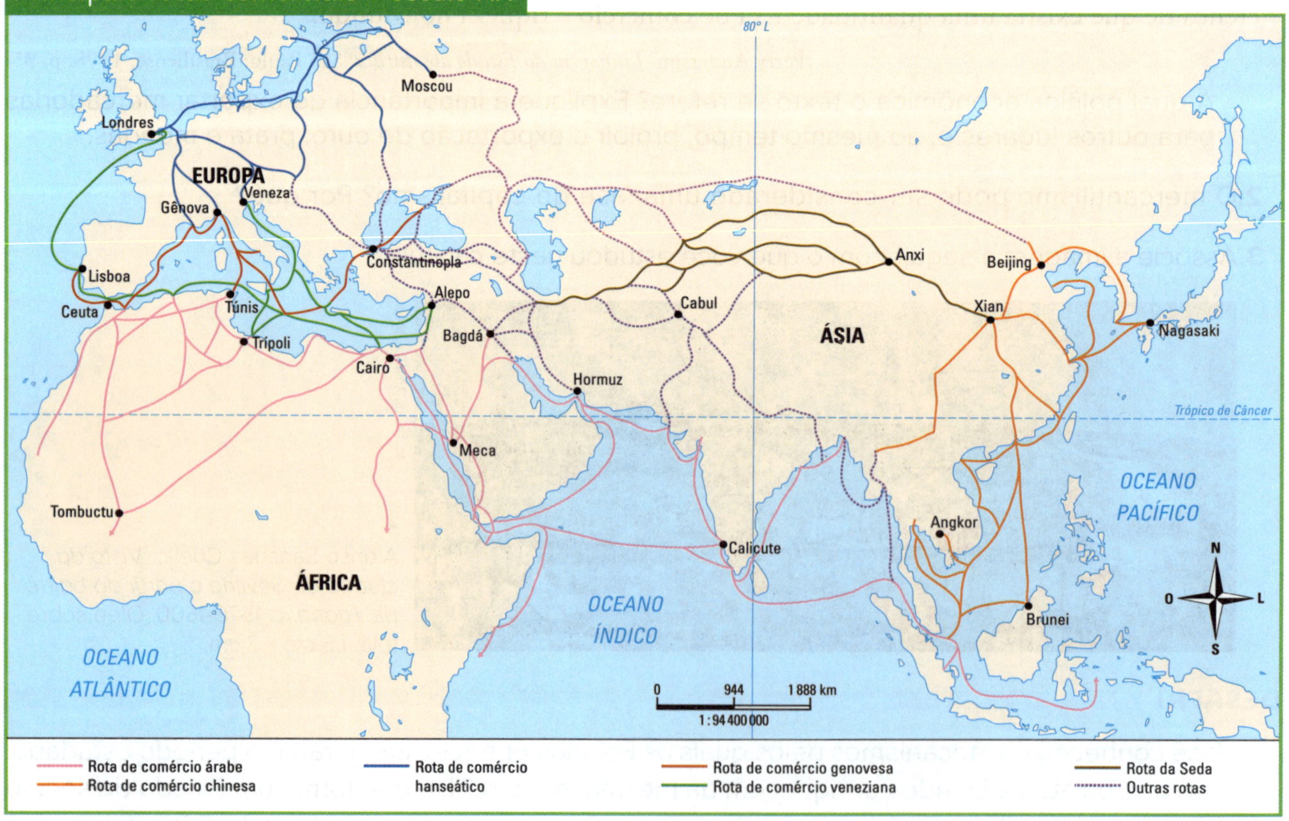

Fonte: Jeremy Black. *World history atlas*. Londres: Dorling Kindersley, 2008. p. 72.

A Expansão Marítima no século XV

A Expansão Marítima foi um grande empreendimento comercial, incentivado pelo Estado e apoiado por diversos setores da sociedade, que também desejavam obter vantagens econômicas. No início do século XV, apenas Portugal reunia condições para realizá-la, porque, por influência árabe, contava com um grupo mercantil próspero e ávido por lucros e um governo centralizado, instaurado pela Dinastia de Borgonha (1096-1368), que formou o Estado Moderno português, consolidado pela Dinastia de Avis (1385-1582), que fora elevada ao poder pela burguesia e, por estar alinhada aos interesses mercantis, promoveu o expansionismo.

Os fatores decisivos para a expansão foram o interesse do Estado português em expandir territórios (como continuidade do processo de expulsão dos muçulmanos de seu território), o apoio da Igreja Católica (que buscava novos adeptos) e as ambições da burguesia.

O objetivo principal era obter os valiosos produtos orientais diretamente da fonte, sem passar por intermediários, que encareciam os preços. O modo mais rápido de chegar às Índias – nome dado pelos europeus a todo o mundo oriental, que ia desde o Cabo da Boa Esperança até o Japão, incluindo os arquipélagos do Pacífico – era cruzar o Mar Mediterrâneo.

Entretanto, como se observa no mapa da página 100, essa rota era dominada por comerciantes genoveses e venezianos, motivo pelo qual era preciso encontrar um novo caminho para chegar ao Oriente.

A solução encontrada foi contornar a África. No entanto, no início do século XV, os portugueses ainda não tinham o domínio completo dessa rota, o que ocorreu progressivamente.

Cotidiano nos navios

Embora as embarcações e os instrumentos de navegação fossem constantemente aperfeiçoados, no século XV o cotidiano em um navio era perigoso e pouco confortável. Muitas embarcações naufragaram devido a tempestades e colisões com rochedos, por exemplo.

Dia após dia, os tripulantes tinham de se preocupar com a alimentação e a manutenção da embarcação. A falta de comida e de água potável causava muitas doenças, levando com frequência à morte. Garantir a limpeza e o bom funcionamento de todos os setores do navio requeria um trabalho constante em uma viagem que geralmente durava meses. Naquela época, era comum a embarcação ficar pelo caminho ou chegar ao destino com poucos tripulantes.

Sotheby's, Londres

← John Fraser (1858-1927). *Magalhães no Estreito*, s.d. Óleo sobre tela, 97 cm × 168 cm.

DIÁLOGO

O escorbuto e a vitamina C

O escorbuto (do latim *scorbutus*) é uma doença que causa hemorragia nas gengivas, dores nas articulações e dificulta a cicatrização dos machucados. Essa doença era comum entre os marinheiros que ficavam grandes períodos no mar. Atualmente, sabe-se que essa enfermidade acomete, principalmente, pessoas que ficam longos períodos sem ingerir vitamina C.

Durante a Expansão Marítima, os navegantes viajavam por muitos meses. Assim, os primeiros alimentos que deixavam de fazer parte da dieta eram as folhas e frutas frescas, que são fontes de vitamina C.

Dentre os alimentos que contêm grande quantidade dessa vitamina, estão: acerola, laranja, limão, agrião, alface, rúcula, pimentão, quiabo, batata, ervilha, entre outros. Eles devem ser ingeridos regularmente, de preferência crus, porque o calor destrói essa vitamina. A vitamina C contribui para a absorção de ferro, indicado para tratamento contra anemia, e facilita a circulação sanguínea.

Naquela época, porém, o conhecimento do funcionamento do organismo era insuficiente. Por isso, as pessoas não sabiam como os alimentos agiam quando ingeridos; elas apenas observavam alguns efeitos, como o calor gerado pela ingestão de álcool ou de comidas picantes, e então elaboravam explicações. Algumas foram comprovadas com fundamentos, outras faziam parte das crenças da época.

Entre os séculos XI e XIII – não se sabe o período exato –, foi publicado um manual, em forma de versos, que elencava uma série de alimentos e atitudes relacionados à saúde e às doenças.

> [...]
> Jejuar no verão faz o corpo secar
> Vomitar é benéfico em cada mês, pois ele purga
> **humores** danosos, e lava os circuitos de todo o estômago
> [...]

Regimen Sanitatis Salernitanum. Disponível em: <www.sca.org.au/herb/library/RegimenSanitatisSalernitanum.pdf>. Acesso em: jan. 2019. [Tradução nossa]

GLOSSÁRIO

Humores: no texto, refere-se aos quatro líquidos produzidos pelo organismo: sangue, fleuma, bile amarela e bile negra.

Apesar de alguns desses conselhos terem sido desacreditados pelo avanço da ciência nos séculos posteriores, os estudiosos medievais sabiam da relação entre saúde e alimentos. Aliás, desde a Antiguidade já se sabia isso.

Atualmente, com o avanço científico, são criados alimentos enriquecidos com vitaminas e sais minerais e outros com baixos níveis de componentes prejudiciais à saúde. Sabe-se mais a respeito do mecanismo de funcionamento de muitos componentes da alimentação. Mesmo com toda essa evolução, há divergências entre os especialistas sobre muitos hábitos alimentares e as interações entre os alimentos no organismo.

Museu de Israel, Jerusalém. Fotografia: Bridgeman Images/Easypix Brasil

↑ Detalhe de uma página de *The Rothschild Miscellany*, c. 1450-1480. A imagem mostra pessoas durante uma refeição.

1. O que é escorbuto e quais são suas principais causas?
2. Pesquise a dose diária recomendada de outras vitaminas necessárias para o bom funcionamento do corpo humano.

Portugal se lança ao mar

Portugal foi o primeiro Estado europeu a buscar novos mercados utilizando rotas marítimas inéditas naquela época. Devido à sua localização geográfica – cercado por terra pela Espanha –, o país tinha apenas no oceano a possibilidade de expandir seus domínios, e fazia uso dele havia algum tempo.

No final do século XII, Portugal já tinha relações comerciais com Flandres e, no século XIII, com a Inglaterra. Há registros dessa época que confirmam também a navegação de naus portuguesas no norte do Oceano Atlântico e no Mar Mediterrâneo. Os conhecimentos náuticos dos portugueses foram gradualmente aperfeiçoados por diferentes pessoas que buscaram asilo contra a Santa Inquisição no país. Entre os exilados havia muçulmanos e judeus, alguns deles intelectuais de renome, com conhecimentos técnicos de navegação e cartografia.

Conjugando esses conhecimentos, os portugueses empreenderam avanços marítimos consistentes a partir do século XV. Começaram ocupando ilhas próximas e chegaram até o Oriente, nas Índias Orientais.

Essas viagens eram muito longas e impunham enormes desafios aos marinheiros (doenças, alimentação insuficiente, higiene precária), especialmente entre os que não eram nobres.

Museu Marítimo Nacional, Londres

↑ Mapa portulano de origem mediterrânica, datado do século XIII.

À medida que as viagens marítimas ocorriam, a Cartografia ia se desenvolvendo. Os mapas europeus passaram a registrar novas terras, ilhas e mares, os continentes e os recortes dos litorais foram redesenhados e as distâncias, recalculadas com mais precisão, entre outros melhoramentos. Todos esses avanços técnicos na produção dos mapas tornaram possíveis viagens mais precisas e lucrativas.

CURIOSO É...

Um negócio das Índias

As especiarias das Índias foram um dos motivos que levaram os portugueses a se aventurar no Oceano Atlântico. Os produtos comercializados eram altamente lucrativos para os atravessadores europeus.

Embora algumas dessas especiarias sejam facilmente encontradas em supermercados atualmente, elas têm valores altíssimos, mas esse aspecto nem sempre é percebido por elas serem comumente compradas em pequenas quantidades.

Rubens Lima

Imagine a lucratividade do comércio com as Índias em uma época na qual a oferta das especiarias era pequena. Assim, as embarcações europeias retornavam ao continente abarrotadas desses produtos.

Os portugueses na África

A costa ocidental

Quando os portugueses chegaram à costa ocidental da África, no início do século XIV, ocuparam inicialmente as Ilhas Canárias. Logo depois, em 1415, conquistaram Ceuta.

Surgiu, então, o interesse em estabelecer entrepostos para as navegações e em transformar esses locais em colônias. Contudo, verificou-se que essas colônias poderiam ser mais do que apenas entreposto para a nova rota às Índias. Portugal passou, então, a investir na exploração dos recursos naturais.

As embarcações geralmente levavam cronistas responsáveis por relatar as experiências e descobertas das viagens. Para conseguir o aval da Igreja, a Coroa portuguesa incentivava esses escritos, informando que o objetivo de explorar os novos territórios era evangelizar os povos que habitavam esses locais.

Entretanto, a dominação do território entre a foz do Rio Gâmbia e o Delta do Rio Níger, em Guiné, assim como em todas as áreas coloniais, ocorreu sem considerar a diversidade dos povos que habitavam a região.

Eram povos de diferentes etnias, que viviam em um território rico em produtos de alto valor comercial para os europeus, como noz-de-cola (um fruto silvestre), pimenta, ouro e sal. Eles passaram a praticar atividades comerciais com os portugueses a partir de meados do século XV e, com mais intensidade, no século XVI.

O ouro teve grande importância nas relações entre portugueses, comerciantes e chefes locais. A chegada portuguesa à costa ocidental redirecionou as rotas de comércio internas, desviando-as do interior para a costa atlântica.

Os portugueses chegaram às Ilhas de Cabo Verde, localizadas no Oceano Atlântico, e as colonizaram a partir de 1462. Para lá foram enviados escravos de Senegâmbia e Guiné, que trabalharam na criação de gado, no plantio de algodão e em oficinas têxteis. No século XVI, o arquipélago passou a exportar escravos para a América.

No início do século XVI, em meio a esse intenso comércio entre África e Portugal, alguns homens portugueses deixavam o reino com anuência da Coroa para se casar na África e se tornar intermediários comerciais, com a concordância dos soberanos locais. Esses homens eram chamados de *lançados*.

A costa oriental

Em sua circum-navegação, os portugueses também estabeleceram contatos comerciais com povos que habitavam a costa oriental da África. Na região mais ao sul, destacava-se a produção de sal, além de objetos de ferro, marfim e pedras preciosas. Para facilitar as trocas comerciais, muitos povos da costa oriental utilizaram moedas com conchas específicas.

Os portugueses interromperam as rotas de navegação por **cabotagem** dos comerciantes árabes destruindo as rotas comerciais islâmicas. A ocupação portuguesa dessa região também visava à proteção dos portos e ao apoio ao comércio com as Índias.

GLOSSÁRIO

Cabotagem: navegação pela costa.

Biblioteca Nazionale Marciana, Veneza. Fotografia: Bridgeman Images/Easypix Brasil

Mapa de Mombaça, Quênia. Gravura de *Civitates Orbis Terrarum*, de Georg Braun e Franz Hogenberg, século XVI.

Os portugueses no Oriente

A presença portuguesa no Oriente foi diferente da estabelecida na África. Uma ampla rede comercial interligava as possessões portuguesas ao longo do Oceano Índico aos domínios locais.

Macau, na China, foi gradualmente ocupada pelos portugueses a partir de 1557. Em 1570, eles fundaram, no Japão, o que veio a ser a cidade de Nagasaki. Esses polos comerciais visavam ao enriquecimento da Coroa. Contudo, os comerciantes alocados neles criaram redes paralelas de comércio que fugiam do controle das autoridades portuguesas.

Ao lado dos entrepostos comerciais e possessões africanas, essas localidades controladas por Portugal causaram o deslocamento de pessoas, em permanente trânsito, que percorriam esse novo império ultramarino construído por Portugal. Estima-se algo em torno de 40 mil indivíduos, entre diplomatas, navegadores, especialistas em diversas atividades, militares, comerciantes, religiosos e funcionários públicos. Ao mesmo tempo, chegavam ao reino homens vindos dessas distantes paragens.

A movimentação de pessoas foi acompanhada por um fluxo de ideias e hábitos que podiam ser percebidos no cotidiano das cidades portuguesas, no desenvolvimento técnico e das artes. As técnicas militares portuguesas, por exemplo, foram enriquecidas por novos materiais bélicos e táticas de guerra, que funcionavam como elemento-surpresa.

O resultado dessa expansão para o Oriente foi a formação de um império ultramarino, com sede em Lisboa, e que pretendia estender seus domínios, como intencionou Dom Manoel I.

Bridgeman Images/Easypix Brasil

Pintura atribuída à Kano Naizen. A primeira de duas telas de Byōbu sobre a chegada de um navio *namban*, c. 1600.

CURIOSO É...

Preste João

No século XV, surgiram cartas que teriam sido escritas por um certo soberano cristão, o Preste João, que afirmava ter sido sitiado por tropas muçulmanas, às quais teria resistido. Cópias dessas cartas chegaram às mãos do papa e dos imperadores de Bizâncio e do Sacro Império Romano-Germânico. Muitos acreditaram na história, e foram enviadas expedições em busca desse reino, que se localizaria em algum lugar do Oriente.

O mito teve força por se referir a uma suposta resistência de um reino cristão contra invasores muçulmanos e permaneceu na imaginação europeia até a metade do século XVI.

Rubens Lima

Os espanhóis chegam a um "novo" continente

No século XV, pensava-se que a Terra era plana e que, navegando da Europa para oeste, haveria um abismo. Contudo, muitos já eram adeptos da ideia de que o planeta era redondo.

O navegador Cristóvão Colombo (1451-1506) acreditava que, se navegasse sempre para oeste, chegaria ao Oriente. Após ter exposto suas ideias ao rei de Portugal, sem sucesso, Colombo colocou-se a serviço dos reis da Espanha, D. Fernando e Dona Isabel. Descobrir um caminho alternativo ao Mar Mediterrâneo para chegar às Índias também era uma ambição da Coroa espanhola.

Colombo partiu do porto espanhol de Palos em 3 de agosto de 1492 e, 70 dias depois, a expedição chegou a uma ilha que os nativos chamavam de Guanahani, a qual Colombo batizou de São Salvador. Acreditando estar na região das Índias Orientais, chamou os nativos de "índios".

Na realidade, Colombo estava em uma ilha no atual Arquipélago das Bahamas e havia desembarcado em um novo continente, que mais tarde foi chamado de América.

RossHelen/Shutterstock.com

→ Monumento em homenagem a Cristóvão Colombo, erguido em 1988, no local onde o navegador desembarcou na Espanha após a primeira viagem para as Américas. Barcelona, Espanha.

O mundo segundo a Bíblia

A chegada dos espanhóis à América causou profundo impacto tanto nos europeus quanto nos povos nativos.

Até aquele momento, o cristianismo explicava o mundo de acordo com a Bíblia. O mundo era dividido, segundo essa mentalidade, em três partes, cada uma relacionada a um dos filhos de Noé. Assim, a Europa teria sido povoada pelos descendentes de Jafé; a Ásia, pelos descendentes de Sem; e a África, pelos de Cam.

O encontro com um novo continente, habitado por povos diferentes dos conhecidos pelos europeus, abalou essa explicação do povoamento do mundo. Isso foi importante, porque gerou a necessidade de novas explicações para dar conta dessa situação. Alguns chegaram a afirmar que os nativos das novas terras seriam descendentes dos povos africanos.

Por sua vez, nas terras da atual América, existiam milhões de pessoas, organizadas em diferentes estruturas sociais e políticas. Havia desde grupos nômades de caçadores-coletores, passando por tribos e grupos pequenos, até reinos e impérios com complexas estruturas de administração e de dominação.

Newberry Library, Chicago

↑ Isidoro de Sevilha. *Mapa T O*, século XV.

Os tratados que dividiam o mundo

Os conflitos internos que estavam ocorrendo em Aragão e Castela e a fase final da Reconquista mantiveram as atenções dos monarcas hispânicos voltadas para a Península Ibérica. Após algumas disputas, em 1480, os reis da Espanha e de Portugal assinaram a última versão do Tratado de Alcáçovas-Toledo, o qual definia que as explorações e conquistas que fizessem seriam divididas por uma linha horizontal com base no Cabo Bojador, na África, de forma que a Espanha teria direito às áreas ao norte dessa linha, e Portugal, ao sul.

Contudo, na década seguinte, Colombo trouxe a informação de que os territórios onde havia chegado estavam ao sul da linha, pertenciam, portanto, de acordo com o tratado, a Portugal. Por isso, os espanhóis começaram a insistir que o tratado fosse alterado.

Como os reis espanhóis denominaram o empreendimento de Colombo de "descobrimento", diziam que as terras não poderiam tornar-se possessões de Portugal. Tendo em vista a importância política da Igreja Católica nesse período, recorreram ao papa Alexandre VI, que doou as terras "descobertas e por descobrir" à Coroa de Castela e a seus herdeiros por meio da **bula** *Inter Coetera*, em 1493.

GLOSSÁRIO

Bula: documento ou carta escrita por papas e outros soberanos.

Após as disputas sobre a definição dos limites impostos pelo Tratado de Alcáçovas e as críticas à bula *Inter Coetera*, as Coroas ibéricas negociaram um novo acordo, o Tratado de Tordesilhas. Nele, ficou estabelecido que a linha horizontal criada em 1480 seria substituída por uma linha vertical localizada a cem léguas de Cabo Verde. Portugal contestou esse tratado; mas, em 1494, os dois reinos assinaram a versão final, que definia a linha a 370 léguas a oeste de Cabo Verde. Nesse tratado foi acordado que a região a oeste do limite cabia a Espanha, e a leste, a Portugal.

Os povos que já habitavam as terras até então desconhecidas pelos europeus não foram consultados sobre essa divisão.

Em 1501, em uma expedição a serviço de D. Manuel I, rei de Portugal, o navegador Américo Vespúcio constatou que a terra descoberta se estendia muito mais em direção ao sul, portanto, não poderiam ser as Índias, como dissera Colombo, mas um novo continente. Em 1507, o cartógrafo alemão Martin Waldseemüller, ao traçar seu primeiro mapa-múndi, deu-lhe o nome de América em alusão ao navegador Américo Vespúcio.

Tratado de Alcáçovas (1480) e de Tordesilhas (1494)

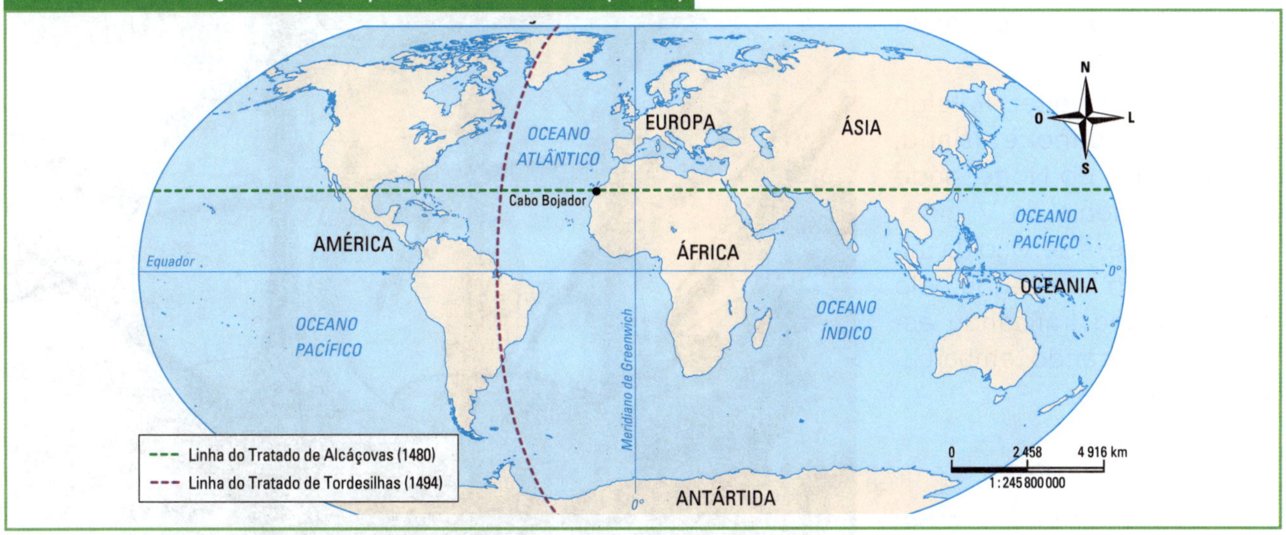

© DAE/Alessandro Passos da Costa

Fontes: José Jobson de A. Arruda. *Atlas histórico básico*. São Paulo: Ática, 2011. p. 19 e 39; Renato Pereira Brandão. A Companhia, Gusmão e Pombal: do Tratado de Madri à expulsão do Império. *Revista IHGB*, Rio de Janeiro, ano 170, n. 443, p. 21-56, abr./jun. 2009.

Viagem de circum-navegação

Em 1519, o português Fernão de Magalhães, a serviço do rei da Espanha, fez a primeira viagem ao redor do mundo. Viajando para o oeste, chegou ao extremo sul do continente americano, o estreito que dá acesso ao Oceano Pacífico (mais tarde denominado Estreito de Magalhães).

Navegando pelo Pacífico, chegou às ilhas que hoje formam as Filipinas, onde foi morto por um nativo. Seu auxiliar, Juan Sebastián Elcano, completou a viagem. Dos 265 homens que partiram da Espanha, só retornaram 18, em setembro de 1522.

FORMAÇÃO CIDADÃ

A primeira circum-navegação foi realizada no século XVI. Desde então, até os dias atuais, muitas viagens foram feitas. Atualmente, são as expedições exploratórias à Antártica que despertam grande interesse. Faça uma pesquisa sobre as viagens realizadas pelo velejador brasileiro Amyr Klink e a importância dessas viagens pela região para a sociedade contemporânea.

Expansões tardias

A Expansão Marítima francesa teve início tardiamente, uma consequência da Guerra dos Cem Anos. Foi somente a partir do reinado de Francisco I (1515-1547) que começou o expansionismo marítimo francês.

O rei da França questionou o Tratado de Tordesilhas, firmado em 1494 entre Portugal e Espanha para dividir a área conquistada, porque a França também pretendia ter acesso a uma rota para a Ásia. Para alcançar seus objetivos, os franceses praticaram pirataria contra as frotas ibéricas e atacaram vilas das Américas Espanhola e Portuguesa.

Apesar do apoio papal à expansão ultramarina ibérica, a Coroa inglesa também se lançou à conquista dos mares. Os ingleses defendiam a ideia de que era preciso exercer efetivamente o domínio das terras encontradas para que a posse fosse reconhecida pelos outros reinos e povos europeus.

Nesse contexto, a Inglaterra, assim como a França, também adotava práticas mercantilistas, que culminou na organização de expedições em busca das riquezas orientais.

Nos anos de 1497 e 1498, o italiano Giovanni Caboto, a serviço da Inglaterra, buscou, sem êxito, uma passagem pelo "noroeste". Acabou encontrando o Cabo do Labrador.

Em 1584, Walter Raleigh chegou a Roanoke Island, atual Carolina do Norte, onde fundou a colônia da Virgínia. Francis Drake, a serviço da rainha Elizabeth I, navegou pelo litoral africano traficando escravos e atacando embarcações espanholas.

Coleção particular

Autor desconhecido. *Great Harry*, século XVI. Óleo sobre painel, 89,5 cm × 106 cm.

ATIVIDADES

NO CADERNO

SISTEMATIZAR

1. Quais são os principais motivos que possibilitaram a expansão comercial europeia?
2. Explique os objetivos da Coroa, da burguesia e da Igreja Católica na Expansão Marítima europeia.
3. Qual foi o grande desafio imposto ao imaginário europeu pela chegada à América?
4. Explique o que foi o Tratado de Tordesilhas.
5. Quais foram as razões do pioneirismo português na expansão ultramarina?
6. Por que Inglaterra e França entraram tardiamente no processo de expansão marítima?

REFLETIR

1. Leia a poesia "Mar português", do poeta Fernando Pessoa, e responda às questões.

Ó mar salgado, quanto do teu sal São lágrimas de Portugal!
Por te cruzarmos, quantas mães choraram,
Quantos filhos em vão rezaram!
Quantas noivas ficaram por casar
Para que fosses nosso, ó mar!
Valeu a pena? Tudo vale a pena
Se a alma não é pequena.
Quem quer passar além do Bojador
Tem que passar além da dor.
Deus ao mar o perigo e o abismo deu,
Mas nele é que espelhou o céu.

Fernando Pessoa. Mar português. In: *Mensagem*. Disponível em: <www.dominiopublico.gov.br/download/texto/pe000004.pdf>. Acesso em: fev. 2019.

a) Quais sacrifícios tinham de ser feitos pelos portugueses para a conquista do mar?

b) Como o pioneirismo português se reflete no poema?

c) O mar é descrito de forma ambígua pelo poeta. Explique de que modo a contradição é trabalhada no poema.

2. Em 1555, os portugueses colonizaram Macau, território localizado ao sul da China, e lá permaneceram até 1999. A cidade de Macau é considerada "um ponto de irradiação da cultura do Ocidente no Oriente". Observe o azulejo abaixo e faça o que se pede.

David Sanger/Alamy/Fotoarena

Azulejo com representação de Nossa Senhora de Fátima em Macau, China.

a) Descreva a rota que levou os portugueses a Macau pela primeira vez.

b) O que a representação no azulejo indica sobre a colonização portuguesa?

3. Alguns cientistas consideram que a exploração espacial de nossos dias é semelhante às expedições ultramarinas. Que comparações e relações podemos fazer entre as explorações dos séculos XV e XVI e as dos séculos XX e XXI?

DESAFIO

1. Muitos homens europeus se arriscaram mundo afora no decorrer da expansão comercial europeia. Eles deixavam suas famílias e demoravam a retornar; muitos nem regressavam. Com base nessas informações, elabore um texto que descreva o cotidiano dos aventureiros e como eles encaravam as novas descobertas.

FIQUE POR DENTRO

Caravela Santa Maria

A caravela Santa Maria foi a embarcação utilizada por Colombo em sua viagem que resultou na chegada dos europeus à América. Essa embarcação tinha dois conveses, dois castelos e maior capacidade de carga do que as caravelas tradicionais.

Velocidade	7,4 km/h
Capacidade de carga	200 toneladas
Número de mastros	3
Velas	5
Calado	2,5 m

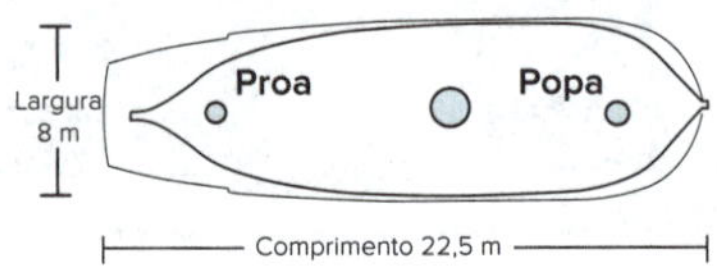

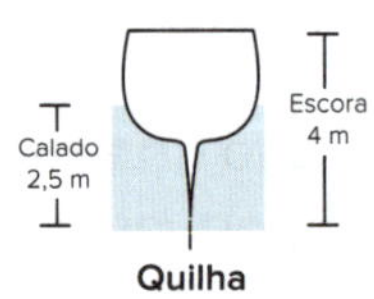

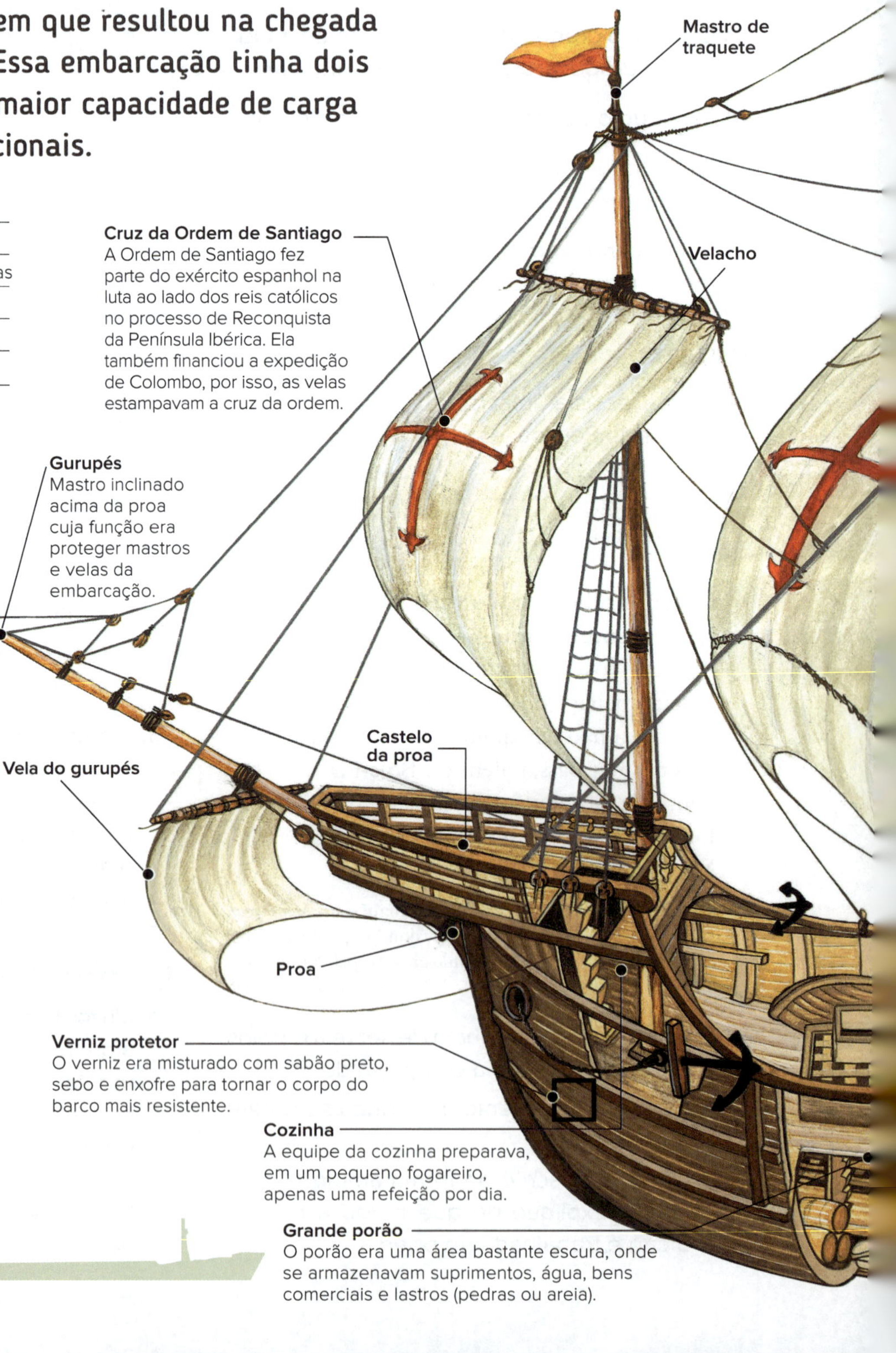

Tripulação

40 homens espanhóis, quatro dos quais eram ex-presidiários. Colombo assumiu o papel de almirante.

Comparação de tamanho

Caravela

Navio mercante

Petroleiro

SOL 90 Images

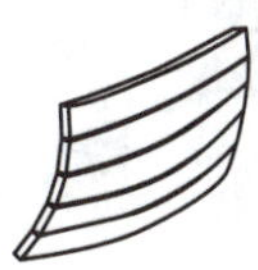

1. Qual foi a importância das caravelas na Expansão Marítima europeia?

EXPLORANDO **A CARTA NÁUTICA**

O Planisfério de Cantino

No século XVI, Lisboa era uma cidade bastante movimentada. Por ser um dos centros mais lucrativos de rotas de comércio, havia muitos astrônomos, mercadores, marinheiros e aventureiros em busca tanto de emprego como da chance de conquistar fortuna e glória. Nesse contexto, destacavam-se também espiões, constantemente em busca de informações entre as caravelas e naus que retornavam das viagens a locais distantes para vendê-las a quem estivesse interessado.

Entre esses espiões estava o italiano Alberto Cantino, que fora contratado por Hérculo d'Este, o Duque de Ferrara (que pertencia a uma linhagem de poderosos mercadores italianos), para conseguir clandestinamente informações detalhadas sobre as descobertas portuguesas.

Duas cartas de Cantino ao duque, datadas de 17 e 18 de outubro de 1501, revelam que ele esteve com o rei Manuel I quando escutou a descrição do navegador Gaspar Corte-Real (o primeiro a chegar à região da atual Groenlândia) de suas recentes descobertas. Diante da novidade, Cantino teria pagado 12 ducados (o que representava uma grande quantia de dinheiro na época) de suborno a um cartógrafo para que este copiasse um planisfério com as informações geográficas mais recentes, que ficavam guardadas em segredo nos arquivos da Casa da Índia, em Lisboa. Em uma carta de 19 de novembro de 1502, Cantino afirma que estava entregando o mapa de presente ao duque, razão pela qual a carta ganhou o apelido de Planisfério de Cantino.

Biblioteca Estense e Universitária, Modena

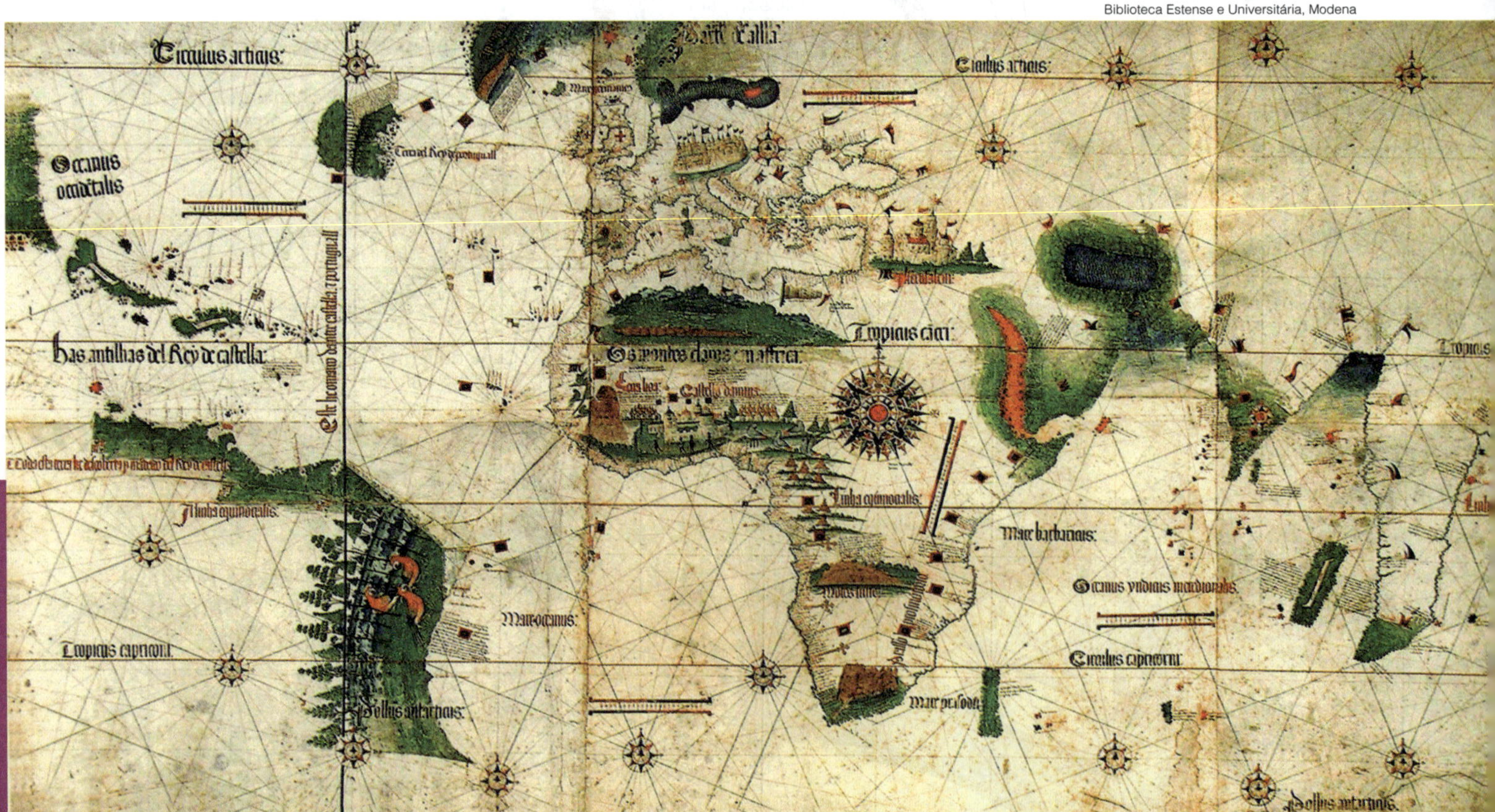

↑ Autor desconhecido. *Planisfério de Cantino*, 1502. Manuscrito iluminado sobre pergaminho, 2,2 m x 1,05 m.

- **Denominação oficial:** Carta náutica pelas ilhas recentemente achadas em parte da Índia: oferta de Alberto Cantino ao senhor Duque Hérculo
- **Apelido:** Planisfério de Cantino
- **Autoria:** desconhecida
- **Ano:** 1502
- **Dimensões:** 2,2 m × 1,05 m
- **Custódia:** Biblioteca Estense e Universitária, Modena, Itália

Contextualizando a carta náutica

No contexto da expansão comercial europeia, mercadores europeus, sobretudo de Gênova, Veneza e Roma, ampliaram o comércio com os árabes. Esse comércio dependia de deslocamentos marítimos, assim, as navegações se intensificaram, principalmente no Mediterrâneo.

Como parte desse processo, entre os séculos XIII e XV foram desenvolvidas as cartas náuticas – ou portulanos –, que serviam para orientar a navegação e a localização dos navegadores.

Os portulanos eram feitos em pergaminhos, peles tratadas de animais próprias para a escrita. Com base na direção dos ventos, desenhava-se uma rosa dos ventos principal, usada para traçar linhas de rumo que guiavam a orientação e a navegação.

Além dos portos, onde se concentrava o comércio, os portulanos indicavam detalhadamente vilas e cidades, e incluíam também a sinalização de lugares perigosos e acidentes geográficos, como bancos de areia.

Com o passar do tempo, a linguagem cartográfica foi sendo padronizada: linhas principais na cor preta e acessórias na cor vermelha, escala padronizada, nome dos principais portos e cidades na cor vermelha, nome dos mares dentro de molduras coloridas, desenhos padronizados para indicar portos, vilas, cidades, cadeias de montanhas, bandeiras para representar os poderes políticos etc.

À medida que os portugueses viajavam e desbravavam o Atlântico, suas experiências foram aprimorando os conhecimentos relacionados à observação dos astros, cálculos matemáticos, regime de ventos e correntes marítimas. Com isso, no século XV os portulanos portugueses destacaram-se mais do que os italianos. O mundo conhecido foi ampliado, as distâncias navegadas aumentaram e, assim, a maneira de pensar também se modificou.

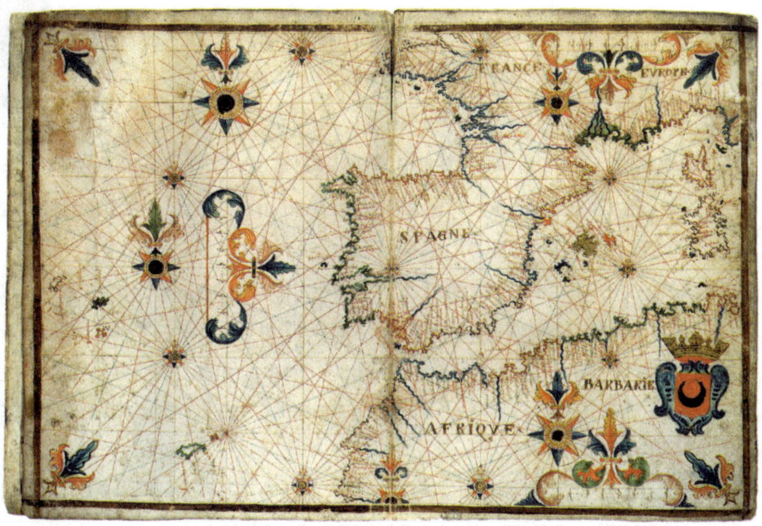

Sotheby's, Londres

Mapa portulano do Mediterrâneo, primeira metade do século XVII, 33 cm × 24 cm. Eram registradas também linhas acessórias, feitas com base em outras rosas dos ventos da carta náutica.

Refletindo sobre a carta náutica

1. Em sua opinião, mapas podem ser usados para compreender as características de determinada cultura em um tempo e espaço específicos? Justifique sua resposta.
2. Relacione o Planisfério de Cantino com as navegações portuguesas e espanholas.

PANORAMA

FAÇA AS ATIVIDADES A SEGUIR E REVEJA O QUE VOCÊ APRENDEU.

NO CADERNO

1. Quais são as principais características das monarquias absolutistas?

2. A frase "o Estado sou eu" e o apelido Rei-Sol são atribuídos a Luís XIV. Explique essas atribuições ao monarca considerando suas ações como regente da França.

3. Observe ao lado uma pintura que representa o rei absolutista francês Luís XIV. Em seguida, faça o que se pede.

   a) Descreva a obra.

   b) Identifique qual teoria absolutista pode ser observada nela.

Musée de Histoire de France, Versalhes

Antoine Coypel. *A glorificação de Luís XIV*, 1684. Óleo sobre tela, 1,5 m × 1,98 m.

4. Classifique as afirmativas abaixo em verdadeiras ou falsas e reescreva as falsas corrigindo-as.

   a) Os Estados Modernos se formaram após a ascensão da burguesia e a centralização do poder nas mãos do monarca.

   b) O absolutismo monárquico configurava a concentração do poder nas mãos do rei e a unificação do sistema legal, além de determinar que os exércitos deveriam ficar a serviço do poder real.

   c) O mercantilismo foi uma doutrina política e econômica que dominou as sociedades europeias dos séculos XVI e XVII, cuja prática primordial era o comércio e a acumulação de reservas em metais preciosos.

   d) O governo de Luís XIV marcou o apogeu do absolutismo francês. O "Rei-Sol" passou a governar sozinho, dispensando auxiliares.

   e) A centralização do poder na Espanha ocorreu com atraso por causa da Guerra dos Cem Anos (da qual a França saiu vencedora, por isso não teve o mesmo problema), e a Guerra das Duas Rosas agravou esse quadro.

5. Leia o texto e responda às questões.

A Espanha foi, no século XVI, talvez o mais rico e poderoso país do mundo. Quando os homens inteligentes de outros países perguntavam a razão disso, julgavam encontrar a respostas nos tesouros que ela recebia das colônias. Ouro e prata. Quanto mais tivesse, tanto mais rico o país seria – o que se aplicava às nações e também às pessoas. O que fazia as rodas do comércio e indústria girarem mais depressa? Ouro e prata. O que permitia ao monarca contratar um exército para combater os inimigos de seu país? Ouro e prata. O que comprava a madeira necessária para fazer navios, ou o cereal para as bocas famintas, ou a lã que vestia o povo? Ouro e prata. O que tornava um país bastante forte para conquistar um país inimigo – que eram os "nervos da guerra"? Ouro e prata. A posse de ouro e prata, portanto, o total de barras que possuísse um país, era o índice de sua riqueza e poder.

Leo Huberman. *História da riqueza do homem*. São Paulo: Brasiliense, 1981. p. 130.

a) Por que a Espanha era considerada o país mais poderoso do mundo no século XVI? Explique a prática que tornava os países mercantilistas tão ricos.

b) Segundo o texto, qual era a importância do ouro e da prata naquele período?

6. Explique a relação entre mercantilismo e absolutismo.

7. Leia o trecho a seguir e responda às questões.

O metal americano desempenhou sua parte na sustentação da base fiscal metropolitana do Estado Habsburgo: os níveis fiscais extremamente elevados de sucessivos reinados eram indiretamente amparados pelas transferências privadas de metais para Castela, cujo volume alcançava, em média, o dobro dos influxos públicos [...] além disso, a contribuição colonial aos rendimentos reais constituía, por si só, um fator decisivo para a condução da política externa espanhola e para a natureza do Estado Espanhol. Com efeito, ela chegava sob a forma de espécie líquida que podia ser utilizada diretamente para financiar movimentos de tropas ou manobras diplomáticas através da Europa.

Perry Anderson. *Linhagens do Estado absolutista*. São Paulo: Brasiliense, 2004. p. 70.

a) Segundo o autor, qual era a importância da riqueza americana para as metrópoles europeias?

b) De que maneira o mercantilismo contribuiu para o fortalecimento do governo espanhol?

8. Sobre a expansão comercial europeia, reescreva no caderno as afirmativas verdadeiras.

a) O mercantilismo foi o principal motivo que levou ao esgotamento das minas europeias.

b) A Espanha foi o primeiro Estado europeu a fazer uso das rotas marítimas.

c) O incentivo financeiro do Estado português foi essencial para a Expansão Marítima portuguesa.

d) O Estado responsável pela primeira volta ao mundo foi a Espanha.

9. Na época das Grandes Navegações, os marinheiros enfrentavam muitas dificuldades durante as viagens, entre elas a escassez de alimentos. As dietas eram pobres em vitaminas, o que causava diversas doenças na tripulação. Febre, disenteria e desnutrição, por exemplo, eram frequentes. Todavia, o escorbuto era uma das doenças mais recorrentes. Explique o que é escorbuto e o que essa doença causava aos marinheiros.

10. Quais eram as finalidades dos tratados que dividiam terras entre Portugal e Espanha? E que polêmicas os envolviam?

DICA

▶ ASSISTA

1492 – A conquista do paraíso, EUA; Espanha; França; Inglaterra, 1992. Direção: Ridley Scott, 154 min.
O filme narra a viagem do navegador Cristóvão Colombo e a inesperada chegada a uma terra desconhecida, a América, além das primeiras tentativas europeias de exploração do Novo Mundo.

↓Memorial da América Latina, São Paulo (SP).
O complexo arquitetônico projetado por Oscar Niemeyer é um local dedicado à integração cultural e social dos países latino-americanos.

TEMA 5

A América em disputa

Cifotart/Shutterstock.com

NESTE TEMA

VOCÊ VAI ESTUDAR:

- a chegada dos europeus à América;
- o choque entre as culturas ameríndia e europeia;
- a disputa entre os europeus pela conquista da América;
- as colonizações espanhola, francesa, inglesa e holandesa.

As terras encontradas pelos espanhóis no outro lado do Oceano Atlântico tinham riquezas que fizeram a Coroa espanhola se voltar para as Américas. Porém, para se estabelecer nessas terras, os espanhóis tiveram de enfrentar as sociedades que nelas habitavam.

Você conhece o Memorial da América Latina, localizado na cidade de São Paulo? Esse complexo arquitetônico foi uma homenagem do arquiteto Oscar Niemeyer ao povo latino-americano. Mas, afinal, quem é o povo latino-americano? Você acha que tem alguma relação com os povos que viveram antigamente na América?

CAPÍTULO 1

A ocupação da América pelos europeus

Neste capítulo, você vai estudar o processo de trocas culturais entre europeus e povos indígenas no contexto da Expansão Marítima europeia.

A Expansão Marítima europeia promoveu uma série de mudanças sociais, políticas, econômicas e culturais pelo mundo. Os efeitos dessas mudanças foram notados tanto pelos europeus quanto pelos diversos povos nativos que passaram a conviver com eles.

Coleção particular

Theodore de Bry. *Como Américo Vespúcio chegou à América em 1499/1500*, 1618. Gravura.

Trocas culturais

Ao chegar ao território que receberia o nome de América, os europeus tomaram conhecimento de diversas práticas culturais que não faziam parte de seu cotidiano.

Acredita-se que, em 1500, habitavam o atual território brasileiro de 3 a 5 milhões de nativos. Distribuídos em mais de mil etnias, cada um desses povos tinha hábitos, religião e organização social distintos. Especialistas em cultura indígena estipulam que se falavam em torno de 1300 línguas só nessa região.

FORMAÇÃO CIDADÃ

A identidade cultural de um povo legitima valores, cria folclores e também um conjunto de significados sociais, culturais e religiosos. Pensando nisso, qual é a importância das matrizes indígena, africana e europeia na constituição da identidade cultural do Brasil contemporâneo? Se necessário, pesquise e depois debata com os colegas em sala de aula.

Os diversos povos que viviam no território americano também influenciaram a cultura europeia, em um processo conhecido como transculturação – quando, em determinado contexto, ambas as culturas influenciam e são influenciadas simultaneamente. Trocas, transformações e recriações fizeram parte desse processo de conhecimento mútuo. Tanto a cultura europeia quanto as culturas nativas da América não foram mais as mesmas após esse encontro.

Conhecimento nativo

Os saberes dos ameríndios foram de grande importância para o desenvolvimento da economia colonial, principalmente nas atividades que exigiam conhecimentos e habilidades que só eles tinham, como adentrar na mata e saber usar seus recursos – por exemplo, as plantas medicinais.

A religiosidade estava presente em todos os momentos da vida de diferentes grupos. Os rituais, o culto a elementos da natureza e aos astros e a grande importância atribuída à terra estão entre as manifestações religiosas indígenas.

Em quase todos os grupos havia um **xamã**, líder espiritual conhecido por pajé em alguns deles. Cabia a esse profundo conhecedor das tradições místicas e religiosas curar os doentes e guardar o mundo espiritual.

GLOSSÁRIO

Antropofagia: prática de canibalismo entre seres humanos.

Xamã: espécie de curandeiro e adivinho que tem a capacidade de invocar ou incorporar espíritos por meio de estados alterados de consciência, como sonho, transe místico etc., motivo pelo qual é eleito pela comunidade para conduzir rituais mágicos e religiosos.

CURIOSO É...

Batata-inglesa ou batata-dos-Andes?

Hoje, a famosa batata-inglesa é muito consumida no Brasil. Mas de inglesa ela não tem nada. Originária dos Andes, ela está entre os primeiros produtos cultivados na América. Quando os europeus chegaram ao continente, no final do século XVI, conheceram a batata por intermédio dos incas, que em seu idioma a chamavam de papa.

No Brasil, ficou conhecida como batata-inglesa porque, durante um longo período, o fornecedor de batatas para o Brasil foi a Inglaterra.

Tatiana Popova/Shutterstock.com

Conflitos com os nativos

Nessa relação que oscilava entre a aceitação e a intolerância, os europeus criaram imagens dos nativos que serviam para legitimar os ataques contra eles. Eles comparavam os indígenas com bestas, que não tinham humanidade; assim, era mais fácil justificar, diante da fé, o extermínio de milhões de pessoas que viviam nessas terras. Sendo selvagens, eles estariam, de acordo com a crença da época, no estágio mais básico da evolução humana.

Para a cultura tupi, a prática de comer outros seres humanos era um privilégio aos guerreiros que venciam um conflito ou vingavam seus familiares mortos. O ato seguia um ritual e consistia em absorver a energia vital e a força do outro guerreiro, que deveria dar provas de coragem. O gravurista Theodore de Bry criou algumas representações do ritual de antropofagia dos tupis.

Entre as práticas do ritual, o respeito ao prisioneiro era fundamental, sendo que este participava da vivência da tribo, que o mantinha em cativeiro por dias ou até meses. A ele cabiam os melhores alimentos, rezas, danças e cuidados, caso tivesse sido ferido em batalha. No dia da morte do prisioneiro, ocorria uma festa, e tribos conhecidas eram convidadas a participar do banquete.

Os rituais **antropofágicos** foram considerados um espetáculo de horror para os padrões europeus. Mortificados por essa prática, que era típica dos tupinambás e de algumas outras etnias, os portugueses logo trataram de generalizar e afirmar que a antropofagia era comum entre todos os povos da América.

Serviço Histórico da Marinha, Vincennes

Theodore de Bry. *Cena de canibalismo.* Gravura colorizada publicada no livro *Americae Tertia Pars, 1592.*

Tamanha foi a violência empregada pelos conquistadores contra os povos nativos, que religiosos espanhóis debatiam sobre as práticas empregadas durante a conquista. Uns, como o frei Bartolomé de las Casas, denunciavam as atrocidades cometidas contra os povos nativos; outros defendiam os métodos empregados pelos conquistadores.

Desse contato, resultou a morte de milhões de nativos. Havia poucas alternativas aos povos ameríndios. Muitos fugiram para o interior do continente. Também houve os que estabeleceram parcerias comerciais na exploração das riquezas naturais locais, em particular o pau-brasil, durante as primeiras décadas do século XVI.

Não eram só os ataques que enfraqueciam e dizimavam as populações indígenas. O avanço de doenças desconhecidas para os nativos provocava tantas ou até mais mortes. Os indígenas pereciam com doenças como varíola, sarampo, tuberculose, disenteria e até mesmo gripe, pois não tinham resistência imunológica para enfrentar seus agentes causadores.

Outro fator que contribuiu para o aumento das mortes foi o contato com alguns animais que eles desconheciam, por exemplo, os porcos, que vinham nos navios para servir de alimento durante a viagem. Porcos são hospedeiros de algumas doenças, contra as quais os povos nativos não tinham qualquer imunidade.

Choque de culturas

Natureza e destruição

Ao entrarem em contato com a diversidade da natureza do continente americano – em sua grande parte **tropical** –, os europeus se deslumbraram justamente pela variedade e exuberância das espécies. Eles conheceram alimentos até então nunca vistos na Europa, como tomate, mandioca, milho, cacau e batata.

Nas terras que viriam a se tornar o Brasil, por exemplo, a extração do pau-brasil deu início ao desmatamento da cobertura original da Mata Atlântica. A redução significativa desse **bioma**, de 1500 até os dias atuais, gerou prejuízo às espécies nativas.

GLOSSÁRIO

Bioma: conjunto de seres vivos adaptados a determinados fatores ecológicos, como clima, vegetação, solo, entre outros.

Tropical: característico de regiões entre os trópicos de Câncer e de Capricórnio. Costuma apresentar temperaturas elevadas e alto índice de chuvas.

O comércio estabelecido entre eles era rentável aos dois povos. Os europeus carregavam seus navios com produtos valiosos a eles que seriam vendidos na Europa. Os nativos recebiam objetos que facilitavam os trabalhos cotidianos, além de servirem como forma de distinção social entre as comunidades locais.

Além disso, começava a emergir uma nova sociedade, fruto da fusão das culturas dos povos nativos e europeus, que seria a base do que se convencionou chamar de sociedade colonial. Essa mistura foi marcada tanto pelas contribuições culturais de ambos os lados do Oceano Atlântico como pela violência e tensão social, advindas dos preconceitos e projetos de colonização e de imposição cultural, econômica, política, social e religiosa por parte dos europeus, que se julgavam superiores aos nativos, de acordo com a mentalidade vigente na Europa naquele período.

Brasil: cobertura da Mata Atlântica – séculos XVI e XXI

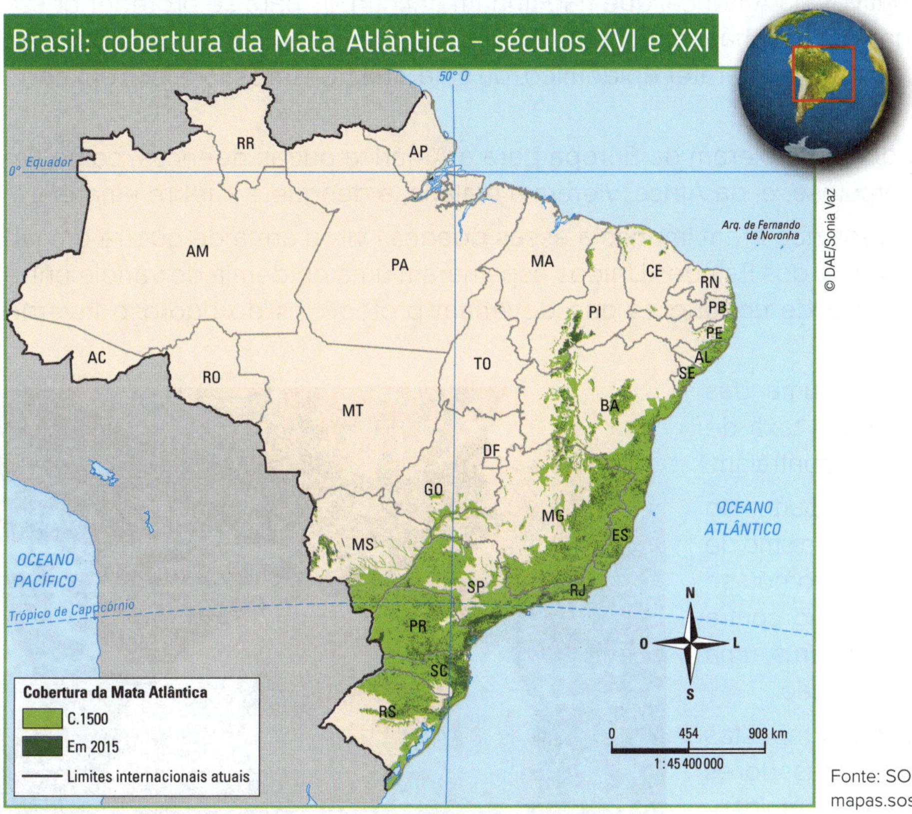

Fonte: SOS Mata Atlântica. Disponível em: <http://mapas.sosma.org.br>. Acesso em: ago. 2018.

Economia e política

O processo de Expansão Marítima deslocou o centro das negociações da região mediterrânea para o Atlântico, repercutindo fortemente no cenário comercial europeu. Além disso, as ações comerciais deixaram de se concentrar nas antigas cidades da Península Itálica, como Veneza e Gênova, e passaram a ser comandadas, inicialmente, pelos reinos de Portugal e Espanha e, depois, por França e Inglaterra.

Além das mudanças no cenário comercial, houve transformações no campo geopolítico. Portugal lançou-se ao mar não apenas pelas já conhecidas limitações geográficas mas também como resposta às pressões políticas por parte da Espanha e econômicas por parte da Inglaterra. Por isso, Portugal buscou ocupar os territórios que lhe haviam sido confiados antes que a Coroa espanhola o fizesse. As consequências desses conflitos, que se manifestaram com bastante intensidade nas fronteiras meridionais na América, foram sentidas durante séculos.

Em meio à disputa entre as duas Coroas ibéricas, os Estados Modernos europeus se fortaleceram cada vez mais por meio de práticas absolutistas e mercantilistas. Isso ocorreu principalmente pelo enriquecimento fomentado pelo acúmulo de metais preciosos oriundos da exploração das colônias.

DIÁLOGO

O vírus como arma

Quando os viajantes europeus dos três navios de Cristóvão Colombo avistaram as praias das Bahamas, na região da América Central, não sabiam que traziam neles próprios a arma que mataria milhões de indígenas: as doenças.

Um exemplo foi a gripe. Considerada uma doença de fácil tratamento nos dias atuais, ela era desconhecida e letal para os nativos da América, que não tinham anticorpos para se proteger dessa infecção. Os europeus, por sua vez, já tinham anticorpos para a doença e sabiam o que fazer para curá-la. Para piorar a situação, a gripe tem caráter epidêmico, ou seja, sua transmissão é fácil em agrupamentos humanos.

Além da gripe, os colonizadores trouxeram da Europa para a América outras doenças, como varíola, sarampo, caxumba e tuberculose; e, da África, vieram a malária, a dengue e a febre amarela.

A descoberta de que os nativos não eram imunes a essas doenças virou arma de guerra em vários períodos. Por exemplo, as tropas dos Estados Unidos espalharam uma epidemia de varíola entre os nativos sioux em 1781, por meio de cobertores que deveriam protegê-los do rigoroso inverno da região.

No século XVIII, a varíola era uma das doenças mais temidas devido à alta taxa de mortalidade entre as pessoas que a contraíam.

Com o tempo, cientistas de várias partes do mundo começaram a entender o mecanismo de transmissão dessas doenças. Assim, tornou-se possível encontrar formas de proteção contra elas. Para as doenças causadas por vírus, uma medida eficaz de proteção é a vacinação.

As vacinas mais antigas eram compostas de partes diluídas dos agentes causadores das doenças para que pudessem ser inseridas no organismo. Este, então, respondia à vacina produzindo os anticorpos, substâncias que combatem o agente infeccioso, criando uma espécie de memória de defesa contra esse agente e se preservando. Atualmente, existem também as vacinas sintéticas, produzidas em laboratório, com base na composição química dos agentes que causam as doenças.

Por sua eficácia, a vacinação é utilizada como forma de prevenção e controle de diversas doenças infecciosas.

Nibsc/Science Photo Library/Fotoarena

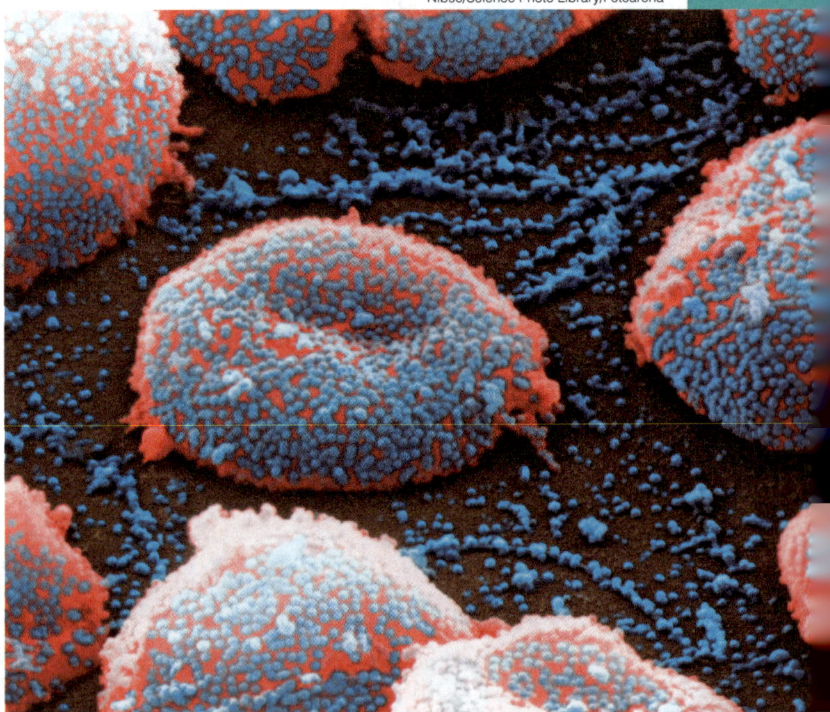

↑ Partículas do vírus da gripe (em azul) recobrindo hemácias do sangue (células vermelhas). Imagem obtida por microscópio eletrônico e colorizada artificialmente. Ampliação de aproximadamente 10 mil vezes.

1. Por que a gripe era mortal para a população nativa?
2. Qual foi a tática usada pelas tropas dos Estados Unidos para matar milhares de nativos sioux?

ATIVIDADES

NO CADERNO

SISTEMATIZAR

1. Quais foram os benefícios políticos das expedições ultramarinas para os Estados Modernos?
2. O que ocorreu com a economia da Europa após a Expansão Marítima?
3. De quais maneiras os indígenas e europeus estabeleceram relações entre si?
4. Qual foi a primeira impressão que os europeus tiveram dos nativos?
5. O que surpreendeu os europeus quando chegaram ao continente americano?
6. O "eurocentrismo" foi um fenômeno decorrente da Expansão Marítima. Procure no dicionário e escreva o significado desse termo.

REFLETIR

1. O pintor Theodore de Bry não esteve na América, mas elaborou diversas ilustrações sobre essa terra com base nos relatos de viajantes. Observe a imagem e responda às questões.
   a) O que a obra retrata?
   b) Ao observá-la, podemos analisar três momentos. Descreva-os.

Biblioteca Nacional, Paris

Theodore de Bry. *Cristóvão Colombo recebendo presentes dos indígenas em Hispaniola*. Gravura em cobre publicada no livro *Americae Tertia Pars*, v. IV, 1594.

2. Tanto a cultura europeia como a dos nativos passaram por transformações com o choque cultural. Por que esse contato foi mais nocivo para os nativos?

DESAFIO

1. Após estabelecer contato com os nativos e fazer o reconhecimento do território da atual América, os europeus passaram a construir o imaginário em relação aos povos e à região. Realize uma pesquisa para descobrir de que forma o europeu caracterizou os nativos e o continente em que estes viviam. Em seguida, escreva um pequeno texto sobre o que você descobriu.

CAPÍTULO

2 A conquista da América

No capítulo anterior, você estudou a Expansão Marítima e seu impacto econômico, político, cultural e social tanto na Europa quanto na América. Neste capítulo, você vai estudar as conquistas dos impérios asteca e inca e dos maia.

Antes da chegada dos europeus, diversas sociedades se desenvolveram no território que atualmente chamamos de América. O continente era ocupado por povos de diferentes etnias, que se organizavam de formas distintas. Alguns deles eram caçadores e coletores; outros viviam tanto da caça e coleta quanto da agricultura; e também houve sociedades que desenvolveram formas mais urbanizadas e se organizavam em Estados, como os maias, os incas e os astecas.

Quando os espanhóis chegaram à América, encontraram na região da Mesoamérica (terras do atual México e parte da América Central) e na região andina (onde hoje se encontram Peru, Equador, norte do Chile e Bolívia) sociedades desenvolvidas, com sistemas de escrita, desenvolvimento matemático e astronômico, calendários mais precisos que os dos europeus e grandes centros urbanos.

A conquista dos astecas

Os *mexicas*, conhecidos como astecas, localizavam-se no **planalto** da região do atual México, em uma ilha do lago Texcoco.

Em busca de formas de expansão, criaram ilhas artificiais, chamadas de *chinampas*. A união de várias *chinampas* interligadas a uma ilha central deu origem à Tenochtitlán, capital do Império Asteca (atual Cidade do México).

GLOSSÁRIO

Planalto: grande extensão de terreno elevado, plano ou com poucas ondulações, entrecortado por vales.

A sociedade asteca era hierarquizada. O monarca era escolhido entre a nobreza e intitulado *tlatoani*. Comandava o Exército e governava com o apoio da nobreza (*pipiltin*), formada pelos chefes militares, guerreiros e sacerdotes.

Abaixo deles estavam os artesãos, seguidos pelos *maceualtin*, grupo formado por camponeses. Eles eram responsáveis pelas atividades agrícolas e pelo cultivo da terra para o coletivo. Prestavam, também, serviços públicos, como a conservação de estradas.

Os *tlacotli* eram os escravos, prisioneiros de guerra ou condenados por crimes. Eles podiam se casar com pessoas livres e adquirir bens. Entretanto, todas as terras pertenciam ao Estado asteca.

Biblioteca Nacional da França, Paris

↑ Quetzalcóatl. Desenho feito com base na imagem do *Codex Borbonicus*, entre 1522 e 1540.

Os astecas eram politeístas. O Huitzilopochtli era o principal deus e representava o Sol e a guerra. Outra importante divindade era Tlacoc, o deus da chuva e da fertilidade. Os astecas acreditavam na vida após a morte, por isso realizavam sacrifícios humanos em rituais político-religiosos, pois consideravam que os deuses deveriam ser alimentados com sangue. Muitas vezes, os sacrificados eram prisioneiros de guerra.

Em 1519, uma expedição comandada pelo capitão Hernan Cortez saiu da Ilha de Cuba com destino a uma porção continental da América, na Península de Yucatán.

Cortez e sua tropa se depararam com as principais cidades do Império Asteca: Tenochtitlán, Texcoco e Tlacopan, organizadas politicamente em uma tríplice aliança. Os astecas dominavam o Planalto Mesoamericano e o Vale do México desde 1428. Ocuparam esses territórios após diversas guerras de conquista, quando por fim se estabeleceram no Lago de Texcoco, onde ergueram a cidade de Tenochtitlán, que viria a ser o centro administrativo de todo o Império Asteca até a chegada dos conquistadores.

A chegada dos espanhóis coincidiu com o período em que a Tríplice Aliança Asteca estava sob o comando do imperador Montezuma III, senhor de Tenochtitlán.

Enquanto percorria o território, Cortez observou que nem todas as cidades aceitavam a cobrança de tributos e outras estavam em luta contra o imperador asteca. Assim, o capitão espanhol percebeu que esses povos poderiam se tornar seus aliados na conquista do território.

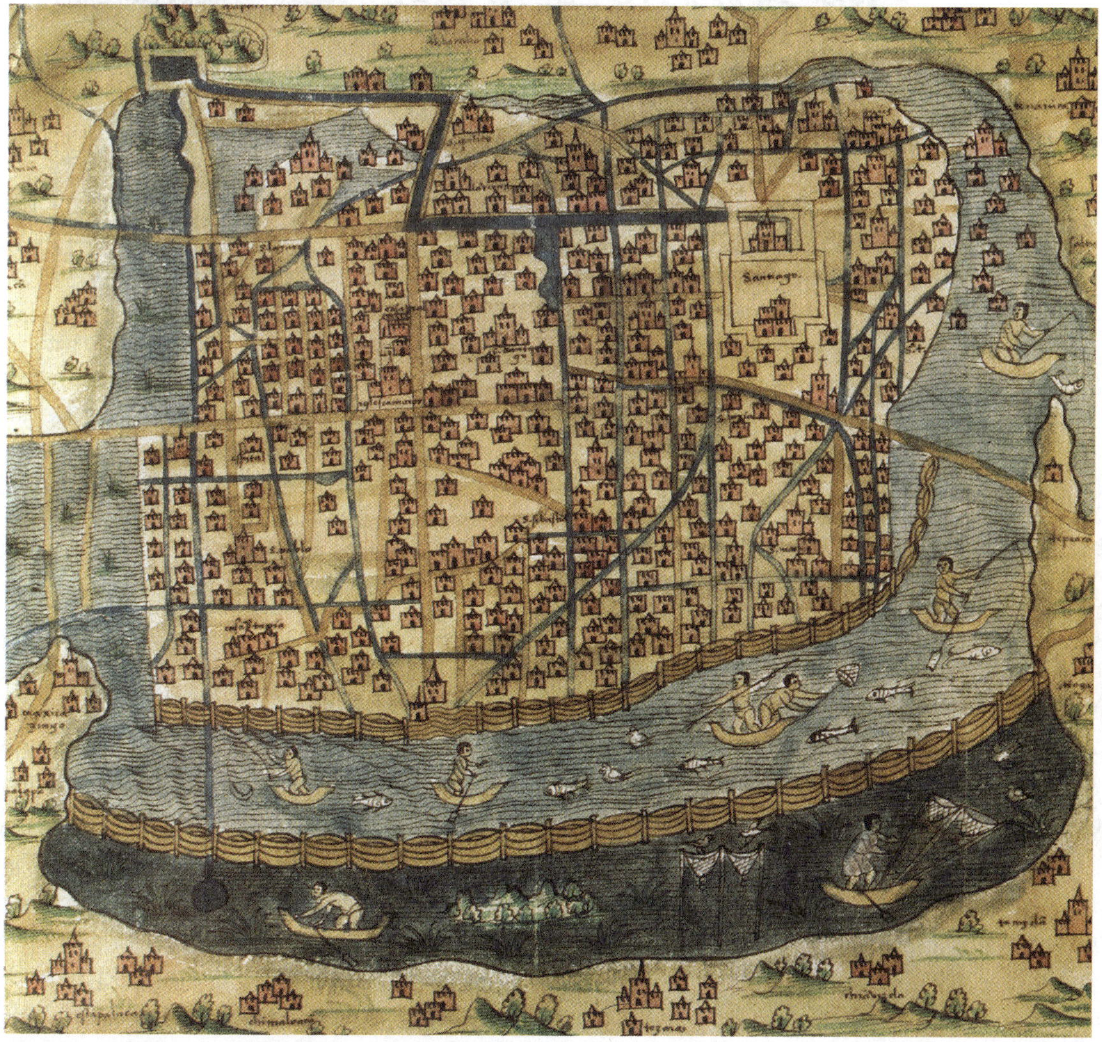

Coleção Particular

↑ Alonso de Santa Cruz. *Mapa de Tenochtitlán*, 1560.

Os espanhóis atacam

Cortez precisou se ausentar da capital asteca para atender a um chamado da Coroa na costa, deixando o comando da tropa espanhola nas mãos do capitão Alvarado. Ao chegar a Cuba, ele foi surpreendido com um mandado de prisão, pois, para os espanhóis, suas ações contra os astecas pareciam um empreendimento pessoal.

Enquanto Cortez recebia essa notícia, Alvarado, que ficara em Tenochtitlán como seu representante, promoveu um levante contra o Templo Maior, um dos principais centros religiosos da região, matando grande parte da nobreza asteca. Ao serem atacados por Alvarado, os astecas de Tenochtitlán lutaram contra os espanhóis, derrotando-os e expulsando-os de seu território.

Já na costa, Cortez convenceu os homens que foram prendê-lo a se juntarem a ele. Rumaram para o continente em busca de alianças com os povos contrários às ações do imperador asteca e formaram um exército composto de espanhóis e indígenas, que ocupou Tenochtitlán em maio de 1521.

Biblioteca Nacional, Madrid

→ Ilustração do massacre do Templo Maior, no *Códice Duran*, do século XVI, escrito pelo frei dominicano Diego Duran.

The Art Archive/AFP

↑ Cena de batalha entre espanhóis e astecas. Cópia do manuscrito mexicano *Lienzo de Tlaxcala*, século XVI.

Pouco a pouco, os espanhóis conquistaram outros territórios na Mesoamérica, entre eles Chiapas, ao sul, em 1528; a Península de Yucatán, onde estavam os maias, entre 1529 e 1545; e Tabasco, perto de Yucatán, em 1564. No centro-norte, a guerra contra os chichimecas durou de 1547 até 1600.

Os indígenas deixaram o registro desses acontecimentos em códices, como o *Lienzo de Tlaxcala*, e os espanhóis em crônicas, como *História verdadera de la conquista de México*, de Bernal Díaz del Castillo, soldado de Cortez que lutou na conquista de Tenochtitlán.

Alguns dos resultados da conquista do Império Asteca pelos espanhóis foram o fim da dominação dos astecas sobre os povos que viviam na Mesoamérica e a adoção e confirmação da violência como mecanismo de conquista. Para fazer frente a esse uso desmedido da força pelos conquistadores, surgiram discursos na metrópole defendendo os indígenas. Tempos depois, apoiando esses discursos, a Coroa espanhola aprovou leis de proteção às populações nativas da América submetidas ao seu domínio que, a rigor, jamais foram obedecidas.

DIÁLOGO

Malinche poliglota

A linguagem tem papel fundamental em nosso cotidiano. Por meio dela, adquirimos ferramentas que nos possibilitam compreender a sociedade na qual estamos inseridos; além disso, ela nos propicia a transmissão de conhecimentos construídos ao longo do tempo.

O domínio de uma língua não significa apenas a decodificação dos **signos linguísticos**, compreende um vasto campo de comunicação. Seu aprendizado requer tempo de estudo e contato com a cultura de seus falantes.

GLOSSÁRIO

Signo linguístico: unidade de uma língua que compreende a relação entre a sequência de sons e seu significado.

A escrita também tem papel fundamental no domínio da língua. Ela possibilita modificações profundas nas relações sociais, políticas e econômicas de determinado local. A sistematização desse registro gráfico contribui para que os indivíduos se insiram no contexto social.

No contato entre indígenas e europeus, por exemplo, o desconhecimento da língua do outro foi um dos primeiros obstáculos encontrados para a comunicação oral.

Foi nesse contexto que Malinche teve muita importância. Ela era uma indígena da etnia nahua e, ainda criança, foi entregue aos nativos do grupo xicalango. Com eles, aprendeu os idiomas maia e o náuatle, a língua asteca, e frequentou a melhor escola de Tenochtitlán, onde aprendeu artes domésticas, leitura e escrita de pictogramas. Também estudou oratória, retórica e a medicina das ervas.

Hernan Cortez conheceu Malinche quando a recebeu de presente dos astecas, entre um grupo de 20 jovens. Batizada de Marina, a jovem aprendeu a língua castelhana e se tornou guia, tradutora, intérprete e amante de Cortez, chegando a ter um filho dele, batizado de Martín Cortez. Conta-se que o filho de Malinche teria sido o primeiro “mexicano”, o primeiro mestiço.

Hábil para aprender idiomas e firmar negociações entre culturas diversas, Malinche ajudou os espanhóis a estabelecer relações com o Império Asteca e a conquistar aliados entre povos indígenas inimigos de Montezuma II. Por isso, a imagem que ficou da jovem foi de traidora.

Biblioteca Britânica, Londres. Fotografia: Bridgeman Images/Easypix Brasil

↑ Conversa entre astecas e espanhóis. Detalhe do mural do Palácio do Governo de Tlaxcala, México, feito pelo artista Desiderio Hernández Xochitiotzin, c. 1890.

Bettmann/Getty Images

↑ Representação do encontro entre Cortez e Montezuma II em Tenochtitlán. Litografia, c. 1892.

1. Explique a importância do domínio da língua materna.
2. Qual característica de Malinche foi fundamental para Cortez alcançar seus objetivos? Justifique.

A conquista dos incas

Os incas originalmente habitavam uma região entre o Lago Titicaca e a atual cidade de Cuzco, no Peru. Dessa região expandiram-se por uma área que chegou a ter mais de 4 mil km^2, abrangendo terras hoje pertencentes ao Equador, Peru, Bolívia, Colômbia, Chile e Argentina.

GLOSSÁRIO

Estado de guerra civil: confronto entre grupos organizados pertencentes ao mesmo território.

Eles se organizavam socialmente de forma hierarquizada. Havia um governante soberano, denominado Sapa Inca (inca único) ou Intip Cori (filho do Sol), e subordinados a ele estavam a nobreza, os sacerdotes e os chefes militares e administrativos. Abaixo, estavam os *kuraka* (curacas), líderes locais subordinados ao soberano.

Na sociedade inca não havia propriedade individual, moeda nem mercado; o uso da terra e a circulação de produtos eram determinados pelo Estado.

Os incas desenvolveram uma avançada civilização urbana, com sistema de transporte. Cuzco era repleta de templos e palácios. Outras regiões importantes para os incas eram Tumipampa, Cajamarca, Janja e Vilcasshuamán.

O Sapa Inca que morreu em 1523, Huayna Cápac, havia dividido o território entre seus dois filhos, Huáscar e Atahualpa. Depois dessa divisão, o império passou a viver um **estado de guerra civil**, com conflitos em diversas regiões. Em 1532, simultaneamente à invasão de Pizarro, Atahualpa, após vencer Huáscar, autoproclamou-se governante soberano.

Os chefes dos clãs locais, submetidos aos incas, eram enviados para Cuzco, a fim de serem educados de acordo com a cultura incaica e governarem segundo as leis do Inca.

Para sustentar essa sociedade, os incas contavam com uma vasta camada de agricultores. As técnicas agrícolas eram tão avançadas que lhes permitiram gerar excedente de comida. Um exemplo dessas técnicas era o sistema de terraceamento, desenvolvido para aproveitar os terrenos escarpados que predominam nos Andes.

Coleção particular. Fotografia: Bridgeman Images/Easypix Brasil

↑ Divindade agrícola inca com uma touca em formato de Lua e traje decorado com milho e abóboras, século XVI. Cerâmica.

Os espanhóis atacam

Os colonizadores espanhóis tentavam conquistar o território do atual Peru desde 1522, objetivo que foi alcançado entre 1531 e 1532.

Após a chegada dos espanhóis, Pizarro e Atahualpa, cada um com seus exércitos, encontraram-se pela primeira vez na cidade de Cajamarca. Os dois comandantes tiveram uma conversa rápida; depois de trocadas algumas palavras, entre saudações e ameaças, os soldados espanhóis renderam o exército de Atahualpa e o prenderam.

No ano seguinte à prisão do Inca, as tropas espanholas invadiram a capital, Cuzco. Após os espanhóis simularem a acusação de que Atahualpa era um traidor e usurpador, eles o executaram em praça pública.

Akg-Images/Album/Fotoarena

→ Antonio de Herrera y Tordesillas. *Batalha de Cajamarca, em 1532, durante a conquista do território peruano por Francisco Pizarro*. Gravura.

Resistência inca

Museu Nacional de Arqueologia, Antropologia e História do Peru, Lima. Fotografia: Album/Fotoarena

↑ *Tupac Amaru*, c. 1850-1870. Óleo sobre tela, 83 cm × 56 cm.

A resistência militar à dominação europeia durou 40 anos. Tendo aprendido algumas táticas militares com os espanhóis, os exércitos incas lutaram duramente. Em 1536, invadiram as cidades de Cuzco e Lima com o intuito de reconquistá-las, mas não tiveram êxito. Três anos depois houve uma forte rebelião popular contra os espanhóis, durante a qual os indígenas rebelados retiraram-se para a região de Vilcabamba. Eles resistiram até o ano de 1572, quando o último Sapa Inca, Tupac Amaru, e seu exército foram derrotados.

Parte do insucesso da resistência militar dos incas pode ser explicada pelos valores arraigados que eles nutriam em relação aos cerimoniais de guerra, como só terminar uma batalha durante a lua cheia. Diante de um inimigo que não comungava dos mesmos valores, tornou-se difícil manter qualquer tipo de luta e, consequentemente, retomar os territórios perdidos.

Impactos da conquista

O maior efeito da conquista do Império Inca pelos espanhóis foi sua desagregação completa e das sociedades nativas submetidas a ele. Com a tomada das principais cidades incaicas, como Quito e Cuzco, no começo dos anos 1530, os espanhóis se apoderaram dos sistemas administrativos. Ainda assim, houve muitas lutas internas contra o domínio espanhol, o que desestabilizou os territórios anteriormente ocupados pelos incas.

Ao contrário do que havia feito Cortez, Pizarro mandou erguer uma nova capital para substituir Cuzco. Assim, foi fundada a cidade de Lima, em 1535, atual capital do Peru. Nesse momento, o Império Inca e seu idioma oficial, o quíchua, estavam em plena expansão nos Andes. Como esse movimento expansionista dependia de uma estrutura centralizada, os conquistadores foram favorecidos pela fundação de um novo centro administrativo, aproveitando para consolidar seu domínio sobre a região.

Os maias

Na Península de Yucatán, ao sul do atual México, localizava-se a sociedade maia. Existem poucas informações sobre seu surgimento, mas estima-se que já habitavam a região por volta de 1800 a.C.

Os maias organizavam-se em reinos independentes, cada qual com seu governante. As cidades mais importantes eram Palenque, Tikal, Chichen Itza, Uxmal, Edzná e Cópan. Viviam em uma sociedade hierarquizada, na qual o chefe de Estado era denominado de Halach Uinic ("o homem verdadeiro"), seguido pelo chefe do governo – cujo cargo era hereditário –, que exercia a função de líder militar e religioso, sendo auxiliado por um conselho de *mayores* (anciãos). Os membros da nobreza ocupavam os cargos administrativos, militares e religiosos. Em seguida, estavam os comerciantes, ao lado dos guerreiros, artistas e artesãos. Na camada mais baixa da sociedade estavam os camponeses e os escravos – prisioneiros de guerra. Pouco se sabe sobre a condição de vida dos escravos.

Como atividade econômica, cultivavam o milho, considerado sagrado. Havia também mercados, no qual se comercializavam, entre outros produtos, jade, peles, baunilha e sal. A moeda utilizada eram sementes de cacau, fruto que servia de base para o preparo do *xocoatl* (chocolate), bebida reservada apenas para a nobreza e utilizada em cerimônias.

A religião tinha um importante papel social. Eles eram politeístas e costumavam fazer sacrifícios humanos como oferenda a seus deuses, entre os quais estavam Itzam Na (que simbolizava o céu e a terra), Ixchel (deusa da Lua) e Chaac (deus da chuva). Muitos templos e santuários foram construídos nas cidades maias para culto e homenagem a seus deuses.

ATIVIDADES

NO CADERNO

SISTEMATIZAR

1. Qual foi a estratégia de Hernan Cortez para conquistar a região de Tenochtitlán?

2. Sobre a conquista de Tenochtitlán, reescreva em seu caderno as afirmativas corretas.

a) Quando Cortez chegou à Península de Yucatán, em 1519, encontrou uma cidade totalmente desorganizada do ponto de vista político.

b) Alvarado foi o responsável pelo levante em Tenochtitlán que dizimou grande parte da nobreza asteca.

c) Cortez firmou aliança com grupos contrários ao imperador asteca e tomou Tenochtitlán.

d) Os registros feitos pelos nativos indígenas sobre a conquista espanhola em Yucatán estão no livro *La verdadera historia de la conquista de México*.

3. Diferencie as formas como indígenas e europeus reagiram em seus primeiros encontros.

4. Os incas resistiram militarmente durante cerca de 40 anos contra a dominação espanhola. Explique como foi essa resistência.

REFLETIR

1. Leia o texto abaixo e faça o que se pede.

> Os espanhóis, com seus cavalos, suas espadas e lanças, começaram a praticar crueldades estranhas; entravam nas vilas, burgos e aldeias, não poupando nem as crianças e os homens velhos, nem as mulheres grávidas e parturientes e lhes abriam o ventre e as faziam em pedaços como se estivessem golpeando cordeiros fechados em seu redil. [...] Faziam certas forcas longas e baixas, de modo que os pés tocavam quase a terra, um para cada treze, em honra e reverência de Nosso Senhor e de seus doze Apóstolos (como diziam) e deitando-lhes fogo, queimavam vivos todos os que ali estavam presos.

Bartolomé de Las Casas. *O paraíso destruído: brevíssima relação da destruição das Índias*. Porto Alegre: L&PM, 1991. p. 33.

a) O texto relata como os espanhóis tratavam os indígenas na América. Descreva como faziam isso.

b) Qual era a justificativa dada pelos espanhóis para tais ações?

2. Leia o trecho a seguir e responda às questões.

> Ataram-lhe às mãos e pés quatro cordas e prenderam-nos ao dorso de quatro cavalos [...]. Não sei se porque os cavalos não fossem muito fortes, ou o índio, em realidade, fosse de ferro, não puderam absolutamente dividi-lo, depois de um interminável momento em que o mantiveram puxando, de modo que o tinham no ar, num estado em que parecia uma aranha.
>
> Tanto que o visitador, movido de compaixão, para que não padecesse mais aquele infeliz, despachou uma ordem mandando que o carrasco cortasse sua cabeça, como se executou [...]. Desse modo, acabaram José Gabriel Tupac Amaru. [...] Neste dia compareceu (à praça) um grande número de gente, mas ninguém gritou nem levantou uma voz [...].

Kátia Gerab; Maria Angélica Campos Resende. *A rebelião de Tupac Amaru: luta e resistência no Peru do século XVIII*. São Paulo: Brasiliense, 1987. p. 40-41. (Coleção Tudo É História).

a) Em sua opinião, quais foram os motivos que levaram os espanhóis a executar Tupac Amaru em praça pública?

b) Analise e se posicione sobre o modo de execução a que Tupac Amaru foi submetido pelos espanhóis. Use argumentos para defender sua ideia.

3. Leia o texto a seguir e faça o que se pede.

Como se fossem macacos, sentavam-se com gestos de prazer e levantavam o ouro, como aquilo lhes renovasse e iluminasse o coração. É certo que desejavam aquilo com grande sede. Os corpos deles se incham de uma fome furiosa por aquilo. Como uns porcos famintos, anseiam pelo ouro.

Eduardo Galeano. *As veias abertas da América Latina.* Porto Alegre: L&PM, 2011. p. 38-39.

a) Explique a reação dos espanhóis quando foram presenteados com ouro pelos astecas.

b) O autor faz, no texto, uma associação dos espanhóis com animais. Analise essa questão.

4. Pedro Lira pintou a cena ao lado mais de 200 anos após o fato que ela representa ter acontecido. Ainda assim, podemos notar a tentativa de realismo baseada em informações históricas que o autor recolheu para retratar o ocorrido.

a) Qual dos personagens está em destaque?

b) Como o indígena foi representado?

c) Levante hipóteses sobre o que a composição desse quadro pretendeu transmitir.

Museu Histórico Nacional, Santiago

↑ Pedro Lira. *A fundação de Santiago (Pedro de Valdivia elige desde las alturas del Huelen, el llano en el que ha de identificar la ciudad de Santiago)*, 1888. Óleo sobre tela.

DESAFIO

1. Embora a religião católica vivenciada pelos colonizadores fosse bastante diferente da religiosidade inca, ambas atribuíam a um deus a criação da Terra. Pesquise a história mítica que explica a criação do mundo na cultura inca.

Jlspring/Shutterstock.com

→ Detalhe da Porta do Sol que representa o deus Viracocha. Tiahuanaco, Bolívia.

CAPÍTULO 3

A colonização espanhola da América

No capítulo anterior, você estudou a conquista europeia dos impérios Asteca e Inca. Neste capítulo, você vai estudar o processo de estruturação e administração da América Espanhola.

Museo Nacional de Arte, Cidade do México

Félix Parra. *Frei Bartolomeu de Las Casas*, 1875. Óleo sobre tela.

O processo de colonização do continente americano começou logo depois das primeiras guerras de conquista. A violência promovida pelos espanhóis na América foi intensa. Os freis Francisco de Vitoria (1492-1546) e Bartolomé de Las Casas (1484-1566) fizeram duras críticas às ações promovidas pelos espanhóis. Essa postura dos religiosos levou a Coroa de Castela a criar uma série de normas, conhecidas como Leis das Índias, que procuravam garantir a convivência pacífica entre os espanhóis e as populações americanas.

Contudo, as Leis das Índias determinavam que os indígenas fossem incorporados à Igreja Católica e cultivassem suas terras de maneira que parte dos rendimentos fosse destinada à Coroa espanhola.

Apesar da tentativa, as leis não surtiram o efeito esperado e a população indígena foi drasticamente reduzida como resultado das guerras, do trabalho forçado, da escravização e das epidemias.

A estruturação europeia na América

Os espanhóis implementaram, nos primeiros anos de ocupação da América, o projeto de catequização dos indígenas à fé cristã. Cada ordem religiosa, principalmente dos franciscanos e jesuítas, tinha os próprios métodos. Para alguns, o ideal seria pôr fim aos cultos e rituais tradicionais ameríndios e converter os nativos. Outros acreditavam que o mais conveniente seria conhecer os ritos e as crenças dos indígenas para que pudessem torná-los cristãos de forma mais efetiva.

Um século mais tarde, os religiosos escreviam diretamente da América informando que muitos nativos continuavam a praticar seus antigos rituais, ao mesmo tempo que partilhavam da liturgia e dos ritos católicos.

Além disso, a Coroa de Castela passou a estabelecer instituições de ensino fundamentadas na religião cristã. Em 1532, foi fundado na Cidade do México (antiga Tenochtitlán), sob a direção dos franciscanos, o primeiro colégio da América. A primeira universidade em solo americano foi fundada em 1538, na cidade de Santo Domingo, e, alguns anos depois, mais duas: uma em Lima e outra na Cidade do México.

Nos primeiros 50 anos, as populações locais seguiram o currículo das universidades e dos colégios espanhóis. Contudo, como avançaram nos estudos, muitos ameríndios começaram a ser mais cultos e eruditos que grande parte dos espanhóis que viajavam à América. A Coroa de Castela, então, modificou o currículo, sob o pretexto de que os indígenas eram seres inferiores. Dessa forma, os espanhóis deram início ao processo de **tutela** dos povos indígenas, justificando que eram como crianças e, portanto, precisavam ser cuidados e educados de maneira distinta dos espanhóis.

Hackenberg-Photo-Cologne/Alamy/Fotoarena

↑ Universidad Autonoma de Santo Domingo, a primeira universidade fundada no continente americano.

Encomienda e o trabalho forçado

A exploração da mão de obra indígena deu-se pelo que os espanhóis chamavam de *encomienda* e pela *mita* (ou *cuatéquil*). A *encomienda* era o prêmio dado a alguns conquistadores, aos quais as comunidades indígenas eram entregues em encomenda. Ela precisava ser **outorgada** e era controlada pela Coroa. Os indígenas "encomendados" eram obrigados a trabalhar e pagar um tributo ao *encomendero* – aquele que recebia a *encomenda*. Em troca, o colono tornava-se responsável pelo cuidado com os indígenas e pela catequização deles, devendo enviar à Coroa os tributos recolhidos.

GLOSSÁRIO

Outorga: concessão de ordenamento por meio de uma declaração de escritura pública.

Tutela: responsabilidade assumida por uma pessoa para cuidar da integridade de alguém.

Dessa forma, a Coroa tentava cumprir os objetivos da colonização previstos nas Leis das Índias e, ao mesmo tempo, controlar os nativos e os colonos. No entanto, eles esforçavam-se para fugir desse controle ou diminuí-lo. Os colonos tinham muito mais sucesso do que os indígenas nessa empreitada, de maneira que estes últimos continuaram explorados no trabalho e tratados com violência.

Outra forma de exploração do trabalho indígena foi a *mita*. As condições eram indignas e análogas às do trabalho escravo. A Igreja Católica acusava os nativos de ser idolatras e pagãos. Muitos dos escritos maias foram queimados, sob a alegação de que continham falsidades produzidas pelo demônio. Em alguns casos, coube aos missionários reunir os indígenas, para que depois fossem explorados pelos colonos. Essa palavra, de origem quéchua, era utilizada pelos incas para denominar os serviços que os indígenas prestavam ao líder inca. Os espanhóis aproveitaram-se desse costume local para que indígenas trabalhassem na construção de estradas e edifícios públicos, na agricultura e nas minas.

A *mita* nas minas de Potosí e Huancavelica, exploradas para aquisição de ouro e prata, era excessivamente perigosa, porque não havia condições mínimas de segurança e higiene. Escritores espanhóis da época registraram que trabalhar nas minas de Potosí era o mesmo que ir em direção à morte.

Havia também serviços domésticos realizados nas residências dos *encomenderos*. Esses serviços eram permanentes, ao contrário da *mita*, o que tornava os indígenas criados domésticos. A Coroa proibiu várias vezes, por lei, esse tipo de serviço, mas normalmente os *encomenderos* não a obedeciam, na América Andina, o *cuatéquil,* no México, ambas práticas de origem nativa. Os incas e os astecas obrigavam os grupos menores a lhes prestar serviços em troca de tributos.

Aproveitando-se da aceitação dessa prática, o governo espanhol impôs a mesma lógica de trabalho aos povos conquistados.

A administração de Castela nas Índias

Durante o processo de colonização, os dois organismos mais importantes criados para cuidar das novas terras conquistadas foram a Casa da Contratação, em 1503, e o Conselho das Índias, em 1524. Ao primeiro órgão cabia o controle das negociações comerciais e, ao segundo, a criação das Leis das Índias e a nomeação dos chefes e encarregados de órgãos políticos e administrativos implantados na América. Ambos eram sediados em Sevilha, Espanha, cujo porto era usado pelos navios que faziam a rota para as Américas.

Os principais órgãos responsáveis pelo funcionamento político, administrativo, fiscal e judiciário da América eram denominados vice-reinados. Inicialmente foram criados o Vice-Reino da Nova Espanha, o do Peru e, mais tarde, o do Rio da Prata e o de Nova Granada. Esses órgãos eram presididos por um vice-rei, que governava o território como representante do rei espanhol.

Divisão administrativa da América Espanhola

Fonte: Jeremy Black. *World history atlas*. Londres: Dorling Kinderslay, 2008. p. 126 e 148.

Além dos vice-reinados, havia também as audiências reais com os ouvidores e os *cabildos*. Os ouvidores eram encarregados da aplicação da justiça e da organização administrativa. Os *cabildos* tinham funções similares às exercidas nas câmaras municipais e eram responsáveis pelas questões locais e cotidianas, como: segurança, abastecimento, obras públicas e justiça. Os vice-reis e os ouvidores reais eram nomeados pela Coroa, já os cargos dos *cabildos* eram **eletivos**.

Esse sistema era uma forma de controle e comunicação burocrática, em que as funções e os poderes se inter-relacionavam e se sobrepunham, buscando a fiscalização e vigilância recíprocas.

GLOSSÁRIO

Eletivo: feito por eleição.

O Vice-Reino da Nova Espanha

O Vice-Reino da Nova Espanha controlou a região ao norte da América Espanhola, incluindo as áreas que os primeiros conquistadores haviam dominado. Essa divisão administrativa foi uma importante região produtora de ouro e prata.

A extração desses metais preciosos influenciou toda a colonização espanhola da América e orientou grande parte dos esforços colonizadores. Os espanhóis ocuparam apenas os locais onde esses metais existiam.

Entre as consequências dessas atividades econômicas estavam a mobilidade social dos mineradores e a destruição das comunidades nativas, tanto pela exploração da mão de obra quanto pelos deslocamentos forçados dos trabalhadores ao longo dos territórios conquistados, o que gerou a perda da identidade cultural dessas pessoas.

Por sua vez, a riqueza dessas regiões, com destaque para a Nova Espanha, estimulou o desenvolvimento das artes e da arquitetura, como podem atestar as igrejas desse vice-reino.

Angela Ostafichuk/Shutterstock.com

Igreja de São Francisco Acatepec, construída por volta de 1730. Cholula, México.

Outro elemento importante do Vice-Reino da Nova Espanha foi a introdução da agricultura de larga escala, com o cultivo de trigo, milho, cana-de-açúcar e outros produtos agrícolas, além da criação de gado. Os espanhóis introduziram nessas terras o uso de arado e sistemas de irrigação ainda no final do século XVI. Essas técnicas de cultivo transformaram terras inférteis em áreas produtivas. Nas fazendas de Nova Espanha foram produzidas as maiores quantidades de açúcar de toda a América Espanhola, a maior parte enviada à Europa.

O Vice-Reino do Peru

Se a produção de metais preciosos foi importante para toda a América Espanhola, foi no Vice-Reino do Peru que ela teve ainda mais destaque. Nessa divisão administrativa espanhola existia a maior mina de extração de prata de todo o continente americano. As minas de Potosí geraram grandes quantidades de prata, que era explorada com a utilização de mão de obra indígena.

A produção de prata de Potosí atingiu seu auge no final do século XVI, declinando até 1720. Houve um período de recuperação que durou até os anos 1780, após o qual a produção praticamente cessou.

Ao lado de Nova Espanha, o Vice-Reino do Peru foi o centro da colonização espanhola da América. Para o Peru foram enviados milhares de indígenas em regime de *encomienda* à Nicarágua, o que contribuiu para a desestabilização das sociedades locais.

A migração forçada dos indígenas foi particularmente danosa para as sociedades que viviam no Peru, assim como no México. Em ambas as regiões, o sedentarismo era um elemento importante de organização social e econômica, até mesmo na época do início da colonização espanhola.

Bildarchiv Steffens/AKG-Images/Fotoarena

As minas de Potosí. Gravura de Antonio de Herrera y Tordesillas, c. séculos XVI e XVII.

O Vice-Reino de Nova Granada

Apesar das grandes quantidades de ouro e prata extraídas da América e da relevância desses recursos, no momento em que os conquistadores se apossaram dos novos territórios, as minas já apresentavam sinais de esgotamento. Os indígenas vinham explorando essa produção muito tempo antes da chegada dos europeus, com exceção das novas minas descobertas pelos colonizadores, principalmente no Vice-Reino de Nova Granada. Por isso, a produção de ouro, nessa região, sempre superou a de prata, o que não aconteceu no restante da América Espanhola. Isso ocorreu porque as minas haviam sido pouco exploradas e porque as técnicas de extração foram evoluindo com o tempo.

As populações nativas dessa região estavam entre as que mais resistiram à assimilação espanhola, mas apresentavam pouco crescimento, mesmo nos anos finais do século XVIII, o que não significa que as populações brancas fossem predominantes. Pelo contrário, pois os descendentes dos conquistadores e outros imigrantes se restringiam a viver em núcleos urbanos e nas fazendas.

A cidade de Quito, que fazia parte do Vice-Reino de Nova Granada, caracterizou-se pelo intenso comércio com o Vice-Reino do Peru. As trocas comerciais eram realizadas pela Estrada Real, que interligava as regiões desses vice-reinos. Apesar desse dinamismo de Quito, o restante do Vice-Reino de Nova Granada não tinha um comércio ativo devido a algumas dificuldades, como a locomoção pelos terrenos acidentados, a falta de comunicação e a ausência de grandes centros urbanos.

Coleção particular

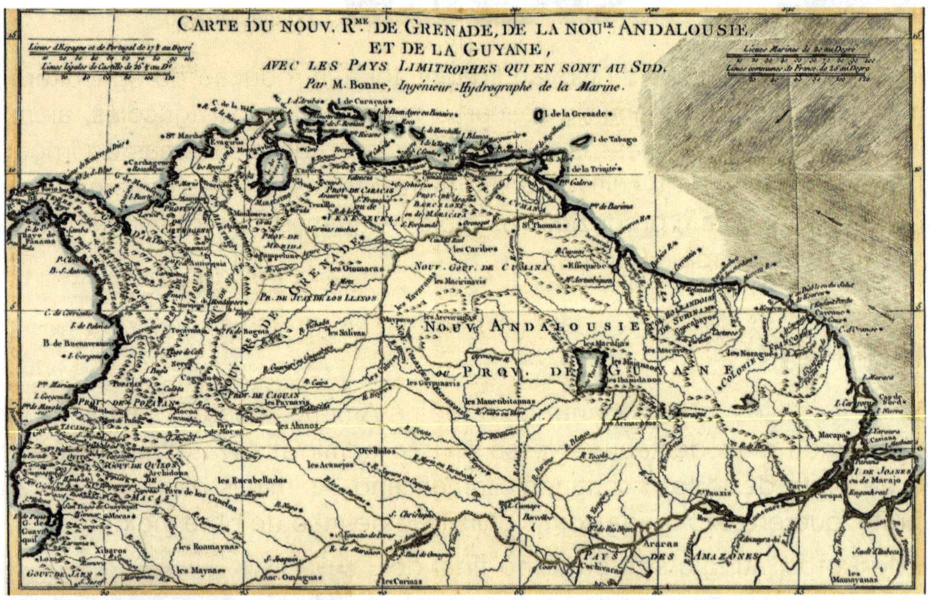

Mapa do Vice-Reino de Nova Granada, Nova Andaluzia e Guiana (noroeste da América do Sul), feito por Charles Marie Rigobert Bonne para o *Atlas de toutes les parties connues du globe terrestre*, de Guillaume Raynal, publicado em Genebra, 1780.

O Vice-Reino do Rio da Prata

Esse Vice-Reino foi fundado apenas em 1776, com capital em Buenos Aires, e teve o intuito de controlar o contrabando de metais preciosos extraídos no Vice-Reino do Peru.

Na região também foram criadas muitas missões jesuíticas, nas quais os nativos eram aldeados visando à conversão ao catolicismo e à proteção contra os ataques de colonos da América Espanhola e da América Portuguesa. A expulsão dos jesuítas, em 1767, desestruturou as populações nativas, que se dispersaram pela região onde hoje é o Paraguai.

Essa região também foi alvo dos comerciantes ingleses e da América Portuguesa, que vendiam tecidos e açúcar, respectivamente. Eles aproveitaram o desinteresse da Coroa espanhola, já que nesse local não havia muitas riquezas naturais que pudessem ser exploradas. Outra consequência desse relativo isolamento foi o crescente desejo de autonomia em relação às ordens vindas da Espanha.

ATIVIDADES

NO CADERNO

SISTEMATIZAR

1. O que era a *encomienda*? Explique como ela funcionava.

2. O que era o *repartimiento* de indígenas?

3. Quais foram os dois organismos responsáveis por administrar as novas terras conquistadas? Explique com base no texto a finalidade de cada um.

4. Sobre a colonização da América, reescreva no caderno as afirmativas verdadeiras.
   a) A intensa violência contra os povos nativos foi uma das principais características da conquista espanhola.
   b) Uma das consequências da conquista espanhola foi o extermínio de grande parte da população indígena por meio de guerras e epidemias.
   c) A catequese de indígenas nunca foi uma preocupação da Coroa espanhola.
   d) A *encomienda* era mais vantajosa para a Coroa espanhola do que os *repartimientos*, pois possibilitava maior controle sobre o colono.

5. Sobre a colonização espanhola na América, responda:
   a) Qual foi o grande orientador dessa colonização?
   b) Em quais regiões esse elemento estava mais presente?
   c) O que aconteceu com as regiões que não contavam com esse elemento?

6. Associe a exploração de metais preciosos com a mão de obra utilizada pelos espanhóis para essa tarefa.

REFLETIR

1. Leia o texto a seguir e faça o que se pede.

Se até 1520 as Antilhas foram o núcleo da colonização espanhola, as terras de conquista – nas duas décadas subsequentes – passaram a ser as zonas continentais do altiplano [...]. Já antes da metade do século, o esgotamento da população das Antilhas obrigara a pôr termo à extração do ouro de superfície do arquipélago. Até essa data, nos envios de metal precioso à metrópole, a prata é superior em volume ao ouro e, no fim do século, supera-o também em valor.

Túlio Halperin Donghi. *História da América Latina*. São Paulo: Círculo do Livro, [s.d.]. p. 11.

- Explique por que o eixo da colonização espanhola mudou das Antilhas para o continente.

2. Leia a seguir o texto que narra o resultado dos combates entre espanhóis e indígenas na Mesoamérica, que anteciparam a instalação do Vice-Reino da Nova Espanha.

Nos caminhos jazem dardos quebrados;
os cabelos estão espalhados.
Destelhadas estão as casas,
incandescentes estão seus muros.
Vermes abundam por ruas e praças,
e as paredes estão manchadas de miolos arrebentados.
Vermelhas estão as águas, como se alguém as tivesse tingindo,
e se as bebíamos, eram água de salitre.

Miguel Léon-Portilla. *A conquista da América Latina vista pelos índios*. Petrópolis: Vozes, 1987. p. 17.

- É possível afirmar que o autor era indígena ou espanhol? Por quê?

DESAFIO

1. Mesmo depois de mais de 500 anos da chegada dos europeus à América, ainda existem comunidades indígenas vivendo em condições análogas à de escravidão. Faça uma pesquisa sobre as condições de trabalho das comunidades indígenas do estado onde você mora e registre suas conclusões no caderno.

CAPÍTULO 4

Outras colônias na América

No capítulo anterior, você estudou como ocorreu o processo de colonização dos indígenas na América Espanhola e as relações entre espanhóis e indígenas. Neste capítulo, você vai estudar a colonização da América pela França, Inglaterra e Holanda.

O interesse pela expansão marítima não era só de espanhóis e portugueses. Diante das notícias da chegada de Colombo à América, outros reinos também iniciaram projetos de navegação e exploração, principalmente pelo Atlântico Norte, pois também se consideravam no direito de explorar comercialmente terras que já eram habitadas por outros povos.

Viagens de expansão europeias (século XVI)

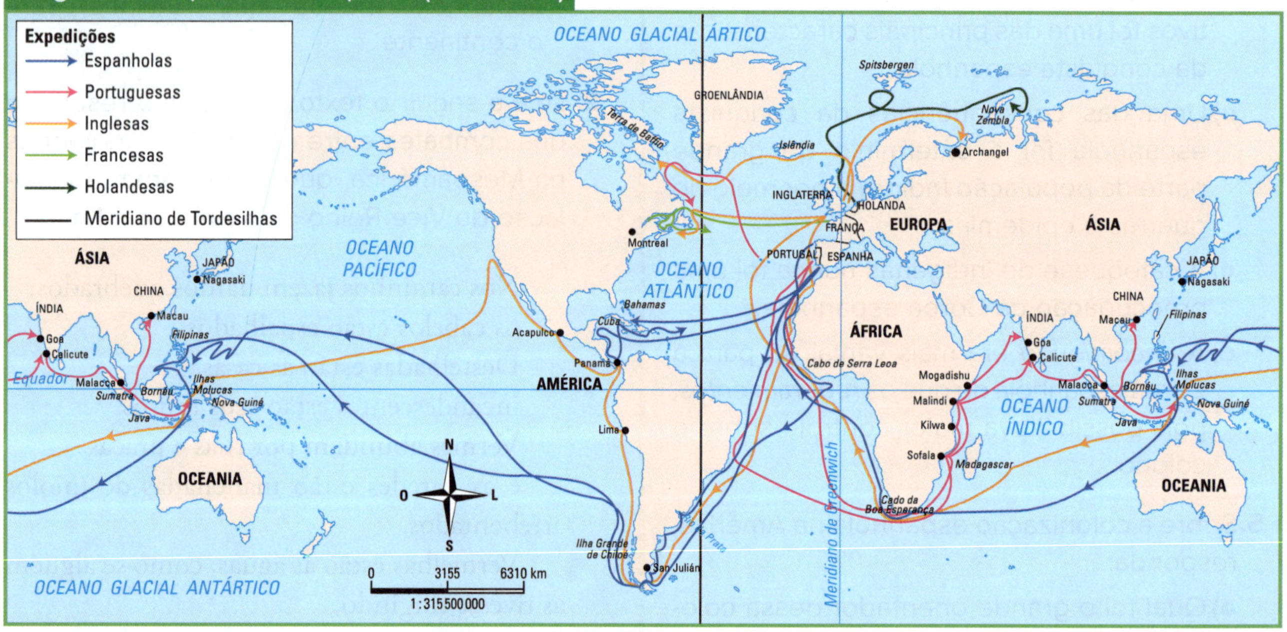

Fonte: Jeremy Black (Ed.). *World history atlas*. Londres: Dorling Kindersley, 2008. p. 80-81.

França

No início do século XVI, a França estava envolvida em conflitos políticos com a Inglaterra e religiosos com a Espanha. As primeiras **incursões** francesas à América foram de iniciativas privadas, apoiadas pela Coroa, e constituíram atos de pirataria contra as embarcações espanholas.

GLOSSÁRIO

Incursão: invasão; ataque.

Navegações francesas

O rei francês Francisco I financiou o navegador italiano Giovanni de Verrazzano, que chegou à região onde hoje é a Carolina do Norte, nos Estados Unidos, rumou pela costa atlântica e chegou ao local da atual cidade de Nova York e à área que hoje corresponde ao estado de Maine, fazendo contato com as populações locais.

Entre os anos de 1533 e 1541, o marinheiro francês Jacques Cartier realizou três expedições e explorou a costa norte de **Terranova**, fundando a cidade de Charlesbourg-Royal, com algumas centenas de franceses.

Já entre 1542 e 1544, foram realizados vários ataques de piratas franceses a cidades de colonização espanhola. Além disso, piratas e **corsários** franceses atacavam, com frequência, a frota que levava para a Espanha a prata explorada na América.

A partir de 1598, a França passou a incentivar a formação de empresas privadas, chamadas companhias, que tinham a garantia de monopólio no comércio de peles e se comprometiam a **assentar** famílias no território explorado. Contudo, algumas não cumpriram o pacto e outras não tiveram sucesso.

Colonização francesa

A primeira grande tentativa de colonização da França ocorreu entre 1555 e 1567, quando tentou estabelecer a colônia França Antártica na cidade do Rio de Janeiro. Posteriormente, entre 1612 e 1615, houve nova tentativa, desta vez, de estabelecer a colônia França Equinocial na cidade de São Luís, em homenagem ao rei francês Luís XIII.

As duas primeiras colônias francesas que prosperaram na América foram fundadas no território que viria a ser o Canadá: a Acádia, na atual Nova Escócia, em 1604, e o Quebec, em 1608. Os franceses conseguiram aliar-se aos principais povos que habitavam a região e posicionaram-se ao lado dos **hurões**, atacando os **iroqueses**. Este povo manteve-se hostil aos franceses e apoiou os ingleses durante as guerras entre Inglaterra e França, o que fez os franceses perderem territórios que viriam a fazer parte dos Estados Unidos.

Pouco tempo depois, a França decidiu apoiar mais firmemente seus primeiros empreendimentos, fundando, em 1627, a Companhia dos Cem Associados.

GLOSSÁRIO

Assentar: estabelecer-se em determinada cidade ou região.
Catequizar: transmitir ideias e ensinamentos religiosos.
Corsário: comandante de um navio destinado à operação de guerra.
Hurão: pertencente a um povo indígena da América do Norte.
Iroquês: pertencente a um povo indígena da América do Norte.
Terranova: região pertencente ao atual Canadá.

Entre os anos 1635 e 1670, padres franciscanos e jesuítas, com colonos, fundaram cidades e **catequizaram** os indígenas na região dos grandes lagos, atual Canadá, como a cidade de Montreal, em 1642. Já na América do Sul, a Guiana Francesa foi estabelecida em 1643, com a fundação da cidade de Caiena e, embora tenha havido algumas guerras contra ingleses e holandeses e ocupações territoriais por esses países, a Guiana continuou pertencendo à França.

Coleção particular, Kiel

↑ Antoine Roux. *Corsário francês no ataque*, 1800. Aquarela, 50 cm × 71,7 cm.

Inglaterra

As expedições marítimas inglesas foram fortemente influenciadas pelas relações entre a Inglaterra e a Espanha. O casamento de Filipe II, da Espanha, com Maria I, da Inglaterra, logo após o reinado de Henrique VII, facilitou a entrada de navios ingleses no comércio do Atlântico. Assim, os ingleses tornaram-se intermediários importantes no tráfico de africanos escravizados.

Woburn Abbey, Reino Unido

↑ Hans Eworth. *Filipe II e Rainha Maria I*, 1558.

Navegações inglesas

Antes do casamento de Maria I e Filipe II, em 1497, o rei da Inglaterra, Henrique VII, apoiou a proposta de um navegador italiano, Giovanni Caboto, conhecido como John Cabot, que tinha o mesmo objetivo de Colombo: chegar às Índias dando a volta na Terra pelo oeste. No entanto, ele o faria por uma rota ainda mais curta, porque iria pelo norte. Cabot planejava sair da Inglaterra costeando a Irlanda em direção à Ásia. Após iniciar viagem, em 24 de junho de 1497, Cabot chegou à costa leste do que seria conhecido como Terranova, no Canadá, e tomou posse da terra em nome do rei da Inglaterra e da Igreja Católica.

Depois da morte de Maria I e da crescente hostilidade entre sua herdeira, Elizabeth I, e o rei da Espanha, Filipe II, a Inglaterra concedeu ao navegador Francis Drake licença para continuar com as atividades comerciais na região do Caribe, contrariando os interesses dos espanhóis, que já atuavam na região. Drake tornou-se um dos piratas mais famosos e temidos, apoderando-se de navios espanhóis que carregavam a prata do Peru até a Espanha, da mesma forma que faziam os corsários franceses.

Em 1583, a Inglaterra tentou novamente encontrar um caminho de passagem até a Ásia pelo norte. O navegador John Davis apresentou um plano à rainha Elizabeth I para chegar à China pelo Polo Norte e, em 1585, iniciou sua viagem de exploração, chegando às costas da Groenlândia. Em 1589, ele chegou à Península do Lavrador, no Canadá, e voltou para a Inglaterra. Dessa experiência de Davis resultou o primeiro relato sobre os povos **inuítes**, seus hábitos e costumes.

Daniel Gale/Shutterstock.com

← Estátua de Francis Drake em Plymouth, Inglaterra.

GLOSSÁRIO

Inuíte: povo indígena que habita as regiões do Canadá, Alasca e Groenlândia.

Colonização inglesa

Em 1603, o rei escocês Jaime VI tornou-se rei da Inglaterra, passou a ser conhecido como Jaime I e, aproveitando-se das boas condições econômicas do país, iniciou o processo de colonização. Foram duas companhias: a Virginia London e a Virginia Plymouth. A primeira ficou encarregada de colonizar as terras entre o atual Cabo Fear e a região de Nova York. Já a segunda encarregou-se de cuidar do espaço entre a região da atual Flórida e o Rio Potomac. Um dos objetivos era encontrar novas terras férteis e escoar o excesso de mão de obra rural ociosa devido ao cercamento de terras. O outro objetivo era religioso: os peregrinos, um grupo de puritanos calvinistas, partiram a bordo do navio Mayflower e chegaram ao litoral de Massachusetts, onde fundaram New Plymouth (1620).

A expedição colonizadora inglesa mais conhecida foi a dos peregrinos, que fundaram Massachusetts em 1620. Seus ideais colonizadores foram marcados por princípios religiosos e fundamentados na Bíblia. Criou-se, entre os colonizadores desse local, uma moralidade pública profundamente cristã; assim, para ter acesso a qualquer cargo público, era preciso ser cristão honesto e praticante.

Foi dessa maneira que se instalaram as colônias de Virgínia, em 1607; New Hampshire, em 1623; Massachusetts, entre 1620 e 1630; e Maryland, em 1634. Esses empreendimentos não obtiveram total sucesso. A colonização foi realizada principalmente por meio de servidão temporária: os ingleses que embarcavam nos navios para a América, em troca das passagens, deveriam trabalhar gratuitamente para o comprador até saldar a dívida. Assim, já em 1635, as duas companhias tiveram suas licenças caçadas.

Outra grande corrente colonizadora, que também seguia preceitos religiosos, foi a dos *quakers*, liderados por William Penn, que fundou a Pensilvânia, onde se estabeleceram. Penn distribuiu terras gratuitamente, e muitos ingleses, além de alemães, holandeses e pessoas de outros lugares da Europa, dirigiram-se a essa nova colônia. Os *quakers* defendiam uma religião mais pessoal, partindo do princípio de que Deus pode iluminar qualquer pessoa, e eram a favor de maior tolerância religiosa.

Educação nas colônias inglesas

No processo de colonização, do mesmo modo que os espanhóis, os ingleses preocuparam-se com o sistema educativo. Contudo, diferentemente do ensino espanhol, o ensino inglês estava voltado apenas para os colonos, o que excluía os indígenas, e, inicialmente, concentrava-se no ensino básico, e não no universitário. Foi disposto por lei que nos povoados com mais de 50 famílias deveria haver um professor.

Coleção particular

↑ Antonio Gisbert. *A chegada de peregrinos*, c. 1864. Óleo sobre tela, 58 cm × 80,5 cm.

Nas colônias inglesas foram criadas sete instituições de ensino superior até 1764. A Harvard College começou a funcionar em 1637 e a Yale College, em 1718. É importante ressaltar que havia preocupação marcante com o ensino religioso, desde o primário até a universidade.

Holanda

Quando o imperador Carlos V, da Alemanha (nomeado rei da Espanha como Carlos I), renunciou a seus títulos em 1555, cedeu suas possessões nos Países Baixos a seu filho Filipe II da Espanha. Ao todo eram 17 províncias, reunidas em 1579 sob o nome de Províncias Unidas, que se estendiam da França até a Alemanha e estavam sob o domínio do Império Espanhol.

A partir de 1580, as Províncias Unidas entraram em guerra contra os espanhóis, lideradas principalmente pelas províncias da Holanda e atual Bélgica, que passaram a fazer parte da República das Sete Províncias Unidas, também chamada de República dos Países Baixos. Depois, essas províncias tornaram-se independentes e passaram a ser conhecidas como Holanda.

A região dos Países Baixos, que tinha uma forte organização mercantil em 1600, recebeu apoio econômico para intensificar o controle sobre os mercados dos principados alemães. Isso favoreceu ainda mais a economia daquela região, o que possibilitou que os Países Baixos se desvinculassem da Coroa espanhola.

Os mercadores ingleses e holandeses formaram duas companhias de comércio, a Companhia das Índias Orientais (EIC, na sigla em inglês) em 1602, e a Companhia das Índias Ocidentais (VOC, na sigla em holandês) em 1621, que permitiram aos holandeses também formar um império colonial.

Navegações holandesas

A partir de 1621, devido ao não reconhecimento de sua independência por parte da Espanha, os Países Baixos financiaram, por intermédio da Companhia das Índias Ocidentais, intervenções econômicas nas regiões de domínio espanhol e fizeram acordos com os portugueses.

No continente americano, eles fundaram a Nova Amsterdã (1624), no atual Estados Unidos, mais tarde transformada pelos ingleses em Nova York. Também ocuparam pequenas ilhas na região do atual Suriname, na América do Sul, e se estabeleceram no nordeste brasileiro (1630-1654).

Biblioteca do Congresso, Nova York

↑ Elmer Garnsey. *Nova Amsterdã*, 1912. Óleo sobre tela.
A cidade de Nova Amsterdã foi fundada pelos holandeses em um ponto estratégico para o comércio. Em 1664, os ingleses conquistaram a cidade e a rebatizaram de Nova York.

Colonização holandesa no Nordeste brasileiro

Inicialmente, uma frota conjunta das Províncias Unidas e da Companhia das Índias Ocidentais tomou a cidade de Salvador, na Bahia, em 1624, mas não resistiu ao contra-ataque hispano-português no ano seguinte.

Em 1630, as Províncias Unidas tomaram Recife e Olinda, ocupando a capitania de Pernambuco e seus 137 engenhos de açúcar. Em seguida, ocuparam também os territórios dos atuais estados do Rio Grande do Norte, Paraíba, Ceará, Sergipe e Alagoas.

Na ocupação da capitania de Pernambuco, a administração da nova colônia holandesa foi dada ao conde Maurício de Nassau, que construiu inúmeros canais e realizou diversas obras de infraestrutura na cidade do Recife. Além disso, Nassau concedeu créditos e promoveu leilões públicos de terras, fortalecendo a agricultura e o cultivo da cana-de-açúcar na região. Dessa forma, a capitania de Pernambuco tornou-se uma fonte de riqueza e lucros para as Províncias Unidas e a Companhia das Índias Ocidentais.

Em 1640, Portugal tornou-se independente da Espanha e, em 1641, assinou uma trégua de dez anos com as Províncias Unidas. Contudo, a paz não foi respeitada e as Províncias Unidas conquistaram o Maranhão.

Além de se apossar de terras brasileiras, os holandeses procuraram expandir seus negócios conquistando as principais áreas fornecedoras de africanos escravizados: São Jorge da Mina, Angola e São Tomé.

Entretanto, após enfrentar uma sequência de anos ruins para o cultivo da cana-de-açúcar, Maurício de Nassau foi demitido em 1644, e a Companhia das Índias Ocidentais passou a cobrar as dívidas dos proprietários de engenhos. Esse quadro desencadeou uma série de desentendimentos na capitania, que, aos poucos, transformou-se em um levante que ficou conhecido como **Insurreição** Pernambucana.

Os holandeses foram expulsos do Brasil em 1654.

GLOSSÁRIO

Insurreição: revolta contra o poder ou governo estabelecido.

Museu Nacional de Belas Artes, Rio de Janeiro

↑ Victor Meirelles. *Batalha dos Guararapes*, 1875-1879. Óleo sobre tela, 5 m × 9,25 m.
Os defensores do Império Português e o exército holandês entraram em confronto no Morro dos Guararapes, no atual Recife (PE). A vitória dos portugueses colocou fim ao período de domínio dos holandeses no Brasil.

O Tratado de Haia

Portugal e as Províncias Unidas selaram a paz somente em 1661, com o Tratado de Haia. Por esse acordo, Portugal cedia às províncias o comércio com o Brasil e a costa da África, de modo que os holandeses poderiam comercializar qualquer produto com o Brasil, exceto o pau-brasil. Portugal ainda teve de pagar às Províncias Unidas o equivalente a 4 milhões de cruzados portugueses, valor muito alto na época. Para termos ideia do quanto isso valia, é possível fazer a seguinte comparação: em 1656, a soma total da carga levada do Brasil pela Companhia do Comércio de Portugal foi estimada em 8 milhões de cruzados, ou seja, metade desse valor foi dado às províncias.

FORMAÇÃO CIDADÃ

A colonização holandesa no Nordeste brasileiro foi marcada pela construção de palácios, pontes e escolas. Durante esse período, as regiões de dominação holandesa tiveram uma ligeira liberdade religiosa. Contudo, nesses locais a estrutura econômico-social era tão exploratória quanto aquela empreendida por Portugal. Pensando nisso, reflita e registre no caderno a respeito da presença holandesa nessa região.

AQUI TEM MAIS

Os piratas do Atlântico

No começo do século XVII aumentou o fluxo de cargas valiosas da América para a Europa. Cientes disso, centenas de marinheiros de vários países passaram a buscar essas riquezas para uso próprio. A pirataria durou até o século XIX, quando os países que conquistaram a independência começaram a combater essa prática.

No entanto, não eram apenas piratas isolados que vagavam pelos mares; países como Grã-Bretanha, França e Holanda, excluídos do Tratado de Tordesilhas, patrocinavam os próprios piratas: os corsários. O acordo possibilitava aos países economizar na construção de navios e no pagamento para tripulação, enquanto os piratas tinham a liberdade de atacar navios portugueses e espanhóis.

Os corsários eram tão bem-vistos em seus países de origem que alguns chegaram ao posto de nobreza. É o caso de Francis Drake, que nasceu plebeu, mas, após saquear diversos navios espanhóis na região do Caribe, ganhou um título real da rainha Elizabeth I.

National Maritime Museum, Londres

↑ Marcus Gheeraerts. *Retrato de Sir Francis Drake*, 1591. Óleo sobre painel, 116,9 cm × 91,4 cm.

1. Quem eram os corsários?

2. O que possibilitou o fim da pirataria na América?

LINK Canadá francês e inglês

A presença francesa na América foi menor do que a de ingleses e bem mais contida do que a de espanhóis e portugueses. Os franceses tentaram, por duas vezes, ocupar territórios pertencentes a Portugal: hoje são o Rio de Janeiro e o Maranhão. Um século após a segunda derrota, a do Maranhão, os franceses voltaram suas atenções para o norte da América.

Lá, estabeleceram contatos com nativos locais. Eles deixavam jovens franceses para que aprendessem a língua e os costumes nativos e levavam jovens indígenas para a França, a fim de aprenderem os hábitos e a língua francesa. Esses intérpretes franceses foram fundamentais para o estabelecimento das primeiras relações comerciais com os povos locais. Os franceses entenderam a importância de respeitar os costumes nativos e seguiam os protocolos exigidos, o que fortaleceu os laços com os povos daquela região. O comércio foi decisivo na manutenção dessas alianças.

Os ingleses também colonizaram a região. Depois de algumas disputas territoriais, ficaram estabelecidos os espaços de ocupação franceses e ingleses por meio de tratados de limites. Essa presença simultânea fez do Canadá um país marcado por duas culturas distintas, uma francesa e outra inglesa, com dois idiomas oficiais, o inglês e o francês, ainda com predominância do primeiro.

A presença simultânea de duas culturas, que foram marcadas por rivalidades históricas, não foi sempre pacífica. Ainda que a maior parte do país tenha raízes inglesas, as regiões francesas se fazem bem presentes na política e na economia canadenses, com destaque para a província de Quebec, ao leste do país. Ela tem cerca de 15% do território e quase 25% da população canadense.

Desde a segunda metade do século XX, existe um movimento separatista em Quebec. Os habitantes da província dividem-se entre os que querem a separação do restante do país e os que preferem a manutenção com a federação, com base nas diferenças culturais – essa divisão é quase de 50% a 50%. Por duas vezes, houve a convocação de um referendo e, tanto em 1980 quanto em 1995, a vitória foi favorável à união com o restante do país.

Milosk50/Shutterstock.com

Anoitecer nas ruas de Quebec, Canadá.

1. De que forma a ocupação dos territórios no norte do continente americano por duas culturas influenciou a formação do Canadá?
2. Por que existe um movimento separatista no Canadá? Explique-o.

ATIVIDADES

NO CADERNO

SISTEMATIZAR

1. No que consistia o projeto de colonização francesa na América?

2. Como foi a atuação das companhias Virginia London e Virginia Plymouth?

3. Explique por que a colonização realizada pelos *quarkers* foi mais tolerante religiosamente do que a dos peregrinos.

4. Sobre os holandeses no Brasil, reescreva no caderno a alternativa correta.

a) Os holandeses eram parceiros comerciais de Portugal, auxiliando-o em todo o processo, desde a extração da cana-de-açúcar em solo brasileiro até o refino e a venda do açúcar na Europa.

b) Os holandeses foram proibidos de comercializar o açúcar após um acordo comercial que colocou a Espanha em seu lugar.

c) Os holandeses invadiram o Nordeste e o Centro-Oeste brasileiros e permaneceram lá de 1630 a 1654.

d) Durante a colonização holandesa, o Nordeste atingiu o auge da produção de açúcar.

e) Os holandeses foram expulsos pelos indígenas, ainda fortemente presentes na área não colonizada.

5. Qual foi a relação entre a expansão marítima holandesa e a dominação do Império Espanhol?

REFLETIR

1. Leia o trecho a seguir.

> Até o começo da década de 1640 mais de 20 mil homens e mulheres estabeleceram uma forte colônia de puritanos na Nova Inglaterra. [...] Há quem diga que foi nessa época que o "verdadeiro americano" plantou suas raízes. [...] Acreditavam na soberania de Deus sobre todas as coisas e que a depravação era inata do ser humano. Mas a graça divina podia, por meio de sinais, indicar se alguém estava salvo ou condenado. O sistema de governo era formado por um grupo de "santos", que impunham uma rígida ordem social e moral. [...]
>
> Antonio Pedro Tota. *Os americanos*. São Paulo: Contexto, 2009. p. 19-20.

De acordo com o texto, explique a importância da religião para os puritanos que se estabeleceram no continente americano.

2. Observe o quadro *Batalha dos Guararapes*, de Victor Meirelles, que está na página 143, e, em seguida, faça o que se pede.

a) Qual foi sua primeira impressão a respeito da obra? Identifique e explique a principal função dela.

b) Quem são os grupos de personagens sociais representados?

c) Levando em consideração especificamente a batalha retratada, o que podemos interpretar com relação à formação étnica do Brasil?

3. Analise a imagem.

Jan Veenhuysen. *Companhia das Índias Ocidentais em Amsterdã*, 1665. Gravura, 11,8 cm × 13,9 cm.

- Quais são os elementos que explicam o papel da Companhia das Índias Ocidentais?

4. Leia o texto a seguir e responda à questão.

São os portugueses que antes de quaisquer outros se ocuparão do assunto. Os espanhóis, embora tivessem concorrido com eles nas primeiras viagens de exploração, abandonarão o campo em respeito ao Tratado de Tordesilhas (1494) e à bula papal que dividira o mundo a se descobrir por linhas imaginárias entre as coroas portuguesa e espanhola. O litoral brasileiro ficava na parte lusitana, e os espanhóis respeitavam seus direitos. O mesmo não se deu com os franceses, cujo rei (Francisco I) afirmaria desconhecer a cláusula do testamento de Adão que reservava o mundo unicamente a portugueses e espanhóis. Assim eles virão também, e a concorrência só resolveria pelas armas.

Caio Prado Jr. *História econômica do Brasil.* São Paulo: Brasiliense, 1967.

- De acordo com o texto, explique por que a Coroa francesa achava legítimo seu interesse em obter colônias na América.

5. Com base no texto, responda à questão.

A instalação e a atividade de um engenho eram operações custosas que dependiam da obtenção de créditos. No século XVI, pelo menos parte desses créditos provinha de investidores estrangeiros, flamengos e italianos, ou da própria metrópole.

Boris Fausto. *História do Brasil.* São Paulo: Edusp; FDE, 1997.

- Explique como o Brasil adquiriu recursos financeiros, nos primeiros anos da colônia, para implementar a produção de açúcar no Nordeste.

DESAFIO

1. A pirataria em alto-mar não ficou restrita apenas a fatos dos séculos XVI e XVII. Na primeira década do século XXI, houve ataques de piratas somalis na costa do Chifre da África. Faça uma pesquisa sobre a pirataria contemporânea e compare as informações com a pirataria praticada nos séculos XVI e XVII.

FIQUE POR DENTRO

Companhia das Índias, um negócio da Holanda!

Coleção particular

Coenraet Decker. *A captura de Cochim e a vitória do holandês V.O.C. sobre os portugueses em 1663 na costa de Malabar*, 1682. Gravura (detalhe).

Em 1593, o holandês Jan Huygen van Linschoten, funcionário de Amsterdã a serviço do arcebispo de Goa, na Índia, retornou a sua terra natal. Esse fato não teria nenhuma importância histórica se Linschoten não tivesse escrito um livro em que relatava as maravilhas que viu no Oriente. Ele detalhou lugares onde espanhóis e portugueses ainda não haviam chegado e nos quais abundavam riquezas e mercadorias de alto valor comercial.

As Províncias Unidas, recém-libertadas da Espanha, decidiram investir nessa nova possibilidade comercial. Assim, nove mercadores de Amsterdã associaram-se e fundaram uma pequena companhia para financiar expedições. A primeira viagem, em 1595, foi um fracasso, mas os mercadores não desistiram: reuniram mais associados e, em 1602, fundaram a Vereerigde Neederlandstche Geocitoyeerde Oast Indische Compagnie, conhecida por nós como Companhia das Índias Orientais, com sede em Amsterdã.

GLOSSÁRIO

Capital: conjunto de bens de uma empresa.

Essa nova empresa, dotada de muito mais **capital** que a anterior, passou a organizar o mercado de trocas, equipar navios para viagens mercantis, regular as expedições e as vendas e organizar o lucro de todos os acionistas. Sua estrutura ordenada possibilitava o envio de 30 a 35 embarcações por ano, um número formidável para o século XVII.

Uma viagem de navio da Companhia das Índias demorava muitos meses, em alguns casos, o navio podia demorar dois anos para retornar a Amsterdã. Tudo dependia das rotas, que ainda não eram bem conhecidas e estabelecidas, e das condições naturais. Algumas vezes, esperava-se muito tempo até as condições do vento estarem favoráveis à viagem. Entretanto, esses problemas não eram só dos holandeses; portugueses, espanhóis, ingleses e outros europeus tinham as mesmas dificuldades.

Coleção particular

↑ Retrato de Jan Huygen van Linschoten, 1594. Gravura holandesa de autoria desconhecida pintada à mão, 28 cm × 18 cm.

A Companhia das Índias Orientais iniciou o comércio marítimo muito depois dos portugueses, mas, pela habilidade de negociação dos holandeses, característica desse povo desde a Idade Média, eles ascenderam rapidamente e eliminaram a concorrência portuguesa em quase toda a região da Ásia, tornando-se quase retentores do monopólio no comércio com as Índias.

Dominado o comércio, logo surgiram as colônias e, em seguida, o interesse em expandir para o Ocidente. Assim, em 1621, surgiu a Companhia das Índias Ocidentais, formada por calvinistas e outros protestantes que buscavam escapar da perseguição religiosa na Europa. A eles foi concedido o monopólio do comércio e do tráfico de africanos escravizados nas colônias holandesas ocidentais.

1. Para a Holanda, quão importante foi o papel desempenhado pela Companhia das Índias Orientais? Explique.

LABORATÓRIO DA HISTÓRIA

Histórias em quadrinhos

Há muito tempo, a humanidade utiliza imagens para contar histórias. Você se lembra, por exemplo, das pinturas rupestres na Pré-História? E das pinturas nas igrejas medievais?

Provavelmente, você já leu uma história em quadrinhos, como *Turma da Mônica, Tio Patinhas* ou *Zé Carioca*. Você pode perceber que elas são formadas por imagens – desenhos –, são fragmentadas e geralmente têm balões com textos. Esse formato de história foi criado em 1895 pelo artista estadunidense Richard Outcault e é um veículo de entretenimento e comunicação até os dias atuais.

GLOSSÁRIO

Amador: pessoa inexperiente em alguma coisa.

As histórias em quadrinhos podem ser fantásticas ou baseadas em acontecimentos históricos. Você já leu uma revista ou livro em quadrinhos relacionado à História? Os quadrinhos que compramos em livrarias ou bancas de jornais são feitos por profissionais, mas qualquer pessoa pode fazer uma história em quadrinhos de forma **amadora**, desde que tenha conhecimento do que vai retratar, uma história para contar, personagens e diálogos. É isso que vamos aprender nesta atividade!

Mas qual será nossa história?

Neste tema, você viu que houve um encontro entre culturas muito diferentes: os europeus e os povos nativos no decorrer da colonização da América, não é mesmo? Que tal imaginar como seria um encontro com um grupo de pessoas de uma cultura muito diferente da sua nos dias atuais?

Editora Abril

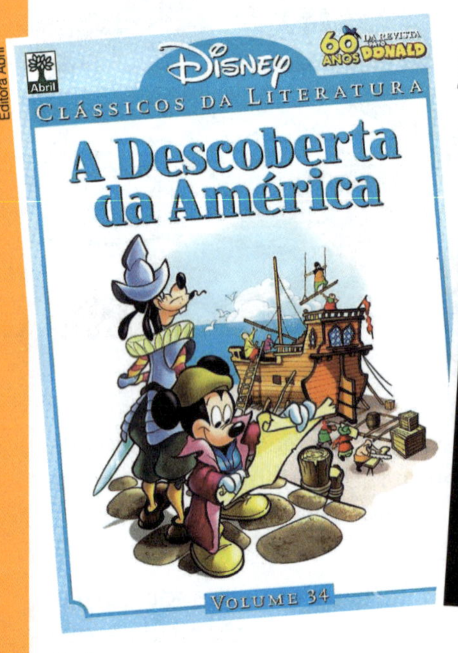

Panini Livros

Editora Nemo

↑ →
Da esquerda para a direita: *Clássicos da Literatura Disney: a descoberta da América*. São Paulo: Abril, 2011; Neil Gaiman. *1602*. São Paulo: Panini Livros, 2007; Lilo Parra. *Descobrindo um novo mundo*. São Paulo: Nemo, 2014.

Passo a passo

1. Com o auxílio do professor, forme um grupo de trabalho com alguns colegas para a elaboração da história em quadrinhos, cujo tema será "Diferenças culturais no mundo contemporâneo".
2. Em sala de aula, com o professor, a turma toda deve preparar um modelo de roteiro de perguntas genéricas para todos os povos pesquisados. Por exemplo:
   - Quem são?
   - Onde vivem?
   - Como moram?
   - O que comem?
   - Têm rituais (festas, casamentos, funerais)?
   - Como criam seus filhos?
   - Como se relacionam?

   Registrem no caderno o roteiro para ser preenchido.
3. Pesquise com seu grupo povos de culturas diferentes no mundo contemporâneo.
4. Escolha um povo a ser trabalhado e reúna um número relevante de informações sobre ele.
5. Em seguida, seu grupo deve escrever um texto coletivo contando a forma de viver do povo que escolheu. Esse texto será avaliado pelo professor.

Pronto! Com todas essas informações, vocês já podem elaborar uma criativa história em quadrinhos!

Finalização

1. Converse com os colegas de seu grupo e, juntos, definam que história contarão nos quadrinhos, quais serão os personagens e os diálogos entre eles. O objetivo é desenhar uma história que aborde o contato de um de nós (um brasileiro de nossos dias) com uma pessoa ou grupo de pessoas do povo escolhido.
2. Dividam as tarefas da atividade entre os membros do grupo. Quem desenhará a história em quadrinhos? Quem fará a divisão dos quadros? Quem escreverá o título da história? Quem escreverá os diálogos? Quem escreverá o texto? etc.
3. Em uma cartolina, desenhem, caprichosamente, a história em quadrinhos de seu grupo.
4. Em papel A4, reescrevam, de forma legível e cuidadosa, o texto que vocês elaboraram sobre o povo escolhido e o afixem ao lado da história em quadrinhos. O texto servirá de informação a todas as pessoas.
5. As histórias em quadrinhos e seus textos informativos podem ser fixados na sala de aula ou, se possível, em um mural da escola, para que todos tomem conhecimento de que no mundo atual existem pessoas vivendo de forma muito diferente.

Bom trabalho!

PANORAMA

FAÇA AS ATIVIDADES A SEGUIR E REVEJA O QUE VOCÊ APRENDEU.

NO CADERNO

1. Identifique os elementos que levaram Portugal a se lançar à expansão marítima.
2. Pesquise e responda:
   a) De acordo com o conteúdo estudado neste tema, o que eram os códices e quem os produzia?
   b) O que isso informa sobre o uso de códices como documentos históricos?
3. No período da colonização, o que a América representava para os europeus?
4. Observe a imagem e responda às questões.

Serviço de Defesa Histórico da Marinha, Vincennes

Theodore de Bry. *Espírito diabólico atacando os selvagens*, 1562. Gravura colorida.

   a) O que a obra retrata?
   b) Como é possível interpretar a representação do autor sobre os indígenas da América?
5. Elabore um texto relatando os acontecimentos da invasão espanhola na América. Considere como os indígenas enxergaram os espanhóis a princípio, como foram tratados e o que ocorreu com sua cultura.
6. Leia o trecho e responda às questões.

> Pois assim aconteceram as coisas: enquanto se está desfrutando da festa, ora com baile, ora com canto, emendando um canto no outro, os cantos são como um estrondo de ondas, neste exato momento os homens de Castela decidem matar o povo. [...] Imediatamente cercam os que dançam, atiram-se sobre o lugar dos atabaques: deram uma cutilada no que estava tocando: cortaram-lhe ambos os braços. Logo o decapitaram: longe foi cair sua cabeça cortada. Já então começaram a passar a todos ao fio das espadas, ferindo com lanças e espadas.
>
> Alguns foram atacados por trás; imediatamente caíram deixando dispersos na terra suas entranhas. A outros lhes dilaceraram a cabeça; lhes cortaram a cabeça imediatamente despedaçada caiu sua cabeça.

Miguel Léon-Portilla. *A conquista da América Latina vista pelos índios: relatos astecas, maias e incas.* Petrópolis: Vozes, 1987. p. 31-33.

   a) Qual é o tema abordado?
   b) O trecho retrata um aspecto constante no processo de colonização da América? Explique.

7. Leia o texto a seguir e responda às questões.

[...] Com efeito, a conquista em seu sentido mais amplo de dominação total [...] de uma eliminação dos vencidos, realmente não chegou a realizar-se. Esse fracasso relativo do vencedor tem sido colocado de lado pela questão da miscigenação que permitiu o nascimento de uma nova sociedade, o que justificaria pensar que a conquista hispânica concretizou-se plenamente. Mas "plenamente", aqui, só pode ter o sentido que os espanhóis davam-lhe no século XVI, isto é, civilizar os índios de acordo com os padrões peninsulares; evangelizá-los ao ponto de eliminar as religiões americanas; transformá-los em verdadeiros vassalos do rei e conseguir todo o metal precioso possível. Na prática, só se conseguiu o último, pois os outros objetivos realizaram-se muito precariamente. Agora, esse relativo fracasso não pode ser debitado apenas aos conquistadores [...], mas também à ação destes [os índios], que opuseram diversas formas de resistência, a começar pela militar até as sub-reptícias, como a ruptura da comunicação verbal.

Héctor Hernan Bruit. *Bartolomé de Las Casas e a simulação dos vencidos*. Campinas: Edunicamp; São Paulo: Iluminuras, 1995. p. 152.

a) Segundo o texto, quais eram as intenções dos espanhóis na colonização da América? Quais delas foram concretizadas?

b) O fracasso da maioria dos objetivos dos espanhóis é atribuído a quais fatores? Você concorda com eles? Justifique sua resposta.

8. De que modo a religião influenciou o início da colonização inglesa da América do Norte?

9. Leia o texto a seguir e responda às questões.

Quando os holandeses se lançam mundo afora, têm um projeto simples: ganhar dinheiro. Jesus Cristo está ausente de suas preocupações, evangelizar não lhes interessa. Aproveitam o enfraquecimento dos portugueses para substituí-los; ou por outra, para negociar em melhores condições, e no lugar deles. A Companhia Holandesa das Índias Orientais tornou-se uma verdadeira potência, que não hesitava, se necessário, em fazer uso de canhões contra rivais que queria afastar [...]. Mas o governador da companhia da Insulíndia, Jan Pieterszoon Coen, compreende depressa que aquele comércio com entrepostos, à moda portuguesa, não poderia sobreviver se não fosse reforçado por um povoamento permanente. Era preciso colonizar.

Marc Ferro. *História das colonizações*. São Paulo: Companhia das Letras, 1996. p. 65.

a) Qual é a particularidade da expansão marítima holandesa?

b) Relacione o texto à presença holandesa no nordeste brasileiro.

DICAS

▶ ASSISTA

Até a chuva. Espanha; México; França, 2010. Direção: Icíar Bollaín, 130 min.
O filme conta a história de dois cineastas que pretendem gravar um filme sobre a chegada de Cristóvão Colombo à América.

LEIA

A civilização inca, de Henri Favre; **A civilização maia**, de Paul Gendrop; **A civilização asteca**, de Jacques Soustelle (Editora Zahar).

Os três volumes que formam a coleção **Civilizações Pré-Colombianas** fazem um apanhado das grandes civilizações ameríndias. Cada volume é dedicado a um povo e aborda desde a formação da sociedade, as características e curiosidades até seu declínio, com a chegada dos conquistadores europeus.

Frans Post. *Engenho de açúcar cortado por um rio*, c. 1650-1655. Óleo sobre tela, 1,17 m × 1,67 m. Detalhe.

TEMA 6

A formação da América Portuguesa

Museu do Louvre, Paris.

NESTE TEMA

VOCÊ VAI ESTUDAR:

- a chegada dos portugueses à América e o processo de colonização;
- a exploração do pau-brasil e o início da produção de açúcar na América Portuguesa;
- o Brasil holandês e a sociedade açucareira.

Ocupar o território conquistado, manter as terras seguras e torná-las as mais produtivas e lucrativas possíveis, esse era o maior desejo da Coroa portuguesa ao se fixar na América. Para tanto, precisava organizar-se estruturalmente, estabelecer uma unidade administrativa no território e buscar meios para alcançar o lucro desejado.

Observe a imagem. Que lugar é esse? Quem são essas pessoas? Quais atividades elas estão executando? Isso pode ter conexão com os rumos que Portugal deu à colonização de suas terras na América?

CAPÍTULO

1 A frágil presença portuguesa

Neste capítulo, você vai estudar a chegada dos portugueses à América, a exploração do pau-brasil e o ataque dos corsários franceses aos portugueses.

Pioneirismo português

Desde o final da Idade Média, os monarcas portugueses buscavam ampliar os horizontes comerciais. Localizados estrategicamente numa península, abastecidos de bons portos e navegadores experientes, os portugueses desempenharam papel fundamental no processo de Expansão Marítima europeia.

Porém, navegar nos séculos XV e XVI era arriscar-se em embarcações ainda precárias para enfrentar mares desconhecidos. Acrescenta-se ainda que, à época, era muito comum acreditar que o mar fosse habitado por variadas formas de monstros.

O período que separa a conquista por mar da cidade de Ceuta, no norte da África, em 1415, à chegada da esquadra marítima de Pedro Álvares Cabral ao território que viria a ser o Brasil, em 1500, foi marcado por muitas viagens e aventuras de diversos navegadores. Gil Eanes contornou o Cabo Bojador, Bartolomeu Dias alcançou o Cabo das Tormentas e Vasco da Gama chegou, em 1492, às Índias. Para os feitos desses navegadores, contribuíram o aperfeiçoamento da cartografia e de técnicas de navegação, como o surgimento de novos instrumentos náuticos; e a criação de novas embarcações, como a caravela.

A viagem que resultou na chegada dos portugueses às terras que viriam a formar o Brasil começou em março de 1500, quando a esquadra partiu do Porto do Restelo, na cidade de Lisboa, em Portugal. O comandante português Pedro Álvares Cabral foi o escolhido pelo rei D. Manuel para chefiar a expedição. Cabral era um nobre da confiança do rei e, provavelmente, já sabia da existência daquelas que foram chamadas de "terras do além-mar".

Alguns mapas da época, por exemplo, já assinalavam a suposta existência de ilhas a oeste dos arquipélagos de Cabo Verde, Madeira e Açores. Em 1492, o navegador genovês Cristóvão Colombo havia convencido a Coroa espanhola de que, navegando em direção ao ocidente, seria possível chegar às Índias. Portanto, Cabral fora orientado a atestar a posse de qualquer território que **porventura** viesse a encontrar em sua viagem.

GLOSSÁRIO

Porventura: por acaso, por coincidência, por casualidade.

Bibliothèque interuniversitaire de Santé, Paris

Sebastian Münster. Monstros marinhos e terrestres. Gravura publicada em *Cosmographiae universalis libri VI*, 1552.

A chegada à América

Navegadores experientes, alguns portugueses estavam convictos de que, rumando para o sudoeste, as embarcações saídas de Lisboa seriam conduzidas pelas correntes marítimas e pelos ventos em direção a novas terras.

Assim, em 22 de abril, pouco mais de um mês e meio após a partida, a esquadra de Cabral desembarcou na costa do atual estado da Bahia e encontrou diferentes grupos indígenas habitando o local. Começava ali um processo de domínio, conquistas e intercâmbio cultural entre europeus e nativos das terras da América.

Um dos membros da esquadra cabralina era o escrivão Pero Vaz de Caminha, que descreveu os nativos e as maravilhas da terra em carta enviada em uma das caravelas de volta a Portugal para comunicar o ocorrido ao rei D. Manuel. As demais embarcações partiram em direção a Calicute, nas Índias.

O interesse da Coroa portuguesa estava ligado ao lucro que as novas terras poderiam oferecer, mas Cabral não viu indícios da existência de metais preciosos; então, era preciso achar algo que satisfizesse esse interesse. Como veremos adiante, o primeiro produto com o qual os portugueses obteriam lucro e que justificaria o interesse nas terras recém-encontradas foi o pau-brasil.

Museu Paulista da Universidade de São Paulo, São Paulo

Oscar Pereira da Silva. *Desembarque de Pedro Álvares Cabral em Porto Seguro em 1500*, 1922. Óleo sobre tela, 1,9 m × 3,3 m.

CURIOSO É...

A Carta de Pero Vaz de Caminha

Carvall

A Carta de Pero Vaz de Caminha é um dos documentos mais importantes sobre a chegada dos portugueses. Essa carta, porém, ficou esquecida na Torre do Tombo, em Portugal, até 1817, entre vários documentos e papéis do tempo das expedições ultramarinas empreendidas pelo país.

Além da carta de Caminha, outros dois relatos fazem parte da narrativa escrita na chegada dos portugueses: a carta de Mestre João, físico-mor da frota de Cabral, e uma carta de um piloto anônimo.

Quanto, Senhor, ao sítio desta terra, mande Vossa Alteza trazer um mapa-múndi que tem Pero Vaz Bisagudo e por aí poderá ver Vossa Alteza o sítio desta terra; mas aquele mapa-múndi não certifica se esta terra é habitada ou não; é mapa dos antigos e ali achará Vossa Alteza escrita também a Mina.

Mestre João Faras. *A carta de Mestre João Faras*. Disponível em: <www.dominiopublico.gov.br/download/texto/cv000010.pdf>. Acesso em: jan. 2019.

O pau-brasil, a riqueza natural

Logo que os portugueses chegaram às terras que formariam o Brasil, a Coroa não tinha recursos para financiar a colonização. Dessa forma, o objetivo de Portugal continuava sendo a obtenção de riqueza proveniente do comércio de mercadorias da África e das Índias. Por isso, os comerciantes portugueses viram no pau-brasil uma proposta de comércio vantajosa, pois sua extração não envolvia um grande custo com mão de obra nem necessitava de obras estruturais, e ainda proporcionava um retorno satisfatório.

Nessas terras, havia grande quantidade dessas árvores, principalmente na região da Mata Atlântica, entre os litorais dos atuais estados do Rio Grande do Norte e Rio de Janeiro. O pau-brasil tinha muito valor na Europa; sua madeira, de ótima qualidade, era usada para a confecção de móveis e fornecia um corante bastante usado na fabricação de tecidos.

Além disso, as sociedades indígenas que povoavam a região litorânea conheciam muito bem o território e se tornaram fundamentais na extração da lucrativa madeira nativa. Já a partir de 1500, a América passou a fazer parte da rota marítima dos europeus que vinham buscar a madeira avermelhada, muito útil e valorizada na Europa.

Entre 1500 e 1530, a extração do pau-brasil foi o recurso natural mais explorado nas terras que viriam a formar o Brasil. Os indígenas derrubavam as árvores e as levavam até as feitorias, ou seja, os armazéns fortificados no litoral, onde ficavam alguns homens da Coroa (cerca de 10 a 20), encarregados de intermediar as negociações entre os indígenas e os "brasileiros", como eram então chamados os comerciantes de pau-brasil.

O negócio que envolvia o pau-brasil era altamente lucrativo para os portugueses, pois eles trocavam, com os indígenas, produtos como espelhos e machados pela madeira.

O trabalho dos indígenas foi muito importante para a atividade econômica desenvolvida nas terras que hoje formam o Brasil. Como os europeus não se aventuravam para longe da costa e chegavam em pequeno número, eram os indígenas que derrubavam as árvores, cortavam e transportavam a madeira de pau-brasil.

Instituto de Estudos Brasileiros/IEB, Universidade de São Paulo

↑Lopo Homem, Pedro Reiunel e Jorge Reiunel. *Terra Brasilis*, 1519. Manuscrito iluminado sobre pergaminho. 41,5 cm × 59 cm.

Expedições de reconhecimento

Quando tomou conhecimento das terras "descobertas" por Cabral, o rei de Portugal não tinha interesse em colonizar a nova terra, pois isso demandava povoamento e organização política e econômica da região.

Naquele momento, Portugal estava interessado no comércio de especiarias asiáticas, e dedicou pouca atenção às novas terras, enviando apenas expedições de reconhecimento do novo território.

As primeiras expedições receberam o nome de **expedições exploradoras**. A primeira chegou ao litoral em 1501, comandada por Gaspar de Lemos e Américo Vespúcio. O objetivo era fazer uma exploração geográfica do litoral.

Com base nesse reconhecimento, o rei de Portugal percebeu que a região não teria o aproveitamento econômico conseguido com o comércio asiático. Sem ouro, prata ou especiarias, os primeiros viajantes relataram apenas presença abundante de pau-brasil.

A segunda expedição foi enviada em 1503, sob o comando de Gonçalo Coelho, e contou novamente com a presença de Américo Vespúcio. Com essa expedição foi organizada por Vespúcio a primeira entrada ao interior. No retorno a Portugal, as naus voltaram carregadas de pau-brasil.

Biblioteca Nacional da França, Paris

Mapa ilustrado que mostra os indígenas extraindo o pau-brasil. Giovanni Battista Ramusio. *Brasil*, 1556. Mapa, 27,4 cm × 38 cm.

Expedições guarda-costas

Durante esses primeiros anos de exploração da costa das terras encontradas pelos portugueses, corsários franceses, com o apoio do rei Francisco I, praticavam intensa troca com os indígenas. Essa situação foi um dos primeiros problemas enfrentados pelos portugueses, pois exigiu que eles defendessem as novas terras da constante presença francesa.

Para tanto, a primeira solução dos portugueses foi organizar as expedições guarda-costas, cujo objetivo era proteger o território das incursões piratas, tarefa quase impossível diante da extensão da costa brasileira. Ao fiscalizar determinada região, outras tantas ficavam desprotegidas e **à mercê** da pirataria e do escambo dos franceses com os povos indígenas.

Além disso, os franceses usaram a rivalidade dos grupos indígenas a seu favor. Aliaram-se aos tupinambás para combater os tupiniquins, que eram aliados dos portugueses. Entretanto, os franceses foram derrotados e os tupinambás, massacrados.

GLOSSÁRIO

À mercê: exposta; à disposição.

A fim de garantir o monopólio na exploração da costa e expandir esse processo para outros recursos naturais, a Coroa portuguesa foi se rendendo ao fato de que era necessário iniciar a efetiva colonização das terras na América.

LINK O pau-brasil

A extração do pau-brasil é considerada a primeira atividade econômica realizada pelos portugueses na América. Contando com uma casca pardo-acinzentada ou pardo-rosada, a árvore do pau-brasil era utilizada pela população indígena na produção de arcos e flechas e na pintura de enfeites.

Já para os portugueses, a madeira do pau-brasil interessava porque era possível extrair dela material para tingir roupas, ou seja, produzir tinta. A técnica de se tirar corante de árvores já era conhecida na Europa devido ao comércio de uma variedade de pau-brasil encontrada na região da Tailândia, nas Ilhas Molucas e no Japão.

Edson Grandisoli/Pulsar Imagens

↑ Atualmente, são encontradas algumas árvores de pau-brasil em locais de preservação. Na fotografia, pau-brasil localizado na cidade de São Paulo (SP).

Dessa forma, cientes da riqueza natural que haviam encontrado, os governantes portugueses estabeleceram, logo em 1511, o monopólio da comercialização da madeira. O primeiro português a usufruir dessa concessão foi Fernando de Noronha, que obrigava os comerciantes que desejavam o recurso a construir e conservar feitorias na costa brasileira.

Não somente os portugueses extraíam a madeira; alguns povos nativos também cortavam as árvores em troca de material europeu. Extraoficialmente, corsários franceses praticavam o escambo com indígenas e destruíam as florestas por meio de queimadas.

A exploração do recurso foi tão intensa nos primeiros anos da colonização que, já em 1530, praticamente não havia mais pau-brasil em algumas regiões do litoral. Do início de seu tráfico até 1875, quando a última remessa oficial de pau-brasil foi feita à Europa, a Mata Atlântica, que antes dominava o litoral nacional, foi reduzida a cerca de 3%, e o pau-brasil foi considerado extinto pouco depois.

Porém, por volta de 1928, uma árvore da espécie foi encontrada em São Lourenço da Mata, no estado de Pernambuco. Buscando preservar a árvore que dá nome ao país, uma série de medidas vem sendo tomada, entre elas: a adoção da árvore como símbolo nacional, em 1978; a criação de um dia específico para ela, 3 de maio; e a implantação de diversos bosques, como o localizado no Jardim Botânico de São Paulo.

Apesar do número reduzido de árvores da espécie no país, o pau-brasil continua sendo explorado, principalmente para a fabricação de móveis de luxo, uma vez que sua madeira, além da cor diferente, não é consumida por cupins e outras pragas. Além disso, o pau-brasil está sendo pesquisado pela ciência para uso medicinal, pois é composto de substâncias anti-inflamatórias e capazes de reduzir tumores.

1. Por que o pau-brasil era tão desejado na Europa do século XVI?
2. Quais foram os resultados da intensa exploração do pau-brasil pelos portugueses?

ATIVIDADES

NO CADERNO

SISTEMATIZAR

1. Por que Pedro Álvares Cabral foi escolhido para chefiar uma expedição para as Índias?
2. Como era feita a extração e as negociações do pau-brasil?
3. Qual era o intuito das expedições guarda-costas?
4. O que levou a Coroa portuguesa a efetivar a colonização do Brasil?

REFLETIR

1. Escolha um dos povos indígenas originários do Brasil e descreva o local em que vive e suas práticas culturais.
2. O escambo estabelecido entre europeus e indígenas trouxe ganhos reais para os nativos? Explique.
3. Leia abaixo um fragmento da Carta de Pero Vaz de Caminha e responda às perguntas.

A feição deles é serem pardos, um tanto avermelhados, de bons rostos e bons narizes, bem-feitos. Andam nus, sem cobertura alguma. Nem fazem mais caso de encobrir ou deixar de encobrir suas vergonhas do que de mostrar a cara. Acerca disso são de grande inocência. Ambos traziam o beiço de baixo furado e metido nele um osso verdadeiro, de comprimento de uma mão travessa, e da grossura de um fuso de algodão, agudo na ponta como um furador. Metem-nos pela parte de dentro do beiço; e a parte que lhes fica entre o beiço e os dentes é feita a modo de roque de xadrez. E trazem-no ali encaixado de sorte que não os magoa, nem lhes põe estorvo no falar, nem no comer e beber.

Os cabelos deles são corredios. E andavam **tosquiados**, de tosquia alta antes do que sobrepente, de boa grandeza, rapados, todavia por cima das orelhas. E um deles trazia por baixo da **solapa**, de fonte a fonte, na parte detrás, uma espécie de cabeleira, de penas de ave amarela, que seria do comprimento de um **coto**, mui basta e mui cerrada, que lhe cobria o toutiço e as orelhas. E andava pegada aos cabelos, pena por pena, com uma confeição branda como, de maneira tal que a cabeleira era mui redonda e mui basta, e mui igual, e não fazia míngua mais lavagem para a levantar.

GLOSSÁRIO

Coto: parte das asas de uma ave em que nascem pequenas penas.
Solapa: parte anterior e superior de um casaco ou algo similar.
Tosquiado: aquilo que foi cortado muito rente.

Pero Vaz de Caminha. *A carta*. Disponível em: <www.dominiopublico.gov.br/download/texto/ua000283.pdf>. Acesso em: jan. 2019.

a) Do que trata o texto?
b) Que relato Pero Vaz de Caminha faz na carta a respeito de como os povos indígenas viviam na América do século XVI?

4. Observe a imagem a seguir e responda às questões.

Biblioteca Houghton, Universidade de Harvard

↑ Ilustração de exploradores nas costas de um monstro marinho que o teriam confundido com uma ilha. In: Honorius Philoponus. *Nova typis transacta navigatio novi orbis Indiae Occidentalis*, 1621.

a) O que a imagem retrata?
b) Por que os europeus acreditavam que figuras monstruosas habitavam o mar?

DESAFIO

1. Pesquise e registre no caderno a importância e os usos do pau-brasil. Ele é utilizado ainda hoje? Quais são as iniciativas para protegê-lo?

CAPÍTULO

2 As tentativas de colonização

No capítulo anterior, você estudou a chegada dos portugueses à América, a exploração do pau-brasil e os conflitos entre os corsários franceses e portugueses. Neste capítulo, você vai estudar a implantação das capitanias hereditárias, o governo-geral, os jesuítas e os franceses na América Portuguesa.

O início da colonização portuguesa

Ao longo das primeiras décadas do século XVI, garantir o domínio das terras encontradas na América passou a ser a preocupação política central da Coroa portuguesa. Isso aconteceu devido à acirrada disputa entre as nações europeias por possessões territoriais nas Américas.

Mas não foi apenas a cobiça de outras nações que fez com que a Coroa portuguesa pensasse em tornar viável e rentável economicamente a exploração dessas terras. Portugal preocupava-se com a constante diminuição dos lucros obtidos da extração do pau-brasil e a perda do controle dos portos africanos e asiáticos. Nesses locais, os portugueses lucravam muito com a cobrança das tarifas de todos os navegadores que por eles passavam. A queda nos lucros dos produtos vindos das Índias, principalmente as especiarias, e o fato de os espanhóis terem encontrado metais preciosos em suas possessões americanas mudaram o foco português para a América.

Assim, a partir de 1530, os portugueses resolveram iniciar a experiência colonizadora. Por determinação do rei D. João III, Martim Afonso de Sousa partiu para o Brasil no comando de uma esquadra. Ele recebeu a ordem de estabelecer núcleos de povoamento e combater os franceses e outros piratas que ameaçassem o território. Além disso, deveria explorar o litoral, demarcar o território dentro dos limites do Tratado de Tordesilhas e introduzir a administração metropolitana na colônia.

Para concretizar esses objetivos, o enviado do rei trouxe homens, animais, mudas de plantas – entre elas, a cana-de-açúcar – e alguns instrumentos agrícolas.

Desse modo, estabelecia-se o ponto de partida para o povoamento da colônia.

Palácio São Joaquim, Rio de Janeiro

Benedito Calixto de Jesus. *João Ramalho aponta o caminho de Piratininga a Martim Afonso de Sousa*, c. 1912. Detalhe. A obra foi elaborada com base em relatos dos viajantes da época.

A formação da primeira vila

Após percorrer várias porções do litoral, Martim Afonso fundou, em 1532, no litoral do atual estado de São Paulo, a Vila de São Vicente. Lá foi construído o primeiro engenho de açúcar português. Nele havia um núcleo de povoamento permanente com algumas construções, como uma igreja, uma cadeia, uma praça central e uma sede administrativa local: a Câmara Municipal.

Lucas Baptista/Futura Press

Para ocupar os cargos administrativos das câmaras, era necessário ser o que se chamava de "homem bom", isto é, não exercer nenhuma atividade manual. A participação política, portanto, ficava exclusivamente nas mãos de uma elite local, em geral composta de grandes proprietários de terras.

Ruínas do Engenho de São Jorge dos Erasmos, em São Vicente (SP), 2015. Este engenho foi um dos primeiros a ser construído na região.

As capitanias hereditárias

Martim Afonso distribuiu aos colonos lotes de terrenos chamados de sesmarias. Cabia aos sesmeiros, nome dado àquele que recebia o terreno, tornar a terra produtiva, defendê-la de possíveis invasores e recolher impostos à Coroa portuguesa. Esse sistema de cessões vigorou até a década de 1820.

Essas ações, porém, não foram suficientes para povoar e defender a colônia. Assim, o rei de Portugal implantou um sistema de concessão que já obtivera sucesso em outras possessões portuguesas, como os arquipélagos da Madeira e dos Açores. Esse sistema recebeu o nome de capitanias hereditárias.

Dessa forma, em 1534, a colônia foi dividida em 15 faixas de terra, entregues a 11 capitães donatários, que obtiveram a posse da terra, ou seja, passaram a ter o direito e o compromisso de povoá-la, administrá-la, aplicar a justiça, doar sesmarias a terceiros, cobrar impostos dos sesmeiros, bem como tornar a terra produtiva e rentável aos cofres portugueses. Nas capitanias hereditárias, como o próprio nome diz, a posse da terra era passada de pai para filho.

Capitanias hereditárias – século XVI

Sonia Vaz

Fonte: Cláudio Vicentino. *Atlas histórico: geral e Brasil*. São Paulo: Scipione, 2011. p. 100.

O fracasso do sistema de capitanias

O sistema de capitanias não teve o sucesso esperado. Vários donatários nem chegaram a se estabelecer na colônia. Outros enfrentaram uma série de dificuldades, como a resistência indígena à presença portuguesa, o custo elevado dos investimentos para tornar a terra produtiva, a dificuldade de comunicação, dada a extensão dos lotes e os ataques de piratas.

Entre todas as capitanias, as de São Vicente e de Pernambuco foram as únicas que de fato prosperaram, graças aos engenhos de açúcar que acabaram se tornando importantes entrepostos comerciais que também protegiam o litoral.

Diante dessa situação, o rei de Portugal precisou tomar outras medidas para administrar a colônia e instaurou o sistema de governo-geral. As capitanias não foram totalmente extintas, mas o poder foi centralizado nas mãos de um representante da Coroa.

A implantação do governo-geral

Com a implantação do governo-geral, em 1548, a Coroa portuguesa reestruturou mais uma vez a forma de administrar sua colônia na América.

A partir de então, a administração passou a depender menos de Portugal, pois, com o estabelecimento da cidade e do governo-geral, a colônia adquiriu certa autonomia na tomada de decisões pontuais, cotidianas e emergenciais. Anteriormente, alguns conflitos coloniais levavam um tempo considerável para serem solucionados, pois era preciso esperar meses entre o envio de uma carta consultando o rei em Portugal e a consequente resposta. Agora, a Coroa exercia somente a fiscalização, deixando a tarefa da administração rotineira nas mãos do governador-geral e de seus auxiliares na colônia.

Governo-geral: capitanias reais e hereditárias – século XVI

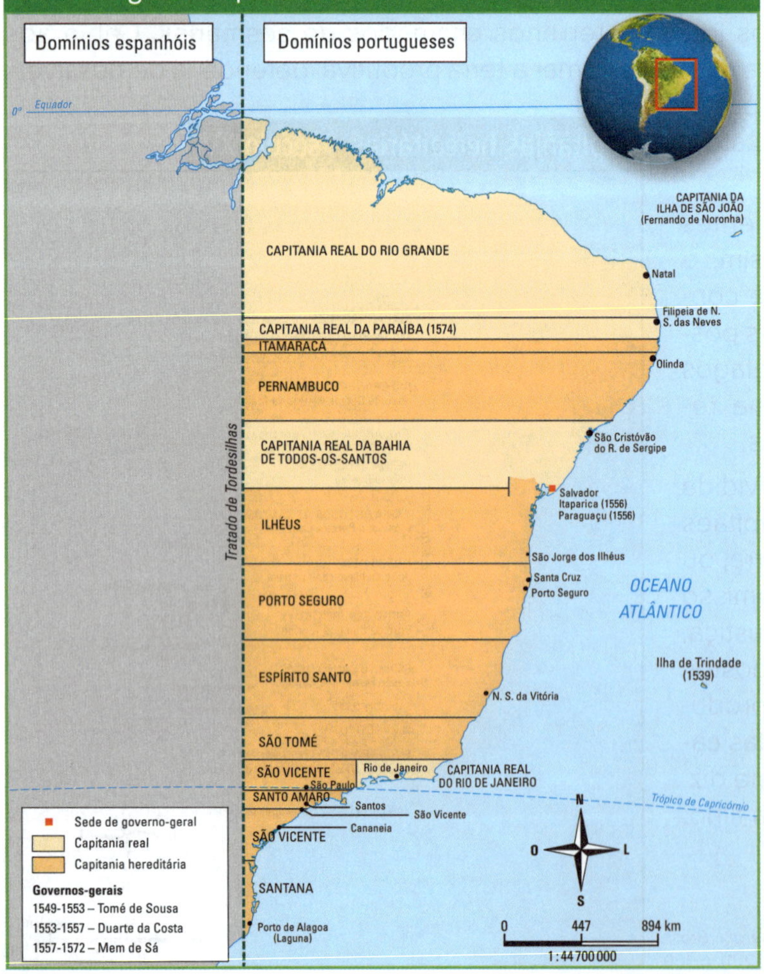

Fonte: Claudio Vicentino. *Atlas histórico: geral e Brasil*. São Paulo: Scipione, 2011. p. 100.

A fundação de Salvador

O marco inicial dessa reestruturação foi a fundação de Salvador, a primeira cidade colonial estabelecida pelo governador-geral Tomé de Sousa, tornando-se, assim, sede do governo-geral e a primeira sede administrativa da Colônia Portuguesa.

A estrutura administrativa

As atribuições de um governador-geral no que se refere à administração colonial eram muitas. Entre elas, exercer a justiça, estabelecer uma organização militar para a defesa da colônia, fiscalizar as capitanias, conceder as sesmarias, controlar o domínio e a catequização dos indígenas, incentivar a produção agrícola, cobrar impostos e encorajar a busca de metais preciosos pelo interior do território. Como representante direto do rei, o governador-geral detinha a autoridade e todos na colônia lhe deviam total obediência. Para auxiliar o governador-geral na administração colonial, muitos outros cargos foram criados. Entre eles, destacam-se:

- ouvidor-mor, encarregado da justiça;
- provedor-mor, encarregado das finanças;
- capitão-mor, encarregado da defesa externa;
- alcaide-mor, encarregado da defesa interna.

Além desses cargos, já existiam nas vilas as câmaras municipais como expressão do poder local. Elas eram responsáveis pela cobrança de impostos, indicação e nomeação de funcionários públicos e pelos assuntos relacionados à defesa contra invasões indígenas. Com o passar do tempo, a força dos grandes proprietários que controlavam as vilas e as cidades foi aumentando e isso desencadeou uma série de atritos com os funcionários diretos da Coroa portuguesa.

Tomé de Sousa não trouxe somente o corpo administrativo; com ele também vieram os primeiros membros da Companhia de Jesus, conhecidos como jesuítas, sob a chefia do padre Manuel da Nóbrega, com a missão de catequizar os nativos.

Os jesuítas e a colonização

No esforço para conter a perda de fiéis, manter aqueles que já professavam a fé católica e expandir a religião, a Igreja Católica contou com o importante papel desempenhado pela Companhia de Jesus. Os membros dessa companhia contribuíram para a expansão do catolicismo por meio da catequização dos indígenas, especialmente nas colônias da América Espanhola e Portuguesa.

GLOSSÁRIO

Aldeamento: povoação de indígenas com administração feita por missionários ou autoridades leigas.

Conforme os indígenas convertiam-se à fé católica, eram levados para **aldeamentos**, chamados de missões ou reduções jesuíticas, onde continuavam a ser doutrinados na fé cristã. Lá, além da religião, aprendiam a ler e a escrever em língua portuguesa. Os aldeamentos portugueses estavam espalhados por várias regiões do território português na América, inclusive além

ThiagoSantos/Shutterstock.com

Ruínas da igreja construída em 1735 em São Miguel das Missões. Sítio Arqueológico de São Miguel Arcanjo (RS), 2015.

Esse sítio arqueológico é um dos principais vestígios do período das missões jesuíticas. Por sua grande importância histórica, foi declarado Patrimônio Mundial pela Unesco em 1983.

da linha determinada pelo Tratado de Tordesilhas. As primeiras missões surgiram a partir de 1553, na região do Recôncavo Baiano.

Com a catequização, os jesuítas pretendiam a mudança de determinados hábitos e tradições dos nativos que eram contrários à fé cristã, como a **poligamia** e a antropofagia. No entanto, as populações indígenas ofereciam as mais variadas formas de resistência não somente à língua portuguesa como também a outros aspectos culturais dos europeus.

GLOSSÁRIO

Poligamia: costume, em algumas sociedades, que permite o casamento de uma pessoa com vários cônjuges ao mesmo tempo.

Em razão da grande quantidade de indígenas aldeados, essas missões eram constantemente atacadas por traficantes, com o propósito de obter mão de obra para ser vendida como escrava. Essa foi a causa da destruição de muitas reduções, principalmente ao sul do território português na América.

A Vila de São Paulo de Piratininga

Tomé de Sousa retornou a Portugal em 1553 e foi substituído por Duarte da Costa, que governou até 1557. A missão catequizadora prosseguiu e os jesuítas construíram o Colégio de São Paulo, na futura Vila de São Paulo de Piratininga, hoje a capital do estado de São Paulo. São Paulo de Piratininga foi a primeira vila fundada distante do litoral da colônia de Portugal na América. Porém, o local não foi povoado de maneira aleatória; os portugueses o escolheram por reunir um conjunto de condições favoráveis à fixação dos colonizadores.

São Paulo tinha um clima mais ameno que as vilas litorâneas, ou seja, mais próximo do clima da Península Ibérica. O colégio foi fundado no alto de uma colina cercada pelos rios Tamanduateí e Anhangabaú, o que garantiu a segurança e a disponibilidade de água limpa e fresca para os moradores da vila. Por fim, o auxílio de João Ramalho, explorador português casado com a filha do morubixaba (chefe) de uma tribo local e com forte influência entre os indígenas da região, tornava mais amistosa a comunicação e o convívio com as populações nativas.

Museu Paulista da Universidade de São Paulo, São Paulo

Oscar Pereira da Silva. *Fundação da cidade de São Paulo*, 1909. Óleo sobre tela, 1,85 m × 3,4 m.

A cidade de São Sebastião do Rio de Janeiro

Em 1555, ocorreu a invasão francesa na Baía de Guanabara, atual cidade do Rio de Janeiro. Em 1567, sob o governo de Mem de Sá, que durou até 1572, os franceses foram expulsos. Foi também durante a administração de Mem de Sá, em 1565, que a cidade de São Sebastião do Rio de Janeiro foi fundada.

O quarto governador-geral, Luís de Vasconcelos, nem sequer chegou ao Brasil, pois seu navio foi atacado e destruído pelos corsários franceses. Como a área a ser governada era demasiadamente grande e havia necessidade de controlar melhor a produção açucareira, entre 1572 e 1578, D. Sebastião, rei de Portugal, dividiu o governo-geral em dois: o do norte, com sede em Salvador, e o do sul, com sede no Rio de Janeiro. Como os resultados foram pouco satisfatórios, houve a reunificação em 1621, com o retorno da sede para Salvador.

A França na América Portuguesa

Ocupação da Baía de Guanabara

Como vimos, os franceses já percorriam o litoral brasileiro e realizavam a troca de pau-brasil com os indígenas desde meados do século XVI. Nicolas Durand de Villegagnon, cavaleiro de uma organização religiosa, partiu no comando de uma expedição em 1555 em direção à América. Ele planejava estabelecer uma colônia que servisse de refúgio aos calvinistas, perseguidos na Europa.

Os navios comandados por Villegagnon chegaram à Baía de Guanabara, no atual estado do Rio de Janeiro, em 1555, com cerca de 130 tripulantes. Por razões de estratégia militar, ocuparam a Ilha de Serigipe, dando início à construção do Forte Coligny. França Antártica foi o nome escolhido para batizar a colônia francesa na América, pois se acreditava que tais terras estavam localizadas próximas ao Polo Antártico.

Biblioteca Brasiliana, IEB/USP, São Paulo

↑ Hans Staden. *Batalha entre franceses e portugueses em baía do Rio de Janeiro*, 1557. Gravura.

Biblioteca da Ajuda, Lisboa

Entre 1555 e 1560, os franceses formaram uma colônia relativamente forte, com o apoio do rei francês e a aliança com os tamoios, indígenas que habitavam a região. Essa colônia francesa resistiu até 1560, quando o então governador-geral do Brasil, Mem de Sá, aportou na Baía de Guanabara com a missão de expulsar todos os franceses da região. Naquele momento, os portugueses conseguiram derrotá-los. Apoiados pelos tamoios, porém, os franceses permaneceram na região por mais sete anos e, somente em 1567, foram expulsos definitivamente.

← Luís Teixeira. *A baía do Rio de Janeiro e a cidade de São Sebastião*, 1573. O mapa mostra detalhes do litoral e dos locais utilizados como porto durante o século XVI na região correspondente ao atual estado do Rio de Janeiro.

AQUI TEM MAIS

A Confederação dos Tamoios

A revolta indígena conhecida como Confederação dos Tamoios ocorreu entre 1556 e 1567 contra os colonizadores portugueses que ocupavam o litoral do sudeste brasileiro.

O conflito se iniciou com a morte em cativeiro de um líder dos povos tupinambás, causada por um ataque português para capturar mão de obra escrava.

Além de lutar contra os nativos da região, os portugueses precisaram enfrentar os franceses. Procurando colonizar a América, a França aproveitou a revolta para armar os indígenas e estabelecer a colônia da França Antártica na Baía de Guanabara, que durou até o final da revolta.

Com o fim da revolta, os tupinambás foram considerados extintos até o século XXI, quando foi descoberto outro núcleo desses povos na Região Nordeste. Num grupo de cerca de 4 mil pessoas, os tupinambás de Olivença habitam uma região próxima a Ilhéus, na Bahia, e se espalham pelo curso de vários rios da região. Em 2001, essa população foi considerada oficialmente indígena pelo governo e foi dado início ao processo de demarcação de seu território.

Museu Nacional de Belas Artes, Rio de Janeiro

↑ Rodolfo Amoedo. *O último tamoio*, 1883. Óleo sobre tela, 1,80 m × 2,61 m.

1. Como foi a participação francesa na revolta conhecida como Confederação dos Tamoios?

Ocupação do Maranhão

Essa tentativa de fixação francesa no Brasil aconteceu no início do século XVII e contou com o apoio dos indígenas locais. A chamada França Equinocial resultou na fundação, em 1612, da cidade de São Luís, cujo nome foi dado em homenagem ao rei da França na época, Luís XIII. Hoje, São Luís é capital do estado do Maranhão.

A região em que a colônia francesa se estabeleceu era quase desconhecida dos portugueses. Em julho de 1612, uma frota de três navios e cerca de 500 homens ali aportaram dando início à construção da fortaleza de São Luís.

Em 1614, o então rei de Portugal e Espanha, Filipe II, determinou o ataque aos franceses e a retomada da região. Após várias batalhas, em 1615 os franceses entregaram São Luís, o que representou o fim da presença francesa no local. No entanto, as tentativas dos franceses de formar uma colônia no Brasil continuaram, como confirmam os ataques de corsários franceses ao Rio de Janeiro em 1710 e 1711. Todos os ataques, porém, foram combatidos por tropas portuguesas.

Biblioteca Nacional da França, Paris

← *Da barra de Maranhao, ate a barra do Cuma sao tres legoas*. Mapa elaborado por Joao Teyxeira, c. 1640.

DIÁLOGO

As correntes marítimas

As caravelas do período das expedições ultramarinas se movimentavam com o auxílio das correntes marítimas e dos ventos. Há nelas um sistema de direcionamento que permite o ajuste da direção para onde se deseja que essas correntes levem a embarcação. Não há, porém, como ir diretamente contra elas sem o uso de algum motor, o que não existia na época.

Esse foi um dos principais fatores que tornou possível aos franceses, e posteriormente aos holandeses, chegarem e dominarem a região que atualmente corresponde ao estado do Maranhão. Para os navegadores, depois de aportar em alguma costa mais ao sul do Brasil, como nas regiões de Salvador, Rio de Janeiro ou Santos, tornava-se bastante difícil navegar em direção ao norte pela costa brasileira. Era mais fácil seguir as correntes que levavam novamente a Portugal, para depois retornar ao Brasil.

Essa distribuição das correntes marítimas tornou o contato entre as regiões ocupadas por europeus na América Portuguesa muito difícil. Colonos que viviam na Vila de São Vicente, por exemplo, precisariam dar a volta pelo Oceano Atlântico para, só depois, conseguir alcançar as capitanias do norte, como Salvador e Pernambuco. Quem vivia no litoral do Maranhão precisaria contornar o Caribe, ir até Portugal e voltar pelo Atlântico para alcançar as colônias do sul.

A outra opção seria realizar os trajetos pelo interior do continente a pé, enfrentando todos os perigos e dificuldades, como relevos acidentados, ataques de indígenas, animais ferozes e doenças.

Desse modo, não só as comunicações, mas as trocas comerciais eram difíceis, o que contribuiu para o isolamento entre as populações que colonizavam os territórios. Essa situação durou por todo o período de colonização em muitas regiões da América Portuguesa, mostrando como eram precárias as ligações entre as áreas ocupadas. Mas, vale ressaltar, algumas regiões conseguiram se inserir no comércio internacional, por exemplo, a do extremo oeste da América Portuguesa, que, no século XVIII, comerciava com os colonos da América Espanhola.

América: correntes marítimas

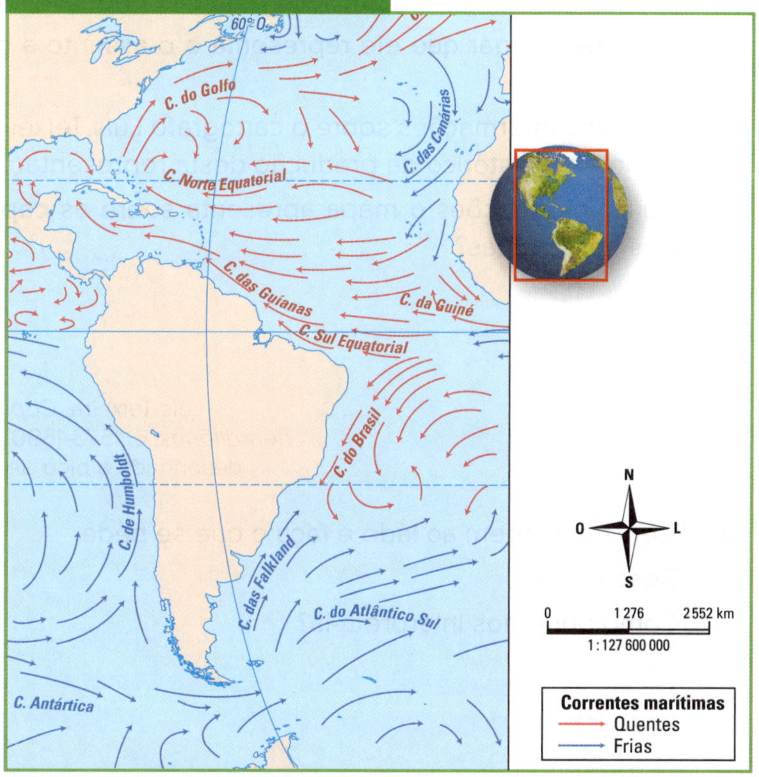

©DAE/ Sonia Vaz

Fonte: *Atlas geográfico escolar*. 7. ed. Rio de Janeiro: IBGE, 2016. p. 58.

1. Quais eram as facilidades e as dificuldades impostas pelas correntes marítimas aos navegantes durante o período da colonização do Brasil?

2. Como as correntes marítimas favoreceram a colonização francesa na região que atualmente corresponde ao estado do Maranhão?

ATIVIDADES

NO CADERNO

SISTEMATIZAR

1. Qual foi a determinação do rei D. João III para Martim Afonso nas terras que viriam a se tornar o Brasil?

2. O que foram as capitanias hereditárias?

3. Por que o sistema de capitanias hereditárias não deu certo no Brasil?

4. No século XVI, como a Coroa portuguesa resolveu a questão da centralização política e administrativa do Brasil?

5. Qual era o objetivo da Companhia de Jesus na América Portuguesa?

6. O que levou os franceses a estabelecer colônias no Brasil?

REFLETIR

1. Mapa é um documento cuja função é compreender as relações que ocorrem em determinado espaço geográfico. Com base nessa informação, faça o que se pede.
   a) Explique o lugar que ele representa e o assunto a que se refere.
   b) Pesquise informações sobre o cartógrafo Luís Teixeira e o contexto histórico da produção desta representação.
   c) Quais informações o mapa apresenta sobre as capitanias hereditárias?

Biblioteca da Ajuda, Lisboa

Luís Teixeira. *Capitanias hereditárias*, c. 1573-1590. Mapa desenhado a bico de pena.

2. Observe a imagem ao lado e faça o que se pede.
   a) Descreva-a.
   b) Como podemos interpretá-la?

Biblioteca britânica, Londres

Jean Rotz. Mapa publicado em *Boke of Idrography*, c. 1535-1542. Pergaminho, 57 cm × 38 cm. Detalhe.

3. Leia o texto e responda à questão.

Finalmente outros indígenas resistiram com armas às mãos, realizando um levante, sendo o mais importante deles o de 1562, quando atacaram a vila e o colégio de São Paulo. A vila nascente só não foi destruída graças à delação do líder Tibiriçá, que permitiu a chegada de Brás Cubas e de outros moradores de Santos, que vieram em socorro do planalto.

Depois desse ataque, em que os insurgentes foram derrotados, as crônicas registram levantes armados no final do século XVI, em 1590, atingindo, sobretudo, expedições escravistas. [...] Nesse mesmo ano houve um ataque a fazendas paulistas e à missão de nossa senhora da Conceição de Pinheiros. [...]

No ano seguinte os moradores de São Paulo foram novamente atingidos. De retorno do médio Tietê, uma expedição escravista foi atacada perto de Santana de Parnaíba. A partir daí a repressão paulista fechou o cerco contra os tupiniquins rebeldes [...].

Benedito Prezia. In: Eduardo Bueno (Org.). *Os nascimentos de São Paulo*. Rio de Janeiro: Ediouro, 2004. p. 75.

- De acordo com as informações do texto, podemos afirmar que os indígenas aceitaram a dominação pacificamente? Explique.

4. Observe a imagem e faça o que se pede.

Museu Nacional de Belas Artes, Rio de Janeiro

↑ Victor Meirelles. *Primeira missa no Brasil*, 1860. Óleo sobre tela, 2,68 m × 3,56 m.

a) O que ela retrata?

b) Aponte um elemento retratado que auxiliou os europeus na colonização da América Portuguesa.

DESAFIO

1. Imagine que você seja um aventureiro europeu do século XVI e esteja viajando para o Brasil, até então uma terra desconhecida. Ao chegar, você se depara com uma fauna e flora nunca vistas e povos com costumes e culturas diferentes da sua. Escreva uma carta para sua família, que ficou na Europa, contando essas novidades.

CAPÍTULO

3 Os indígenas e a colonização

No capítulo anterior, você estudou o início da colonização na América Portuguesa. Neste capítulo, você vai estudar como foi o contato entre nativos e portugueses e as formas de resistência indígena.

Quando falamos sobre os primeiros encontros entre portugueses e indígenas, é preciso ficar claro que se trata do encontro com os povos que viviam ao longo da costa atlântica, em especial os tupis.

Estudos comprovam que a ocupação humana na América data de mais de 15 mil anos. Ao longo desse período, houve separações geográficas entre os grupos humanos iniciais. Esse processo levou à formação de vários povos, cada um desenvolvendo características próprias, algumas comuns e outras específicas. Assim, não se pode pensar nos povos indígenas como se todos fossem iguais.

Um dos traços marcantes da diferença entre os indígenas da América foi a prática da antropofagia, restrita a alguns povos. Como os portugueses entraram em contato com os tupis (viviam no litoral) e se horrorizaram com o cerimonial antropofágico, eles deram muito destaque a essa prática. Depois do relato de Américo Vespúcio, de 1502, diversos outros foram escritos e imagens foram elaboradas para ilustrar esse ritual.

Assim, a ideia de que a antropofagia era uma prática tipicamente indígena se disseminou pela Europa. Essa visão sobre o ritual antropofágico, chamado pejorativamente pelos portugueses de canibalismo, contribuiu para justificar a ideia de que os nativos da América eram povos selvagens.

No início, a calmaria

Nas duas primeiras décadas de ocupação portuguesa na América, as relações entre portugueses e indígenas ficaram bastante limitadas aos encontros realizados próximos às poucas feitorias. Nesses encontros se concentravam na realização do escambo.

A prática da troca de mercadoria por trabalho foi bastante utilizada no período da colonização entre portugueses e nativos.

Lembremos que essas trocas comerciais tiveram impactos profundos nas duas sociedades. Aos portugueses, o pau-brasil obtido permitiu a geração de riquezas econômicas; aos nativos, os produtos adquiridos na troca do pau-brasil facilitaram os trabalhos e reforçaram o poder simbólico e social das lideranças locais.

Instituto de Estudos Brasileiros da Universidade de São Paulo, São Paulo

Escambo na Costa do Brasil. Detalhe de mapa de Giovanni Battista Ramisco, 1557.

À medida que a colonização foi se intensificando, os contatos entre ambos também aumentavam. Com a transformação da forma de ocupação territorial e com o escambo realizado em feitorias para a produção agrícola, as relações foram sendo transformadas.

Uma relação que se complicava

Com a expansão das plantações, os portugueses viam os indígenas de duas maneiras. Por um lado, achavam que eles dificultavam a ocupação das terras; por outro, procuravam utilizá-los como mão de obra.

O primeiro caso se explica pela vasta extensão de terra necessária para a instalação das grandes unidades produtoras, em especial de cana-de-açúcar ao norte da colônia portuguesa na América. O segundo caso vem do fato de não haver número suficiente de colonos que pudessem realizar os trabalhos necessários para o sucesso da colônia. Incluem-se nesses trabalhos não só os relativos à obtenção do açúcar mas a tudo o que cerca essa atividade econômica: construção e manutenção das instalações, produção de alimentos, fabricação de objetos e equipamentos, entre muitos outros.

A indústria canavieira implantada na América pelos portugueses seguiu o exemplo da que havia sido instalada em outras áreas coloniais do reino, como na Ilha da Madeira, na costa atlântica africana. Lá, as plantações e os engenhos utilizavam mão de obra africana escravizada. Desse modo, ao se fixarem na América, os colonos buscaram replicar o mesmo modelo. Mas como no início do século XVI não contavam com escravos africanos, os portugueses usaram mão de obra indígena.

Na década de 1540, a relação entre portugueses e indígenas começava a ser transformada. Os nativos, revoltados com a forma como eram submetidos ao trabalho pelos portugueses, iniciaram uma forma de resistência que culminou com a destruição na região de algumas vilas. A década de 1550 foi marcada pela violência e escravização de muitos povos nativos. A própria Coroa portuguesa estimulava a utilização de métodos violentos contra os povos indígenas que atacassem ou resistissem às investidas portuguesas para escravizá-los. Essa política foi bem-sucedida para os colonos, não só pela superioridade do poder de fogo português mas também devido a alianças estabelecidas com outros povos nativos.

Uma dessas várias alianças foi a celebrada entre portugueses e nativos da região onde hoje são os estados do Maranhão e do Pará.

Porém, em 1617, os tupinambás que viviam na região se revoltaram com a imposição física, cultural e religiosa por parte dos colonos e padres portugueses. Liderados pelo nativo conhecido por Amaro, souberam das intenções dos portugueses de escravizar os indígenas e tomar a região.

Esse episódio ficou conhecido como Revolta de Cumã ou Rebelião Tupinambá e foi decisivo para a conquista pelos portugueses das regiões do Maranhão e do Grão-Pará. Apesar de a resistência dos nativos ter durado quatro anos, em 1621 os líderes indígenas foram mortos e os demais, escravizados.

Biblioteca Nacional, Rio de Janeiro

João Teixeira Albernaz I. Mapa aquarelado das cidades de São Luís – desocupada pelos franceses – e Belém, além de algumas aldeias indígenas, povoações portuguesas no litoral e o caminho entre as proximidades do Rio Mearim e Belém, c. 1629. *Pequeno atlas do Maranhão e Grão-Pará.*

A violência como norma

As alianças com povos nativos não eram privilégio dos portugueses. Franceses também se aliavam a povos com os quais comerciavam. Foi assim em Pernambuco, no final do século XVI, quando indígenas caetés e franceses atacaram Igarassu e Olinda. Para enfrentar essa coligação, os portugueses se aliaram a nativos inimigos dos caetés, como os tabajaras. Essas alianças eram seladas por meio de acordos ou de casamentos e serviam ainda para combater outros povos locais.

As relações entre portugueses e indígenas também foram marcadas por confrontos e resistências. Diante do avanço português em busca de escravos, muitos povos nativos começaram a se organizar para enfrentá-los. Um desses exemplos foi a organização entre os povos que habitavam a Baía de Guanabara, atual Rio de Janeiro, no século XVI. Tupinambás se organizaram e lutaram contra a presença portuguesa na região. Os nativos contaram com a ajuda dos franceses, que vinham tentando empreender um movimento de ocupação da América, em resposta às determinações do Tratado de Tordesilhas.

A Confederação dos Tamoios, como foi chamado esse conflito, porém, não trouxe resultados positivos para os tupinambás. Milhares deles foram mortos ou escravizados, reforçando, assim, a dominação portuguesa na região.

Outro dos vários conflitos do Período Colonial foi uma longa guerra entre portugueses e nativos pela posse dos territórios da região nordeste. Os colonizadores desejavam obter novas terras para a formação de fazendas de gado e capturar escravos. Entre vitórias e derrotas de ambos os lados, chegou até a ser celebrado um tratado de paz, que definia a participação conjunta de nativos e portugueses, lado a lado, para enfrentar outros europeus e nativos inimigos. Essa sequência de conflitos, realizada entre as décadas de 1650 e 1720, ficou conhecida como Guerra dos Bárbaros.

Muitas outras formas de resistência foram empreendidas. Ao longo de todo o território que ia sendo ocupado pelos portugueses, houve resistências militares (ataques a vilas e engenhos) e culturais (práticas religiosas católicas misturadas com crenças nativas).

Fundação Biblioteca Nacional, Rio de Janeiro

← Johann Moritz Rugendas. *Guerrilha*. Gravura publicada em *Viagem pitoresca através do Brasil*, 1835.

As reduções jesuíticas

A colonização ultramarina também teve apoio da Coroa portuguesa para a difusão da fé católica. As primeiras expedições já trouxeram clérigos de diferentes ordens religiosas, como franciscanos, beneditinos, carmelitas e jesuítas. Manuel da Nóbrega liderou o primeiro grupo de jesuítas, que, vindo com a expedição de Mem de Sá, em 1549, visava converter e catequizar os povos locais.

Pouco a pouco, a evangelização dos nativos ganhava importância e aumentava sua relevância. Se no início os jesuítas se estabeleceram em São Vicente e em Salvador, ao longo dos séculos XVII e XVIII eles foram ocupando territórios mais ao interior da colônia, organizados em missões.

Nesses locais, conviviam jesuítas, indígenas e mestiços, que passavam os dias realizando trabalhos cotidianos, como construções, manutenções e lavouras, além dos cerimoniais ritualísticos católicos. Nessas atividades, em especial as que envolviam aspectos culturais (músicas e danças, por exemplo), misturavam-se elementos católicos e indígenas.

Com o avanço progressivo da colonização para o interior, as populações que habitavam esses locais foram exterminadas pelos combates e por doenças, o que levou os religiosos a adentrar no continente para encontrar mais nativos que pudessem ser convertidos. Isso não foi feito somente pelos jesuítas portugueses, mas por membros de outras ordens francesas e italianas.

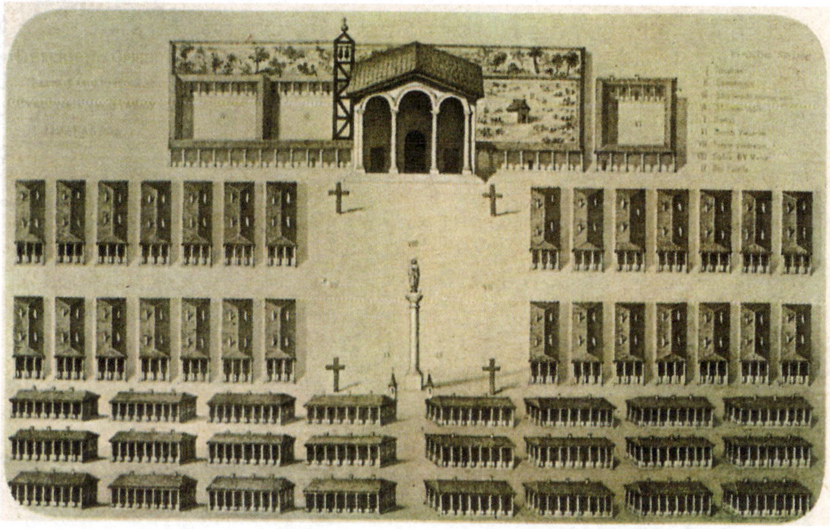
Instituto de Estudos Brasileiros/Universidade de São Paulo, São Paulo

↑ Plano de missão em Guairá, c. 1629. Aldeamento indígena organizado e administrado por missionários jesuítas.

Nesse movimento de expansão da fé católica, aumentou a resistência dos colonos às missões; eles as viam como ameaça aos seus interesses, pois protegiam pessoas que poderiam ser conquistadas e submetidas à escravidão. Por toda a colônia, houve conflitos entre colonos e jesuítas, envolvendo ameaças e ataques violentos contra membros da Companhia de Jesus, que haviam conquistado a proteção da Coroa para a realização de suas atividades.

CURIOSO É...

Guarani, língua oficial do Paraguai

A língua oficial da maior parte da América Latina é o espanhol, com suas variações locais. No entanto, há um caso especial: o Paraguai.

Com uma população relativamente pequena, de quase 7 milhões de habitantes, o país tem duas línguas oficiais: o espanhol e o guarani, uma das línguas indígenas que era falada em parte da América do Sul, incluindo o atual estado de São Paulo. A língua perdeu espaço durante o processo de colonização, mas se manteve preservada no Paraguai, e é usada no dia a dia.

Guarani também é o nome da moeda paraguaia.

Rubens Lima

O extermínio

Durante todo o Período Colonial, a população indígena significativamente reduzida. Os enfrentamentos com os portugueses, as lutas entre tribos inimigas estimuladas pelas alianças com os europeus e as doenças trazidas pelos colonizadores foram alguns dos fatores que contribuíram para essa diminuição drástica.

Diante desse quadro, muitos especialistas do Período Colonial chamam o que aconteceu aos indígenas de **genocídio**. As alianças com os franceses, a prática da antropofagia e de outros costumes considerados bárbaros pelos europeus, e o ataque ao primeiro bispo da América Portuguesa, Dom Pero Fernandes Sardinha, executado pelos caetés, foram justificativas dadas pela Coroa para a autorização dos ataques aos povos locais em meados do século XVI.

Serviço Histórico da Marinha, Vincennes. Fotografia: Bridgeman images/Easypix Brasil

↑ Theodore de Bry. *Métodos de cerco e ataque*. Gravura colorizada publicada em *Americae Tertia Pars*, 1592.

GLOSSÁRIO

Genocídio: extermínio de populações ou povos de forma deliberada, por questão étnica, racial ou religiosa.

O extermínio das populações indígenas durou todo o período da colonização e os séculos seguintes. Houve casos em que povos inteiros foram extintos.

Dados demográficos da população indígena no Brasil

Ano*	População indígena - litoral	População indígena - interior	Total	População total (%)
1500	2.000.000	1.000.000	3.000.000	100,00
1570	200.000	1.000.000	1.200.000	95,00
1650	100.000	600.000	700.000	73,00
1825	60.000	300.000	360.000	9,0
1940	20.000	180.000	200.000	0,40
1950	10.000	140.000	150.000	0,37
1957	5.000	65.000	70.000	0,10
1980	10.000	200.000	210.000	0,19
1995	30.000	300.000	330.000	0,20
2000	60.000	340.000	400.000	0,20
2010**	272.654	545.308	817.962	0,26

* Os dados anteriores ao século XIX são estimativas, sem possibilidade de verificação ou comprovação.
** O Censo Demográfico 2010 contabilizou a população indígena com base nas pessoas que se declararam indígenas no quesito cor ou raça e nos residentes em Terras Indígenas.
FUNAI. Índios no Brasil. Disponível em: <www.funai.gov.br/index.php/indios-no-brasil/quem-sao>. Acesso em: jan. 2019.

Dados mais recentes mostram que o extermínio de indígenas ainda ocorre no Brasil. Além das ameaças externas, essa população vem sofrendo com as altas taxas de suicídio, causadas por dificuldades de inserção social, falta de perspectiva de emprego e de obtenção de renda, destruição das comunidades tradicionais, entre outros motivos.

Assassinatos de indígenas no Brasil e no Mato Grosso do Sul

Ano	2003	2004	2005	2006	2007	2008	2009	2010	2011	2012*	Total
Total Brasil	42	37	43	58	92	60	60	60	51	51	503
Número absoluto (MS)	13	16	28	28	53	42	33	34	32	31	279
Número absoluto restante	29	21	15	30	39	18	27	26	19	20	224

* De janeiro a novembro de 2012. Dados sujeitos a revisão e alteração.
Fonte: Manifesto contra os decretos de extermínio. Disponível em: <www.cimi.org.br/wp-content/uploads/2017/11/Cimi-40-anos_manifesto-contra-decretos-exterminio.pdf>. Acesso em: jan. 2019.

Há quem se posicione diante dessa situação, responsabilizando setores da sociedade e órgãos governamentais.

Essa política desenvolvimentista, que enriquece empreiteiras, madeireiras, empresas de mineração, agronegócio, setores turísticos e empresas de geração de energia hidráulica e nuclear pode ser exemplificada com as obras de transposição das águas do rio São Francisco, os complexos hidrelétricos do rio Madeira, do rio Xingu (UHE Belo Monte), do rio Tocantins e as demais hidrelétricas em construção ou previstas nos rios Tapajós, Juruena, Teles Pires e Araguaia, bem como a construção e duplicação de rodovias. São mais de 500 empreendimentos que atingem os territórios indígenas e geram impactos em 182 terras de pelo menos 108 povos. Para as comunidades é negado o direito de opinar, participar das decisões e de exercer qualquer tipo de controle [...].

Dionísio Egon Heck, Renato Santana da Silva e Saulo Ferreira Feitosa (Org.). *Povos indígenas: aqueles que devem viver – manifesto contra os decretos de extermínio*. Brasília: Cimi, 2012. p. 20. Disponível em: <www.cimi.org.br/wp-content/uploads/2017/11/Cimi-40-anos_manifesto-contra-decretos-exterminio.pdf>. Acesso em: jan. 2019.

Carl de Souza/AFP

↑ Indígenas munduruku participam da semana da Mobilização Nacional Indígena protestando contra uma barragem proposta em suas terras, em frente ao Ministério da Justiça em Brasília, em 24 de abril de 2018.

LINK

Representatividade indígena

Monique Renne/CB/D.A Press

A advogada Joênia Batista de Carvalho Wapichana, durante o julgamento no Supremo Tribunal Federal (STF) sobre a demarcação da reserva indígena Raposa Serra do Sol, em Roraima. Brasília (DF), 2008.

Carregamos a imagem de um indígena dócil, ingênuo e pacífico, que ainda habita os livros infantis e o imaginário popular. Essa maneira de contar a história indígena, na tentativa de atribuir a ele um papel passivo diante de todo o processo de colonização, esconde o verdadeiro percurso de muita luta e resistência por mais de 500 anos.

O Brasil hoje comporta uma diversidade de mais de 255 povos indígenas, falantes de cerca de 150 línguas diferentes. A diversidade indígena guarda aspectos particulares de cultura, religião e hábitos mais ou menos urbanos. As aldeias indígenas sofrem sua maior dificuldade no que diz respeito a demarcação de terras, políticas públicas, tratamento de saúde adequado, escolas de ensino bilíngue (língua indígena e português) ainda não concedidos inteiramente até hoje.

Mas engana-se quem imagina que o indígena ocupa uma posição passiva na proteção de suas terras e sua cultura. A partir da década de 1970, grupos indígenas de diferentes etnias passaram a se organizar e, após sucessivas intervenções e pressão política, as ações desses grupos resultaram em uma das maiores conquistas para a comunidade indígena: a Constituição de 1988, que passou a garantir o reconhecimento dos indígenas como cidadãos e proprietários dos territórios que ocupam.

As organizações indígenas formam atualmente uma rede de entidades, de estratégias e de iniciativas indígenas espalhadas por todo o território nacional e utilizam todos os meios políticos e tecnológicos do mundo moderno para defender e fazer valerem os direitos indígenas. Durante todo o tempo, as lideranças dessas organizações percorrem o país e o mundo na luta pela promoção e pela defesa dos direitos e dos interesses indígenas, ocupando tribunas importantes como as da ONU, da OEA e de outros organismos internacionais.

Disponível em: <http://unesdoc.unesco.org/images/0015/001545/154565por.pdf>. Acesso em: jan. 2019.

Outra forma de representatividade indígena foi a eleição em 2018 da advogada Joênia Wapichana, primeira mulher indígena a ser deputada federal (partido Rede). Outro feito inédito ocorrido também em 2018 foi a candidatura da indígena Sônia Guajajara (Psol) à Vice-Presidência da República.

Nesse espaço, com representatividade, os avanços vão acontecendo lentamente. Há ainda muito a ser conquistado, mas devemos reconhecer que esses progressos seriam impensáveis em outros tempos, o que é sinal de que os esforços estão surtindo efeito.

1. Qual foi uma das maiores conquistas atuais para a comunidade indígena?

ATIVIDADES

NO CADERNO

SISTEMATIZAR

1. Todos os povos da América realizavam rituais antropofágicos?
2. Explique a importância das trocas comerciais entre portugueses e nativos da América Portuguesa para cada um deles.
3. Por que a instalação de grandes unidades produtivas na América Portuguesa causou mudanças nas relações entre portugueses e indígenas?
4. Como a experiência dos portugueses na implantação das lavouras produtoras de cana-de-açúcar na Ilha da Madeira influenciou a montagem dos engenhos de açúcar na América Portuguesa?
5. Por quais meios os europeus e os indígenas se relacionavam nos períodos iniciais da colonização da América?
6. O que foi a Guerra dos Bárbaros?

REFLETIR

1. Analise a imagem da página 174 e responda:
   a) Como o autor da obra representou os indígenas?
   b) Em sua opinião, qual foi a mensagem que o autor pretendeu transmitir?
2. De que forma as reduções jesuíticas impactaram a colonização portuguesa da América?
3. Estabeleça uma associação entre as datas da ocupação humana da América com a visão que os portugueses tiveram quando chegaram ao continente. Pense na seguinte questão: De que forma o modo como os humanos se expandiram pela América ajuda a explicar o equívoco da visão dos portugueses sobre os povos nativos?
4. Portugal, entre os anos de 1500 e 1530, estava focado na extração de pau-brasil na América Portuguesa. Essa atividade era realizada de forma predatória e desorganizada, tendo como objetivo abastecer o mercado europeu, principalmente as manufaturas de tecido devido ao corante extraído da madeira dessa árvore. De que forma era feita a aquisição desse material?

   De acordo com essas informações e o estudo deste capítulo, assinale a alternativa correta.
   a) Por meio da formação de povoados, operando com trabalho servil.
   b) Exploração do trabalho indígena, através do escambo.
   c) Exploração de escravos africanos.

DESAFIO

1. Na região onde você mora existe uma comunidade indígena? Se não houver, escolha alguma do estado em que você vive e pesquise a quantidade de pessoas que moram nela atualmente. Pesquise dados sobre essa população que mostrem como era a situação no passado e elabore um gráfico com esses números. Analise a tendência desses dados e tente projetar o que poderá acontecer a essa população nos próximos 50 anos, caso nada mude em relação a essa trajetória.

CAPÍTULO

4 A consolidação da colônia

No capítulo anterior, você estudou a população indígena durante o Período Colonial. Neste capítulo, você vai estudar o início da produção de açúcar na América Portuguesa e seus desdobramentos.

Um dos modos de Portugal explorar economicamente o potencial do território ocupado na América foi a implementação da produção de açúcar voltada para o mercado europeu, acompanhada pelo comércio de pessoas escravizadas vindas da África com o objetivo de suprir a necessidade de mão de obra.

Assim, foi estabelecido o pacto colonial, ou seja, uma estratégia comercial definida por Portugal em que a colônia deveria gerar lucros para sua metrópole por meio de comércio exclusivo, no qual apenas os navios com permissão da Coroa portuguesa poderiam transportar o que entrasse ou saísse do Brasil.

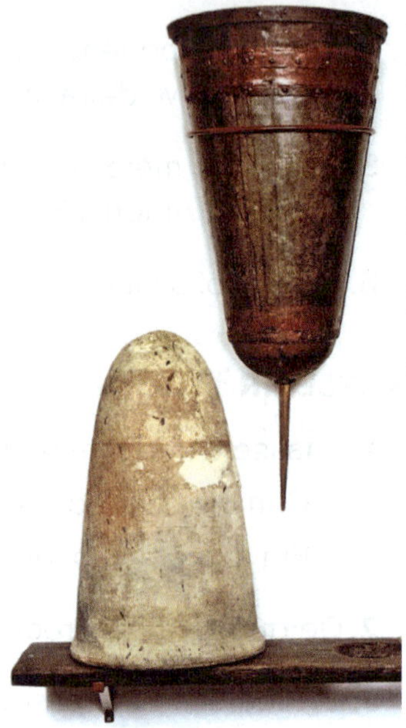

Museu do Homem do Nordeste, Recife. Fotografia: Rômulo Fialdini/Tempo Composto

↑ Fôrmas de pão de açúcar, s.d. Museu do Homem do Nordeste, Recife (PE).

O açúcar

Depois de algumas tentativas, o projeto de colonização de Portugal para a América somente se consolidou quando o reino português decidiu implantar um sistema baseado no cultivo da matéria-prima para a fabricação de um produto muito apreciado na Europa e, por isso, de alto valor comercial: o açúcar. Os portugueses detinham o conhecimento sobre a produção de açúcar, pois já a praticavam em outras colônias sob seu domínio. Assim, ocorreu a transição de uma economia colonial

Koninklijke Bibliotheek, Den Haag. Fotografia: Bridgeman Images/Easypix Brasil

de base extrativista, com o pau-brasil, para a agrária, fundamentalmente abastecida com os lucros da plantação de cana-de-açúcar.

Além das razões já citadas, o solo fértil e o clima quente e úmido das terras tropicais facilitaram o cultivo da cana na colônia. E havia ainda a possibilidade de aumentar o mercado, já que os portugueses contavam com os comerciantes holandeses para distribuir o produto pela Europa.

O engenho

A principal unidade de produção açucareira era o engenho. Ele englobava não só o maquinário e as ferramentas necessárias para a produção como também todo o complexo da fazenda de cana-de-açúcar: a plantação – ou seja, o canavial – e as construções, como a casa-grande, a senzala e a casa de engenho.

As despesas para instalar a estrutura do engenho eram muito altas e, por isso, poucos colonos possuíam um engenho completo. A maioria plantava e levava a colheita para ser transformada em açúcar em fazendas maiores. Além dos custos de instalação e manutenção, havia as despesas com a mão de obra.

Na propriedade açucareira, o canavial ocupava grandes áreas. Depois de colhida, a cana-de-açúcar era transportada até o engenho propriamente dito, onde passava por um longo processo até se transformar em açúcar.

A produção açucareira absorvia dois tipos de mão de obra: a escrava e a livre. Os trabalhadores escravizados atuavam em quase todos os setores da produção, desde o plantio da cana até o carregamento dos navios que transportavam o produto final, o açúcar, para a Europa. Já os trabalhadores livres ocupavam cargos com menos trabalho braçal como mestre de açúcar (especialista na produção) e feitor-mor (encarregado de cuidar dos escravos).

FORMAÇÃO CIDADÃ

A economia açucareira desenvolveu-se com base na monocultura latifundiária, ou seja, poucos proprietários de grandes extensões de terras usadas para o plantio da cana-de-açúcar. O Brasil ainda tem parte da sua economia baseada neste modelo. Pesquise esse tema e apresente os dados ao professor e aos colegas.

Koninklijke Bibliotheek, Den Haag. Fotografia: Bridgeman Images/Easypix Brasil

AQUI TEM MAIS

A infraestrutura empregada na produção açucareira

A produção açucareira exigia conhecimentos em diversas áreas, principalmente Agronomia, Química e Engenharia.

Os engenhos buscavam as formas mais eficientes de colheita da cana-de-açúcar, extração e apuração do caldo para aumentar a produtividade e melhorar a qualidade do produto.

Uma das tecnologias mais importantes para o funcionamento do engenho, no entanto, não está relacionada com a produção de açúcar, e sim com sua distribuição. Em Sergipe, por exemplo, onde a produção dos engenhos era menor que a dos engenhos baianos, uma forma de melhorar o escoamento da produção foi a construção de infraestrutura para utilização dos canais dos rios. Dessa maneira, todos os rios da bacia hídrica da região se comunicavam, facilitando o transporte de carga e diminuindo o custo. Mesmo com uma produção menor, a facilidade de fornecimento para os portos e, consequentemente, para a Europa tornou possível a sobrevivência dos engenhos da região.

Instituto Ricardo Brennand, Recife

↑ Frans Post. *Engenho*, 1661. Óleo sobre madeira, 45,7 cm x 71,3 cm.

1. De que forma os engenhos da região de Sergipe conseguiram se manter operantes, apesar de sua produção ser inferior à dos engenhos baianos?

A chegada dos holandeses

A produção de açúcar no Brasil exigia um alto investimento. Por isso, muitos dos primeiros engenhos foram construídos com empréstimos ou em sociedade com pessoas e empresas da Europa, algumas delas, holandesas. Um exemplo foi o primeiro engenho construído por Martim Afonso, em São Vicente, em 1533, cujo sócio era o holandês Johann van Hiest. Esse engenho foi vendido em 1544 para uma empresa que também era holandesa. Isso demonstra a estreita relação, naquele período, entre portugueses e holandeses.

GLOSSÁRIO

Refinado: aquilo que passou por um processo que o torna mais fino.

Além disso, o açúcar brasileiro era **refinado** na Holanda, que detinha o conhecimento da técnica, e de lá era vendido para os mercados europeus. Essa relação, porém, não foi sempre amistosa e houve um momento em que a Holanda invadiu o nordeste da colônia portuguesa na América e se instalou em algumas regiões, formando o que chamamos de Brasil Holandês. Para entender como ocorreram essas invasões, é preciso resgatar um pouco da história de Portugal naquele momento.

Museu do Estado de Pernambuco, Recife

→ *Vista de Recife*, c. 1630. Gravura, 12,5 cm × 32 cm.

A União Ibérica e a invasão holandesa

Desde 1385, a Dinastia de Avis reinava em Portugal. No entanto, em 1578, o rei D. Sebastião desapareceu na batalha de Alcácer-Quibir, em Marrocos, na África. Como D. Sebastião não tinha herdeiros diretos ao trono, quem assumiu seu lugar foi o parente mais próximo, o cardeal D. Henrique, que acabou morrendo logo depois, em 1580, também sem deixar herdeiros.

Assim, o trono português passou a ser disputado pelos parentes mais próximos do rei anterior. Quem venceu a disputa foi Felipe II, então rei da Espanha, iniciando uma fase da política portuguesa conhecida como União Ibérica, que perdurou de 1580 a 1640, com a incorporação da Coroa de Portugal à monarquia espanhola de Felipe II. Não houve anexação territorial de Portugal pela Espanha. Felipe II mantinha um vice-rei em Lisboa, que nomeava portugueses para administrar a Corte e suas colônias.

Com relação à política externa, a união fez com que Portugal herdasse os conflitos espanhóis com alguns países, entre os quais, a Holanda, que proclamou sua independência da Espanha em 1581, mas somente foi reconhecida pelos espanhóis em 1698. Por conta dessa situação e da formação da União Ibérica, os espanhóis impediram os holandeses de comercializar o açúcar brasileiro em território europeu. Prejudicados por essa medida, os holandeses optaram por invadir a principal área de produção de açúcar nas Américas, no caso, o nordeste brasileiro.

Em 1624, os holandeses fizeram a primeira tentativa de ataque a Salvador. Mas as tropas luso-espanholas reagiram no ano seguinte e reconquistaram a região. Em 1630, porém, com uma esquadra mais bem preparada, os holandeses atacaram e tomaram a capitania de Pernambuco, ocupando Recife e Olinda, ali permanecendo até 1654.

Fundação Biblioteca Nacional, Rio de Janeiro

↑ Claes Jansz Visscher e Hessel Gerritsz. S. *Salvador – Baya de Todos os Sanctos*, 1624.

Pernambuco sob o governo de Nassau

Para administrar a colônia holandesa e fazê-la prosperar, a Companhia Holandesa das Índias Ocidentais nomeu o déspota esclarecido João Maurício de Nassau.

Nassau chegou ao Recife em 1637 e logo ganhou a confiança da população local. Hábil negociante, recuperou os engenhos instalados na região e as lavouras destruídas durante as lutas da invasão. Assim, a produção do açúcar aumentou e foi ao auge no período holandês.

Coleção particular

↑ Frans Post. *Mauritsstad e Recife*, 1653. Óleo sobre madeira.

Nassau tomou ainda outras medidas, como conquistar e ocupar pontos da África fornecedores de escravos, como a costa da Guiné e de Angola, garantindo o fornecimento de mão de obra para os engenhos da região invadida. Além disso, ampliou seus domínios para além das fronteiras da capitania de Pernambuco, como Itamaracá, Paraíba e Rio Grande do Norte.

Em Recife, Nassau empreendeu obras de urbanização, como a construção de pontes, a pavimentação de ruas e obras de saneamento que melhoraram as condições de vida da cidade, tornando Recife a cidade mais urbanizada da América.

No campo das Ciências e das Artes, destaca-se a contribuição de artistas como Frans Post e Albert Eckhout, que registraram por meio de pinturas o cotidiano do Brasil, e o naturalista Georg Marcgraf, autor, com Guilherme Piso, da *Historia Naturalis Brasiliae* ("História Natural do Brasil"), enciclopédia que retratava e procurava compreender a natureza exuberante encontrada por eles.

Nassau foi demitido em 1644 e retornou à Holanda, pois a colônia não havia obtido os lucros almejados. A situação na colônia foi se tornando mais difícil em razão de inúmeros atritos entre colonos e representantes holandeses.

Em 1645, os colonos portugueses começaram um movimento que ficou conhecido como Insurreição Pernambucana, uma luta contra o domínio holandês. Os combates foram violentos e, em 1649, os holandeses foram derrotados nas batalhas ocorridas em Guararapes, o que os deixou isolados no Recife. Essa situação debilitou os representantes holandeses, que acabaram se rendendo e foram expulsos definitivamente em 1654.

Museu Nacional da Dinamarca, Copenhague

→ Albert Eckhout. *Natureza-morta com cabaça, frutas e cactos*, c. 1640. Óleo sobre tela, 94 cm × 94 cm.

ATIVIDADES

NO CADERNO

SISTEMATIZAR

1. Por que o cultivo de cana-de-açúcar se desenvolveu tão bem no Brasil?
2. Como era chamada a unidade produtora de açúcar?
3. Como era a estrutura dos engenhos de açúcar na América Portuguesa?
4. Como foi a administração de Maurício de Nassau e quais foram as mudanças empreendidas na cidade de Recife?
5. Que eventos se sucederam à demissão de Maurício de Nassau do Brasil Holandês?

REFLETIR

1. Leia o texto e responda às questões.

> A sociedade açucareira arrastava consigo uma legião de marginalizados, que compunham o pano de fundo do "paraíso do açúcar": prostitutas, ladrões, mendigos, feiticeiros, biscateiros.
>
> [...] Os pobres livres viviam à sombra do engenho, onde obtinham comida e proteção, em troca de pequenos serviços. Formavam a legião de agregados da casa-grande [...]. Outros excluídos da riqueza do açúcar viviam na cidade, exercendo profissões humildes: barbeiros, sapateiros, ferreiros, pobres alfaiates, vendedores de cestos, quituteiras a oferecer em seus cestos seus doces e guloseimas [...].

Vera Lúcia do Amaral Ferlini. *A civilização do açúcar*. São Paulo: Brasiliense, 1984. p. 94-95.

a) Quem eram os excluídos da sociedade açucareira?

b) Por que podemos classificá-los como excluídos?

c) No Brasil de hoje, existem grupos sociais marginalizados ou considerados excluídos? Explique.

2. Leia o trecho e responda às questões.

> Desta terra do Brasil, podem anualmente ser trazidas para cá e aqui vendidas ou distribuídas 60 mil caixas de açúcar. [...]
>
> As mesmas 60 mil caixas de açúcar custam no Brasil, conforme a citada compra, aproximadamente as 35 toneladas de ouro que a Companhia das Índias Ocidentais poderá pagar, em sua maior parte, com mercadorias, lucrando com isso ao menos 30% e podendo ainda vender bem as suas mercadorias com 30% de vantagem sobre os preços que Portugal costuma cobrar. Donde resulta que a Companhia terá ainda um lucro anual de dez toneladas de ouro. [...] Todas as terras e rendas confiscadas do rei e do clero geravam algo em torno de três a quatro toneladas de ouro por ano. Tudo isso junto importava em cerca de 77 toneladas de ouro que a Companhia das Índias Ocidentais tirava anualmente dessas terras. Deduzindo-se desse total as despesas anuais para a guerra tanto no mar como em terra, a fim de manter em sujeição tais lugares e defendê-los contra o rei da Espanha, as quais importarão aproximadamente em 27 toneladas de ouro, resta ainda para a Companhia um lucro anual de cinquenta toneladas líquidas de ouro, obtido com emprego de capital menor que esta quantia. Para isso, porém, é necessário que se proceda com prudência, ordem e habilidade.

Evaldo Cabral de Mello (Org.). *O Brasil holandês*. São Paulo: Penguin Classics, 2010. p. 30-32.

a) Qual é o tema abordado pelo trecho?

b) Qual era o objetivo da Companhia Holandesa das Índias Ocidentais? Explique.

DESAFIO

1. Faça uma pesquisa sobre obras de Frans Post ou Albert Eckhout que retratem o cotidiano da América Portuguesa. Escolha uma delas e analise-a. É importante que a pesquisa contenha uma breve biografia do artista selecionado.

FIQUE POR DENTRO

As festas na AMÉRICA PORTUGUESA

O ato de festejar, comemorar um fato, seja uma vitória contra um inimigo, seja o final ou começo de um ciclo, seja uma data religiosa, tinha a função de reforçar os laços entre os moradores de um local e seus representantes.

Durante a Idade Média, o modelo europeu de comemoração compunha-se de apresentações de dança e peças de teatro, corridas de cavalos e missas religiosas, entre outras formas de festejar. Esses elementos foram transportados para o Brasil durante o processo de colonização.

Nesse caso, além de comemorar um fato regional ou uma data importante, como o nascimento ou morte de um membro da família real, o evento servia como elo entre um rei geograficamente distante e seus súditos de além-mar. Além disso, a América Portuguesa era um ambiente bastante pobre em atividades culturais, e essas ocasiões eram muito importantes para a população em geral.

Inicialmente, as festas coloniais oficiais ocorriam exclusivamente em algumas capitanias do nordeste e no Rio de Janeiro. Foi apenas no século XVIII que as festas públicas começaram a ocorrer em toda a América Portuguesa, uma vez que já era possível encontrar outros centros urbanos com a infraestrutura necessária para a realização dos eventos.

Omar Marques/Pacific Press/ZUMAPRESS/Fotoarena

Bruno Santos/Folhapress

↑ Moradores de Viana do Castelo (Portugal) participam do Desfile Histórico Etnográfico, durante o Festival de Nossa Senhora. Este festival religioso é um dos mais antigos do norte de Portugal.

← Quadrilha na festa junina de Campina Grande (PB), 2017.

Há diversos relatos de representantes portugueses no Brasil afirmando que os colonos realizaram apresentações de dança e missas para celebrar o fato.

Outro exemplo são as Festas Juninas, com destaque para a de São João, criada para celebrar o nascimento de João Batista. Essa festa teve origem em Portugal, com fogos, fogueira e farta alimentação; mas, no Brasil, transformou-se em uma celebração da cultura rural, com a adição de comidas indígenas e africanas, assim como danças e bebidas típicas do Hemisfério Sul.

Uma curiosidade é que as festas coloniais podem ser divididas entre "festas de igreja", que repetiam o costume europeu de comemoração por meio de apresentações teatrais, missas solenes e disparos de artilharia, e festas pagãs ou populares, nas quais as principais atividades eram cavalhadas e corridas de touros. As festas coloniais serviam ainda como ferramenta de intimidação das populações indígena e africana, já que ostentavam o poder dos senhores europeus.

Com a chegada de outros povos ao Brasil, no final do século XIX, as festas passaram também a ser expressão de diversas culturas. É possível encontrar, no calendário de algumas cidades com núcleos fortes de determinadas etnias, festas em homenagem à cultura do país originário, como a Oktoberfest, realizada na Região Sul do Brasil, que homenageia a cultura germânica, ou o Ano-Novo Chinês, em São Paulo, que celebra não apenas a cultura chinesa, mas a de toda a região do Sudeste Asiático.

1. Quais eram os motivos que levavam os colonos brasileiros a realizar festas públicas na América Portuguesa?

2. Qual era a importância das festas oficiais para os governantes portugueses no Brasil?

EXPLORANDO A PINTURA

Os azulejos pintados

Esses azulejos estão expostos a três metros de altura, na parte interna da Igreja e Convento de Santo Antônio da Ordem Franciscana, na cidade de Recife, capital do estado de Pernambuco. São um dos raros exemplares de azulejos holandeses expostos fora da Holanda e marcam a presença desse povo no Brasil, durante o período histórico conhecido como Invasão Holandesa.

Maurício Simonetti/Pulsar Imagens

↑ Claustro do Convento Franciscano de Santo Antônio com destaque para os azulejos holandeses. Recife (PE), 2013.

Construído pelos portugueses em 1606, o Convento de Santo Antônio é marcado pela arquitetura e decoração de azulejos portugueses e holandeses.

Em cada azulejo holandês da fotografia podemos observar desenhos de cor azul, em fundo branco, de lebres, cachorros, cavalos, gansos, veados, além de figuras femininas e masculinas.

Se vistos de longe, eles se assemelham muito aos azulejos portugueses, principalmente por conta das cores azul e branca. Há, porém, uma grande diferença entre os azulejos holandeses e os portugueses do século XVII expressos nos temas e nas figuras retratadas: os azulejos portugueses contêm imagens religiosas, de santos e de personagens bíblicos, já os azulejos holandeses mostram flores diversas, animais, monstros, paisagens ou figuras humanas.

Contextualizando a imagem

- **Suporte da pintura:** Azulejo.
- **Origem:** holandesa e portuguesa.
- **Século:** XVII.
- **Local:** Igreja e Convento de Santo Antônio da Ordem Franciscana, Recife (PE).

Os azulejos da Igreja e Convento de Santo Antônio da Ordem Franciscana formam a maior coleção de azulejos da época da presença holandesa no Brasil e um dos acervos do patrimônio histórico e artístico brasileiro.

Como já visto, em 1630 os holandeses ocuparam o atual estado de Pernambuco e fizeram de um convento, o Convento de Santo Antônio – talvez uma das edificações mais antigas de Recife –, um forte chamado Ernestus. Com a definitiva expulsão dos holandeses, em 1654, os portugueses reconstruíram o convento e o decoraram com azulejos, tal como o Convento Madre de Deus, de Lisboa.

Há dúvidas sobre a origem exata dos azulejos holandeses do local. Alguns estudiosos acreditam que as peças vieram de Roterdã para decorar casas de famílias ricas ou do próprio Maurício de Nassau e só posteriormente foram transferidas para o Convento. Outros defendem que os azulejos vieram da cidade de Delft e foram trazidos para o Brasil para compor o acervo do Forte Ernestus.

Seja qual for sua proveniência, no século XVII, os holandeses já dominavam a arte de produzir azulejos brancos com desenhos em azul, inspirados nas porcelanas chinesas que chegaram à Holanda no início daquele século. Acredita-se que, por ser barata, a produção dos azulejos holandeses era grande.

Os azulejos holandeses do Convento de Santo Antônio foram descobertos na década de 1960, abaixo de uma camada de tinta. Hoje, a Igreja e o Convento de Santo Antônio recebem, anualmente, centenas de turistas, que os visitam para ver os azulejos de perto.

Sérgio Bernardo/JC Imagem

Painéis de azulejos do Convento Franciscano de Santo Antônio, Recife (PE), 2017.

1. Descreva, com detalhes, o que você observa na imagem dos azulejos da Igreja e Convento de Santo Antônio, da cidade de Recife (PE).
2. Explique qual é a diferença visível entre os azulejos portugueses e os holandeses do século XVII.
3. Sabemos que a existência dos azulejos na Igreja e Convento de Santo Antônio são um indício da passagem dos holandeses pela cidade de Recife. Reúna-se com um colega e, com base em seus conhecimentos sobre a Invasão Holandesa, escrevam um pequeno texto apresentando as hipóteses que procuram explicar como esses azulejos vieram para o Brasil.

PANORAMA

FAÇA AS ATIVIDADES A SEGUIR E REVEJA O QUE VOCÊ APRENDEU.

NO CADERNO

1. A imagem a seguir foi criada em 2000 pelo chargista Kayser, em comemoração dos 500 anos da chegada dos portugueses às terras que hoje formam o Brasil. Observe-a e depois responda à questão.

Kayser

- O que o chargista está ironizando nesta imagem? Responda relacionando-a com as primeiras décadas de exploração portuguesa das terras que viriam a se tornar o Brasil.

2. Por que o local em que a Vila de São Paulo do Piratininga foi fundada apresentava condições favoráveis para o estabelecimento dos colonizadores?

3. De acordo com o que você estudou, a América encontrada pelos europeus correspondia à dos sonhos deles? Explique.

4. Leia o texto a seguir e responda às questões.

O jesuíta José de Anchieta escreveu um poema de 3 554 versos, em latim, sobre as façanhas de Mem de Sá:

Triunfadores meus, diz o chefe, vossa espada valente, armas e destras estão tintas ainda do sangue maldito, sem tardar, lancemo-nos contra o inimigo vencido, enquanto abate o terror das últimas duas batalhas. Vedes quantos aí prostrados a gemer moribundos, quantos outros na fuga receberam mortais ferimentos. Ou exterminar de vez esta raça felina com a ajuda de Deus, ou sepultar-nos na areia gloriosamente. [...]

Quantos estragos não causou então o braço valente do jovem chefe! Quantos corpos de guerreiros ferozes arremessou à morte, tomando vingança no sangue inimigo.

José de Anchieta. *De gestis Mendi Saa*. Introdução, versão e notas de Armando Cardoso. São Paulo: MEC, 1970. p. 113.

a) Como Mem de Sá tratava os nativos? Comente.

b) Ao ler o relato de Anchieta, o que podemos concluir sobre as atitudes de Mem de Sá?

5. Observe a seguir a obra de Benedito Calixto e responda às questões.

Museu Paulista da Universidade de São Paulo, São Paulo

↑ Benedito Calixto de Jesus. *Fundação de São Vicente*, 1900. Óleo sobre tela, 3,85 m × 1,92 m.

a) Que evento foi retratado no quadro?

b) Como foi representada a expedição portuguesa?

c) O que garantiu a fidelidade da pintura ao cenário local?

6. Por que as missões ou reduções jesuítas eram constantemente atacadas?

7. Observe a imagem ao lado. A qual período econômico do Brasil essa imagem se refere? Qual era a importância desses locais para a economia do período?

8. O que Maurício de Nassau fez para que a economia de produção açucareira prosperasse?

9. Além de dominar a região de Pernambuco, para onde os holandeses ampliaram a produção açucareira?

10. Explique quando e como acabou a presença holandesa no nordeste brasileiro.

Museu Nacional de Arte, Copenhagen

↑ Frans Post. *Engenho*, 1660. Óleo sobre tela, 87 cm × 113 cm.

DICAS

▶ ASSISTA

Caramuru: a invenção do Brasil, Brasil, 2001. Direção: Guel Arraes, 88 min.
O filme conta de forma divertida o romance entre um europeu chamado Diogo e uma nativa, Paraguaçu. A trama tem como enfoque os impactos culturais vivenciados pela indígena quando ela passa a morar na Europa com seu amado.

LEIA

Exploradores, de Olivier Besson (Edições SM).
O livro conta em detalhes fatos ocorridos nas expedições marítimas dos séculos XVI a XIX.

Piratas no Brasil, de Jean Marcel Carvalho França e Sheila Hue (Globo).
O livro narra como aconteceram importantes ataques piratas à costa brasileira.

TEMA 7

Brasileiros e africanos

NESTE TEMA

VOCÊ VAI ESTUDAR:

- a diversidade dos povos africanos e o impacto neles causado pela colonização portuguesa;
- as influências africanas na formação cultural brasileira;
- a vida dos escravos no engenho e a resistência à escravidão.

Acervo da artista

↑Luciana Mariano. *Bahia*, 2014. Acrílico sobre tela.

A África e a América possuem muitas proximidades. A história dos dois continentes foi marcada pela chegada das diferentes etnias africanas à América. Esse evento efetivou um intercâmbio cultural riquíssimo.

Nos últimos dois séculos, o continente africano sofreu uma série de problemas sociais e políticos. Mas como era a organização do continente antes da chegada dos portugueses?

Como podemos identificar as influências das culturas africanas e a importância delas para a formação da cultura brasileira?

CAPÍTULO

1 A África nos séculos XV e XVI

Neste capítulo, você vai estudar os impactos nos povos africanos gerados pela colonização portuguesa na América.

O êxito da colonização portuguesa e espanhola da América pode ser explicado por alguns fatores. Como já vimos, a presença, no continente, de matérias-primas de importante valor econômico para os europeus foi, sem dúvida, um elemento fundamental para a decisão deles de explorar e, posteriormente, ocupar os territórios americanos. A busca por ouro, prata, metais preciosos e terrenos adequados para o plantio de cana-de-açúcar instigou as coroas ibéricas a desenvolver a empresa ultramarina.

Para explorar as riquezas naturais de suas novas colônias, Portugal e Espanha adotaram mecanismos distintos. Na América Espanhola, sobressaiu a escravização da mão de obra indígena, submetida por meio da *mita* e dos *repartimientos*. Na América Portuguesa, os nativos também foram utilizados como mão de obra, por meio de negociações, alianças comerciais e, sobretudo, pela escravização.

Ao decidir pela implantação de grandes unidades produtoras de cana-de-açúcar para obtenção do açúcar, os portugueses passaram a necessitar de mais mão de obra, pois essa produção econômica conta com muitas etapas de trabalho. A mão de obra indígena se tornava cada vez mais difícil. O excesso de fugas, as lutas de resistência e as mortes por doenças contribuíram para que os portugueses adotassem a mão de obra africana escravizada.

Eles decidiram, então, replicar o modelo adotado no Arquipélago da Madeira, que já utilizava escravos, desde o século XV, justamente em lavouras de cana-de-açúcar. Assim, grande parte do êxito da empresa colonial portuguesa na América deveu-se à exploração de trabalhadores africanos escravizados.

Biblioteca Municipal Mário de Andrade, São Paulo

Henry Koster. *Engenho de cana*, 1816. Gravura colorida, 16,5 cm × 22,5 cm.

África antes e depois dos portugueses

Pictures From History/Album/Fotoarena

↑ A recepção de Maria. Pintura em pergaminho do *Nagara Maryam* (*História e Milagres de Nossa Senhora Maria*), Gondar, Etiópia, século XVIII.

As formações sociais, econômicas, culturais, políticas e religiosas são muito distintas entre as regiões africanas.

No âmbito da religião, após os séculos VII e VIII, vários povos aderiram ao islamismo, como os que habitavam o Magrebe e o Egito (ao norte do Saara), além do Reino de Gana e do Império Mali (ao sul do deserto); outros se converteram ao judaísmo (Etiópia); outros tantos foram cristianizados (a própria Etiópia, em tempos posteriores à adoção do judaísmo); e, ainda, muitos mantiveram suas crenças ancestrais.

No campo político, enquanto alguns povos construíram vastos impérios, outros permaneceram nômades, com estruturas políticas e sociais menos complexas.

Os povos mais afetados por esse novo contato foram os situados na costa atlântica, na costa do Oceano Índico e os que estavam envolvidos com as rotas comerciais de produtos valiosos, em especial, o ouro e os trabalhadores escravizados.

O comércio de diversos tipos de produtos já era praticado na África muito antes da chegada dos portugueses. Nem poderia ser diferente, pois a África, assim como os outros continentes, era habitada por povos distintos que mantinham contato uns com os outros, trocando mercadorias e integrando as culturas, estabelecendo alianças, travando guerras e negociando com povos de outros continentes. Muitos povos da África já faziam trocas comerciais com habitantes da Europa, do Oriente Médio e da Ásia.

África: principais rotas de comércio (oeste e norte) – séculos IX a XIV

© DAE/Alessandro Passos da Costa

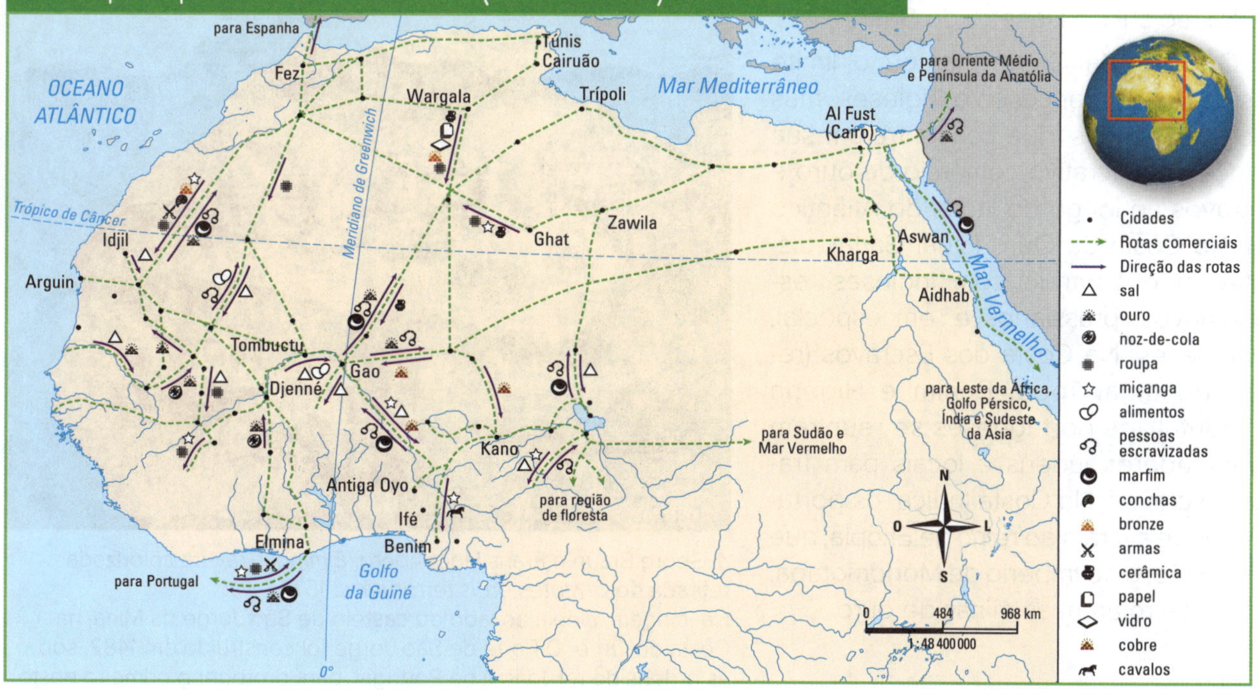

Fonte: Patrick O'Brien. *Atlas of world history*. Nova York: Oxford University Press, 2010. p. 81.

Sociedades pré-coloniais

Antes da chegada dos europeus, muitas sociedades africanas se dividiam em grandes reinos e impérios, conforme já estudado, em geral baseadas em famílias estendidas, com divisões sociais em que a posição social de cada pessoa era predeterminada. As grandes famílias eram compostas por clãs que se uniam, em grande parte, pela língua, formando, assim, uma etnia.

Essas sociedades africanas eram organizadas de acordo com a produção econômica, criando redes de relacionamento. Nelas, em geral, o rei (ou chefe governante) era quem lhes conferia unidade, sendo representado, nas províncias, por governadores ou monarcas locais, constituindo-se em federações.

Nas federações a unidade social era dada pelos vilarejos. A figura de maior destaque nesses locais era o chefe, que não exercia o poder sozinho, sua função era de representação, ou seja, era alguém que organizava a comunidade, em vez de mandar nela. Essa forma de organização social derivava da ideia de que nenhuma pessoa estava acima do coletivo, o que demonstra o papel central da sociedade nas culturas africanas tradicionais.

GLOSSÁRIO

Butim de guerra: conjunto de bens materiais e de escravos ou prisioneiros adquiridos do inimigo derrotado após um ataque ou guerra.

A noção de coletividade se refletia na relação com a terra, considerada patrimônio de todos. Assim, ninguém podia se tornar dono dela, nem mesmo o rei, que detinha o poder sobre as pessoas e não sobre os territórios. Sua riqueza advinha da coleta de tributos, do controle das atividades econômicas de extração de matérias-primas e dos **butins de guerra**. As terras da maior parte dessas sociedades eram pouco produtivas, o que tornava a posse de pessoas e o controle de suas migrações grandes fontes de poder e riqueza.

Nesse contexto, as sociedades tradicionais africanas conseguiam se manter em harmonia por meio de suas crenças, de sua moral e da divisão social do trabalho. Contribuía também a importância dada para a comunidade, em detrimento do indivíduo.

A chegada dos portugueses e de outros europeus, durante o século XVI, abalou a organização de muitos dos povos da África, em especial da África Negra, ao sul do Deserto do Saara.

O Golfo da Guiné marcou o limite das ações de franceses e ingleses, mas não dos ibéricos, que concentraram sua atenção no lucrativo comércio de ouro e escravos ao longo do litoral do Atlântico Sul. Na Costa do Ouro (atual Gana), disputavam o controle com ingleses, escandinavos, prussianos e, em especial, holandeses. Na Costa dos Escravos (região do atual Togo, Benim e Nigéria Ocidental), os portugueses se reuniram a mercadores judeus e locais para traficar escravos. Na Costa Índica, os portugueses se aliaram ao reino de Etiópia, que era cristão, e ao Império de Monomotapa, onde controlaram as minas de ouro.

↑ Georg Braun e Frans Hogenberg. *Elmina*. Gravura colorizada retirada de *Civitates orbis terrarum*, c. 1572.
Na imagem, aldeia ao lado do castelo de São Jorge da Mina, na Costa do Ouro. O Forte de São Jorge foi construído em 1482, sob as ordens do rei João II de Portugal, para proteger o primeiro posto europeu de comércio de ouro na região.

A diáspora africana

A dominação europeia da África oscilou entre diferentes metrópoles. Portugal, Espanha, Holanda, Inglaterra e França foram as que mais se alternaram no controle de importantes regiões comerciais.

Iniciada no litoral, a dominação foi avançando para o interior do continente, com maior destaque para os conflitos entre portugueses e holandeses pela posse das regiões comercializadoras de escravos. Ainda na primeira metade do século XVII, a Holanda, por meio da Companhia Holandesa das Índias Orientais e da Companhia Holandesa das Índias Ocidentais, conseguiu superar Portugal e controlar as feitorias mais importantes antes comandadas pelos portugueses.

Os portugueses começaram a traficar escravos no século XV para abastecer de mão de obra as plantações de cana-de-açúcar do Arquipélago da Madeira. A produção de açúcar na América, iniciada nas primeiras décadas do século XVI, levou-os a aumentar o fluxo de africanos escravizados. Dali em diante, as redes de comércio transatlântico dinamizaram todas as zonas ligadas a ele, das regiões do interior da África onde as pessoas eram capturadas e escravizadas, passando pelas feitorias dos litorais atlântico e índico, até os portos de destino na América, incluindo a América do Norte, as Antilhas e, ainda que em menor escala, a América Espanhola.

Essa disputa pelos escravos foi impulsionada com mais vigor a partir do século XVII, com o crescimento da demanda na América. O aumento das unidades produtoras de açúcar fez crescer a necessidade de trabalhadores que cumprissem todas as etapas de produção, cujo ápice ocorreu no final do século XVIII. Para suprir essa necessidade, os portugueses ampliaram o comércio com as regiões exportadoras de escravos da África ocidental.

Tráfico de escravos - 1450 a 1910

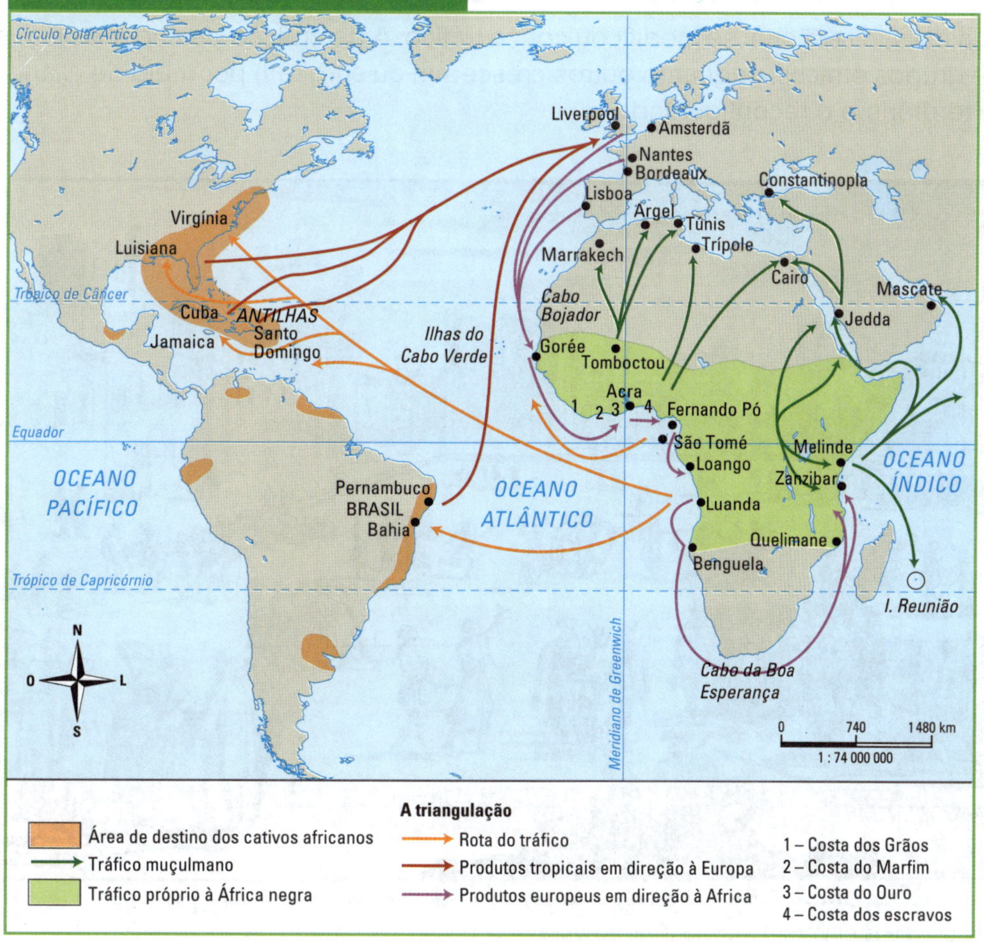

© DAE/Sonia Vaz

Fonte: *Atlas do mundo global*. São Paulo: Estação Liberdade, 2009. p. 118.

As transformações na África

Portugal desenvolveu um sistema de captura e comércio de escravos que gradativamente desestabilizou a estrutura política das comunidades africanas. Reinos com maior organização militar auxiliavam no sustento sistemático do tráfico, pois eram responsáveis por atacar outros grupos étnicos, capturar pessoas e vendê-las como escravas para os portugueses.

É importante lembrar que a escravidão na África já era praticada desde a Antiguidade, sendo uma herança dos romanos – ainda que em outros moldes – que se perpetuou. A escravidão era, principalmente, um espólio de guerra, isto é, consistia em se apoderar dos inimigos de guerra e escravizá-los. Porém, o que ocorreu no continente africano a partir do século XV foi a elaboração de um sistema econômico, composto por redes transatlânticas de exploração e comércio de seres humanos para diferentes fins.

A retirada do continente de homens e mulheres em idade reprodutiva, como também de crianças de ambos os sexos, afetou o crescimento demográfico, o que resultou na queda das atividades econômicas locais, como no comércio, nas práticas agrícolas e pastoril e na metalurgia.

O empobrecimento generalizado das comunidades africanas foi um campo fértil para aumentar as rivalidades entre elas. Para tirar proveito, os portugueses facilitavam o acesso às armas de fogo e estimulavam as guerras. Muitas tribos criaram grupos de milícias a serviço dos portugueses, com o objetivo de capturar e aprisionar pessoas para serem vendidas como escravas; dessa forma, contribuíram para o crescimento e a perpetuação do tráfico.

Além do empobrecimento econômico, houve perda cultural e identitária. As pessoas escravizadas eram separadas de seus familiares e grupo étnico. A consequência foi a extinção de hábitos culturais e línguas, um conjunto de valores e práticas que fazem um indivíduo pertencer a um grupo social.

Por fim, a divisão territorial se modificou com o tráfico. A destruição de impérios e reinos extinguiu linhagens e grupos étnicos, enquanto outros cresceram ou surgiram por meio de alianças, expandindo-se pelo território e o reconfigurando.

Coleção particular

↑ Mercado de escravos em Argel, século XVII. Gravura.

ATIVIDADES

NO CADERNO

SISTEMATIZAR

1. Como eram organizadas – politicamente e economicamente – algumas sociedades africanas antes da chegada dos portugueses?
2. Como é possível relacionar a produção de cana-de-açúcar na América Portuguesa com o uso de mão de obra escravizada africana?
3. Os diferentes povos da África tinham relações comerciais e culturais com povos de outros continentes. Qual foi a influência desses contatos para a constituição de diferentes grupos religiosos no continente?
4. Por que não é correto utilizar a expressão "povo africano"?
5. Na África pré-colonial, qual era a principal fonte de poder das sociedades organizadas locais?
6. Explique as consequências do tráfico transatlântico de escravos africanos para a:
   a) África.
   b) América.
7. Explique como era a organização social de algumas comunidades africanas.

REFLETIR

1. O comércio de pessoas escravizadas existia muitos séculos antes de os europeus chegarem à África. Então, por que os povos africanos só começaram a se desestruturar depois que o comércio transatlântico foi iniciado? Explique essa questão.
2. Leia o texto a seguir e responda.

A Coroa portuguesa e outros Estados europeus devastaram a África, marcando para sempre sua história. Estimularam guerras entre seus habitantes e praticaram o escambo de produtos manufaturados, aguardente, fumo e tecidos por cativos de tribos rivais. Até o século XIX, enquanto durou a escravidão no Novo Mundo, milhões de africanos foram retirados do continente e encaminhados para as *plantations* americanas, em torno de 5 milhões só para a América Portuguesa.

Flavio de Campos e Renan Garcia Miranda. *A escrita da História*. São Paulo: Escala Educacional, 2005. p. 213.

- Descreva as mudanças pelas quais o continente africano sofreu devido ao comércio de escravos promovido por Portugal.

DESAFIO

1. O tráfico transatlântico de africanos escravizados entre os séculos XVI e XIX foi responsável pelo deslocamento de cerca de 10 milhões de pessoas para a América, metade das quais para a América Portuguesa. Um contingente populacional tão grande trouxe diversas consequências para a formação social e cultural dos povos que viviam na América. Forme um trio com os colegas para pesquisar alguns dos vários elementos culturais do Brasil e de outros países da América que tenham sido formados ou transformados pelas culturas trazidas pelos africanos. Elaborem painéis e apresentem os resultados em sala de aula.

CAPÍTULO

2 A escravidão moderna

No capítulo anterior, você estudou as transformações sofridas pelos povos africanos com a escravização. Neste capítulo, você vai estudar a dinâmica da escravidão moderna: de mão de obra a mercadoria.

A escravidão é uma prática social que pode ser observada em diversas sociedades do mundo e nas mais variadas épocas. Desde a Antiguidade, há registro desse tipo de exploração de mão de obra.

Mas a escravidão, ao longo da História, não foi aplicada sempre nas mesmas bases e sob as mesmas condições. Sendo um processo histórico, sofreu mudanças relacionadas a motivos e consequências, quantidade de pessoas escravizadas e até formas de tratamento, de acordo com o povo que a praticava.

Por exemplo, a escravidão era uma das bases mais importantes da sociedade grega e da romana. O mesmo ocorreu com a escravidão africana: ela era fundamental tanto para as elites locais africanas quanto para os europeus, especialmente os portugueses na época da expansão de seu império ultramarino, em particular na América.

Diferentemente do que aconteceu na Antiguidade, a escravidão na Idade Moderna era baseada na possessão, principalmente portuguesa, e na mentalidade de superioridade étnica vigente entre os europeus sobre quaisquer outros povos. Essa visão também ficou clara na escravização dos indígenas.

Já a servidão, praticada na Idade Média, apresentava ainda mais diferenças em relação à escravidão de africanos, pois era um tipo de submissão pessoal baseada no vínculo do camponês à gleba, por isso era proibido comercializar esses trabalhadores rurais. Em alguns casos, os servos podiam escolher o senhor ao qual se submeteriam ou até mesmo conquistar a liberdade abandonando a terra em que trabalhavam.

Biblioteca Nazionale Marciana, Veneza. Fotografia: Bridgeman images/Easypix Brasil

Mês de março: trabalhando nos campos. Gravura do pergaminho fino de *Breviarum Grimani*, século XVI.

A lógica escravista

No Império Espanhol, o fornecimento de escravos africanos para as Américas apoiava-se na prática do *asiento*, autorização real que garantia ao contratado exclusividade desse negócio em determinada área colonial. A Coroa portuguesa, por sua vez, utilizava o tráfico como forma de recompensar a lealdade dos nobres que participavam da administração colonial por todo o império, da Ásia à América.

A importância do tráfico de escravos para as metrópoles europeias estaria além do fornecimento de mão de obra para as colônias. Ele também contribuía para acumulação de capital, pois era uma atividade altamente rentável, mesmo considerando o risco de naufrágio e as consequentes perdas de navios e de vidas humanas durante as travessias transoceânicas.

Contudo, nem todas as metrópoles seguiram o modelo do monopólio. O caso mais exemplar foi o da Inglaterra, que, após a Revolução de 1688, baseou seu comércio de africanos escravizados na livre concorrência. Esse comércio rendeu riquezas que foram utilizadas na expansão das próprias cidades nele envolvidas, como Liverpool. O tráfico também possibilitou a agricultura colonial tropical, garantindo o abastecimento desses produtos aos ingleses sem que eles precisassem depender de outras metrópoles.

Todas as metrópoles contavam, para o sucesso de seus empreendimentos mercantilistas na África, com o apoio e a aliança das elites locais africanas. Essas relações foram facilitadas pelo fato de as sociedades africanas terem se assentado justamente no controle de pessoas, e não da terra, como costumava acontecer na Europa. Desse modo, controlar as migrações humanas era algo com o qual as autoridades africanas estavam acostumadas. A chegada dos europeus potencializou, mas não inaugurou, essas atividades.

Coleção do Duque de Devonshire, Chatsworth House, Reino Unido. Fotografia: Bridgeman Images

↑ Pintura da escola anglo-holandesa atribuída à Thomas Wyck. *Vista de Londres de Southwark*, 1640-1660. Óleo sobre tela, 59,5 cm × 85,7 cm.

O sucesso mercantilista britânico propiciou a expansão da frota marítima, o que garantiu o enriquecimento de várias cidades inglesas.

O tráfico de escravos

A escravidão no continente africano já era uma realidade antes mesmo de os europeus lá chegarem e era praticada em diversas partes do continente. Porém, havia três maneiras pelas quais os indivíduos podiam ser reduzidos ao cativeiro: por meio de compra e venda, de dívida e de guerra.

Com a chegada dos europeus ao continente africano, as guerras passaram a ser a principal forma de escravização de pessoas. Elas foram incentivadas pelos portugueses e outros europeus e, com o passar do tempo, os conflitos se generalizaram para abastecer o comércio de pessoas. A escravização foi intensificada para além das fronteiras da África.

Os comerciantes portugueses negociavam com poderosos impérios e reinos africanos, como os do Congo, de Mali e de Benim. Os escravizados eram trocados por armas, tecidos, algodão, tabaco, cobre, ouro e outros produtos que interessassem aos líderes locais.

Fundação Biblioteca Nacional, Rio de Janeiro

↑ Johann Moritz Rugendas. *Negros no fundo do porão* [O Navio Negreiro]. Gravura publicada em *Viagem pitoresca através do Brasil*, 1835.

As rotas comerciais

Ao iniciar a produção de açúcar no Brasil, os portugueses utilizaram a mão de obra de indígenas escravizados. A partir de meados do século XVI, porém, acrescentaram os africanos, que, após serem escravizados, eram traficados de várias regiões da África e trazidos à força para a América. A rede de tráfico de pessoas escravizadas no Atlântico Sul era composta por traficantes que transitavam entre Angola, Moçambique, Costa da Mina, Buenos Aires e Rio de Janeiro, entre outros pontos.

Essa rede também conectava regiões da África, muitas das quais adquiriam escravos para realizar funções administrativas. Eles atuavam como conselheiros reais, soldados, na guarda pessoal de monarcas, em trabalhos nos campos e em rituais de sacrifício.

O comércio interno de pessoas escravizadas também dinamizava outros segmentos econômicos. Na costa ocidental, eles eram trocados por peixes e sal, o que gerou a ampliação da produção desses dois itens. Estabelecia-se, assim, uma relação de dependência entre as regiões produtoras de alimentos e aquelas que exportavam escravos.

O tráfico transatlântico

Depois de aprisionados, os africanos escravizados eram embarcados em navios, que ficaram conhecidos como tumbeiros, nome que recebiam por causa do grande número de mortes que neles acontecia ao longo do caminho, ou navios negreiros. Uma viagem para o Brasil, por exemplo, podia durar de 35 a 60 dias e era bastante comum que, ao longo do trajeto, muitos deles morressem por causa das más condições de higiene e de alimentação. Amontoados nos porões, muitos não resistiam e os que sobreviviam chegavam magros e debilitados.

As mortes eram frequentemente causadas por desidratação, disenteria, escorbuto e banzo (espécie de depressão profunda que levava a pessoa a não se alimentar e nem mesmo beber água). Apesar das perdas, que podem ser observadas no quadro abaixo, o lucro era grande, pois os que resistiam eram vendidos em feiras e leilões por valores dez vezes maior que todas as despesas de aquisição e transporte. Portanto, era um negócio extremamente rentável para os traficantes.

O aprisionamento e a privação da liberdade de milhões de seres humanos, agravados pelo tráfico via Oceano Atlântico, fizeram da diáspora africana a maior emigração de toda a história da humanidade. Ao chegarem ao Brasil, os escravizados eram vendidos como mercadoria e utilizados como mão de obra na produção de açúcar e em outros setores da economia.

Conforme as demandas econômicas da América Portuguesa mudavam, o fluxo de escravizados também se alterava. Assim, para as atividades agrícolas e de mineração, foi utilizada uma maioria de trabalhadores escravizados bantos. Já para as atividades urbanas foram empregados escravizados sudaneses. Entretanto, isso não significou a substituição dos primeiros pelos segundos, pois os bantos continuaram a chegar à América Portuguesa, em especial à cidade do Rio de Janeiro.

Fluxo de escravos durante tráfico negreiro – número de pessoas

Período	Totais embarcados	Totais desembarcados
1501-1525	13 363	9 376
1526-1550	50 762	35 534
1551-1575	61 007	43 132
1576-1600	152 373	111 244
1601-1625	352 844	274 830
1626-1650	315 050	252 877
1651-1675	488 065	400 281
1676-1700	719 675	594 689
1701-1725	1 088 909	924 567
1726-1750	1 471 725	1 244 321
1751-1775	1 925 315	1 644 353
1776-1800	2 008 670	1 796 628
1801-1825	1 876 992	1 667 172
1826-1850	1 770 978	1 514 396
1851-1875	225 609	189 257
Totais	**12 521 337**	**10 702 657**

Fonte: Emory University. Banco de dados do tráfico transatlântico de escravos. Disponível em: <www.slavevoyages.org/assessment/estimates>. Acesso em: jan. 2019.

Tráfico e formação cultural

Classificados de maneira genérica entre sudaneses e bantos, os escravizados pertencentes ao primeiro grupo formaram grande parte do contingente que veio para a América Portuguesa. Entre eles, destacaram-se as pessoas vindas do Golfo da Guiné, chamados aqui de nagôs e iorubas, nomes utilizados para descrever vários povos distintos, incluindo os islamizados, como os haussás.

Essa pluralidade de povos se refletiu em uma diversidade cultural, pois cada um deles trouxe consigo seus hábitos e costumes. Por exemplo, os bantos, com predominância dos africanos vindos do Congo e de Angola, trouxeram sua religião e práticas culturais, como a capoeira. Entretanto, muito da diversidade cultural que existia ainda na África não sobreviveu na América. As diferenças de línguas, cerimônias religiosas, músicas, entre outras características, desapareceram ou foram sendo juntadas em grupos mais amplos, como os jejes, nagôs, angola e outros.

Além disso, a separação na América de pessoas provenientes das mesmas áreas exportadas da África tornou muito difícil a manutenção de sua língua e cultura originais. A mistura com pessoas de outras origens, enquanto a própria cultura brasileira ia sendo formada por meio das tradições indígenas e portuguesas, tornava esse cenário ainda mais desafiador para os recém-chegados aos portos brasileiros. Tanto que poucos negros nascidos na América Portuguesa dominavam sua língua de origem e mantinham seus costumes tradicionais.

> Os casamentos entre nações, a miscigenação com o branco e com o índio, e a adoção da cultura nacional promoveram com intensidade o apagamento das diferentes culturas africanas. Quanto mais distante no tempo estamos, mais intenso terá sido o processo de absorção do africano à cultura brasileira em formação, menos marcas culturais específicas terão sobrado.

Reginaldo Prandi. De africano a afro-brasileiro: etnia, identidade, religião. *Revista USP*, São Paulo, n. 46, p. 52-65, jun.-ago. 2000.

Biblioteca Municipal Mário de Andrade, São Paulo

↑ Johann Moritz Rugendas. *Habitação de negros*. Gravura publicada em *Viagem pitoresca através do Brasil*, 1835.

ATIVIDADES

NO CADERNO

SISTEMATIZAR

1. Qual era relação entre a escravidão africana e o capitalismo mercantil?

2. Em que a servidão medieval se diferenciava da escravidão moderna?

3. Comente a seguinte frase: "A perda de liberdade individual trouxe, ao longo da História, as mesmas consequências para as pessoas que foram submetidas à escravidão".

4. Relacione as rotas de comércio transmarítimas com o tráfico de escravos iniciados pelos portugueses.

5. Por que o desenvolvimento da América Portuguesa deve muito à utilização da mão de obra de trabalhadores africanos escravizados?

REFLETIR

1. Leia o trecho de uma entrevista dada por Alberto da Costa e Silva, um dos maiores especialistas em História da África.

> No Brasil, pela primeira vez, um jalofo do Senegal viu um tonga de Moçambique, um edo da Nigéria viu um andongo de Angola. Aqui, você teve a confluência das mais diferentes culturas e línguas africanas. Nesse matrimônio, alguns grupos saíram mais vitoriosos que outros porque conseguiram impor seus padrões culturais com mais facilidade, como os andongos no Rio e os iorubás na Bahia.

Antonio Gonçalves Filho e Lilia Moritz Schwarcz. A África dos reis, antes de Portugal. *O Estado de S. Paulo*, 11 jun. 2011. Disponível em: <https://cultura.estadao.com.br/noticias/geral,a-africa-dos-reis-antes-de-portugal-imp-,730981>. Acesso em: jan. 2019.

- Explique, com suas palavras, a opinião do autor sobre o impacto da escravidão transatlântica para os povos da África que se envolveram no tráfico de escravizados.

2. Leia o trecho, observe a imagem a seguir e responda às questões.

> No transporte de negros de Angola para o estado do Brasil os carregadores e capitães dos navios têm a prática escandalosa de colocá-los a bordo tão juntos uns dos outros que não só lhes falta a necessária facilidade de movimento indispensável à vida [...] mas devido à condição de superlotação em que viajam muitos morrem, e aqueles que sobrevivem chegam em estado deplorável.

Decreto Real, Lisboa, 1684. In: Edgar Robert Conrad. *Os tumbeiros: o tráfico de escravos para o Brasil.* São Paulo: Brasiliense, 1985. p. 52-53.

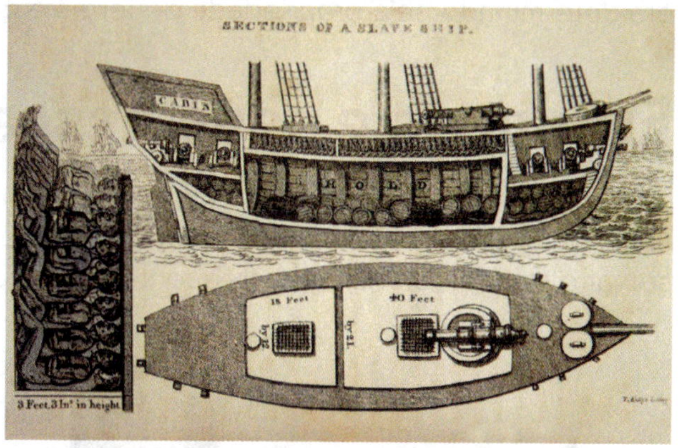

Coleção particular

↑ Um navio negreiro. Litogravura de autoria desconhecida para a obra *Notícias do Brasil* (1828-1829), de Robert Walsh, publicada em 1830.

a) Como eram transportados os africanos na vinda para a América Portuguesa?

b) Quais eram as condições impostas e quais foram as consequências delas?

c) A imagem comprova a descrição do texto? Explique.

DESAFIO

1. O transporte de africanos escravizados para a América foi realizado pelos tumbeiros em condições extremamente degradantes. Organizando-se em grupos de quatro integrantes, pesquise com os colegas imagens desses navios e, juntos, descrevam as condições em que as pessoas eram neles transportadas. Apresentem seus resultados à turma explicando as imagens. Se possível, ilustrem a descrição com textos ou depoimentos de pessoas que vivenciaram essa situação.

CAPÍTULO

3 Sociedade açucareira

No capítulo anterior, você estudou o tráfico negreiro e a formação cultural do Brasil.
Neste capítulo, você vai estudar as características da sociedade açucareira, o trabalho dos escravizados, a resistência à escravidão e a religiosidade na colônia.

Nos primeiros séculos da presença portuguesa, tanto no nordeste açucareiro como nas demais regiões do Brasil, as relações econômicas ditaram a organização da sociedade. Existia, primeiro, uma divisão entre pessoas livres e pessoas escravizadas. Entre as pessoas livres, o poder político e social era determinado pela propriedade de terras e quantidade de escravos.

Europeus e seus descendentes

Os grandes senhores de engenho impunham respeito pelo exercício da força e da violência, confirmando o modelo de sociedade **patriarcal**. O casamento entre famílias da elite era uma forma de preservar o poder regional e era frequente que o patriarca decidisse com quem suas filhas se casariam.

A família em geral era extensa, com muitos filhos. Porém, apenas o mais velho era o herdeiro da propriedade, costume com origem na cultura medieval ibérica. Os demais filhos geralmente se dedicavam ao **sacerdócio** ou aos estudos. Normalmente, a profissão dos filhos também era imposta pelo pai.

Museus Castro Maya, Rio de Janeiro

Jean Baptiste Debret. *Um funcionário a passeio com sua família*. Gravura publicada em *Viagem pitoresca e histórica ao Brasil*, 1834-1839.

GLOSSÁRIO

Sacerdócio: carreira dedicada à religião.

Patriarcado é uma forma de organização social que existe desde a Antiguidade, e vem se modificando ao longo do tempo. Em uma sociedade patriarcal, os homens adultos possuem um conjunto de poderes e privilégios que se sobrepõem às mulheres e crianças. Nesse sistema, o pai possui autoridade sobre os demais membros da família. E, no âmbito político, são os homens que lideram os cargos públicos mais importantes, de forma a imporem valores morais e manterem seus privilégios e autoridade.

A educação era exclusivamente masculina. Geralmente as mulheres recebiam apenas algumas noções de escrita e de Matemática e eram educadas especialmente para o casamento e para assumir algumas funções do lar. Em famílias com menos poder econômico, algumas mulheres exerciam profissões para sustentar a família.

Os senhores de engenho ocupavam o topo da hierarquia social. Abaixo deles, estavam os colonos com menor poder econômico, os mercadores e os trabalhadores assalariados e, por fim, os escravos libertos, os indígenas e os africanos escravizados e seus descendentes. O catolicismo estava na base dos fundamentos morais e dos costumes; era comum haver uma capela nas propriedades rurais.

Mesmo no interior dos engenhos, havia tarefas realizadas por trabalhadores livres assalariados, que recebiam por trabalho concluído ou mesmo por dia. A mais importante função exercida por um trabalhador livre assalariado era a de feitor-mor, que atuava como um administrador da propriedade.

Os lavradores

No entorno do engenho ficavam os agricultores, conhecidos como lavradores, que cultivavam cana-de-açúcar em pequenas propriedades. Também dependentes dos grandes senhores de engenho, esses lavradores cultivavam a cana-de-açúcar e a levavam para os grandes engenhos para ser moída, deixando, como pagamento, parte do açúcar obtido no processo.

Havia ainda os proprietários apenas de escravos. Eles geralmente alugavam pequenos pedaços de terra e nela cultivavam a cana. Como pagamento, deixavam grande parte da produção, contribuindo assim para o aumento da produção de açúcar dos grandes engenhos.

Entretanto, a composição da sociedade ia além das fronteiras do engenho. Havia os criadores de gado, os religiosos, os funcionários públicos e, principalmente, os comerciantes de alimentos, roupas, bois, mulas e escravos.

In: Viagem pitoresca ao Brasil. Coleção particular

↑ Johann Moritz Rugendas. *Família de fazendeiros*, c. 1822-1825. Aquarela, 19 cm × 26 cm.

A mão de obra escrava

Os africanos escravizados foram a principal mão de obra para quase todas as atividades econômicas da América Portuguesa. Durante os aproximadamente 400 anos de escravidão no Brasil, eles ocupavam quase todas as funções, nas fazendas de cana-de-açúcar, nos serviços domésticos e urbanos.

Nos centros urbanos, eles desempenhavam diversos trabalhos, como barbeiros, sapateiros, vendedores, carregadores etc. Do que recebiam por esses serviços, geralmente repassavam a parte maior a seus senhores e, com o restante acumulado por muito tempo, alguns chegaram a comprar a própria **alforria**. Realizavam também as tarefas relativas ao abastecimento de água, indo buscá-la nos chafarizes e bicas das vilas e cidades. Outro serviço comum era o transporte de pessoas – em cadeiras, liteiras ou carruagens – e o de cargas e encomendas.

GLOSSÁRIO

Alforria: ato de liberdade legal cedida ao escravo pelo proprietário.

Fundação Biblioteca Nacional, Rio de Janeiro

← Henry Chamberlain. A chefe e a cadeira, 1820. Litografia retirada de *Vistas e costumes da cidade e arredores do Rio de Janeiro em 1819-1820*.

Cabia aos escravos ainda limpar as ruas e carregar os dejetos e o lixo para serem jogados nos rios.

Nos arredores da cidade, em pequenas propriedades, onde a produção era voltada para a subsistência da população local, também era utilizada mão de obra escrava. Na região que deu origem ao atual Estado de Santa Catarina, trabalhavam na pesca da baleia, animal do qual se extraía o óleo utilizado principalmente para a iluminação.

Religião e religiosidade

A religião oficial de Portugal era a católica. Ela desempenhou um papel relevante na constituição da sociedade colonial.

Os jesuítas foram os primeiros a implantar os núcleos de ensino na colônia. Mas não era apenas aos nativos que se dirigia o trabalho missionário e de ensino da fé católica dos jesuítas. Eles também ministravam aulas aos filhos de colonos e senhores. Além da Companhia de Jesus, outras ordens religiosas estiveram presentes na colônia, como os franciscanos, os beneditinos e os carmelitas, todos professando a doutrina católica.

O cotidiano da vida religiosa era intenso, com muitas missas, cerimônias de batizados, casamentos, procissões e festas em homenagem aos santos. O poder da Igreja Católica evidencia-se na escolha, pelos colonizadores, de alguns nomes de locais: Baía de Todos-os-Santos, Salvador, São Vicente, São Paulo. Havia, como ainda há, feriados religiosos, nos quais se promoviam festividades com grande número de devotos. Esses encontros festivos e religiosos também tinham o propósito de criar oportunidades para a confraternização da população.

Tanto os indígenas aldeados como os africanos escravizados tinham suas crenças e as manifestavam. Porém, a força do missionarismo jesuíta e o trabalho dos cristãos, com a imposição do catolicismo, acabaram se sobrepondo a outras formas de religiosidade, ou – o que era muito comum e deixou traços na religiosidade dos brasileiros – produziram uma mistura das crenças originais de indígenas e africanos com a doutrina e as práticas do catolicismo.

Essa mistura é o que se conhece por sincretismo religioso. Mesmo abraçando a fé católica por imposição, populações indígenas e africanas reinterpretavam essa crença e associavam-na a seus deuses, criando novas formas de expressão religiosa.

A religiosidade dos africanos

Os escravos provenientes de diversas regiões da África professavam várias crenças religiosas, de acordo com sua cultura de origem. Ao chegarem ao Brasil, porém, eram proibidos de praticá-las e de usar a língua ou **dialeto** natal. Entretanto, era comum os senhores de escravos não notarem que eles mantinham suas crenças ou até mesmo permitiam essa prática para evitar rebeliões.

GLOSSÁRIO

Dialeto: variante da língua oficial de um lugar pertencente a uma comunidade específica.

Por ordem da Igreja Católica, os escravos deveriam receber os sacramentos católicos, como o batismo e a eucaristia, e frequentar rituais católicos, como a missa. Nas senzalas, porém, muitos deles cultuavam as próprias divindades e muitas de suas crenças se misturaram aos costumes católicos e dos povos indígenas, recriando suas religiões conforme as bases do sistema a eles imposto.

Museus Castro Maya, Rio de Janeiro

Jean Baptiste Debret. *Jovens negras indo à igreja para serem batizadas.* Gravura publicada em *Viagem pitoresca e histórica ao Brasil*, 1834-1839.

Como essas práticas eram geralmente clandestinas, há pouca informação sobre a religiosidade dos africanos em nosso país. Sabe-se que faziam cultos aos mortos e outros rituais, como o calundu, o acontundá e o candomblé, este último ainda bastante presente em várias regiões do Brasil atual.

O calundu era uma cerimônia conduzida por um líder espiritual, chamado de vodunô, acompanhada de cantos, danças e oferendas. O objetivo dessas cerimônias era a purificação e a proteção.

O acontundá era bastante praticado na região de Minas Gerais, no século XVIII, e realizado em casas humildes com danças, ao som de tambores e canto em dialeto africano. Também se usavam alguns textos católicos, resultado da mistura das crenças.

O candomblé assemelha-se muito ao acontundá, com altar e acessórios para o culto. No candomblé, é possível ver mais claramente a influência católica, já que muitos orixás são evocados com o nome dos santos católicos.

Assim, pode-se perceber a manutenção de crenças africanas e a fusão com crenças católicas e indígenas nos rituais hoje chamados de afro-brasileiros.

Staatliche Kunstsammlungen, Dresden

↑ Zacharias Wagner. *Dança de negros escravos*, 1634. Aquarela.

Rogerio Reis/Tyba

↑ Culto no Terreiro Ilê Axé Ala Obatalandê, de candomblé de nação Ketu, em Lauro de Freitas (BA).

AQUI TEM MAIS

Sincretismo religioso

Durante o processo de espalhar a fé cristã pelo mundo, a Igreja Católica encontrou populações que tinham as próprias crenças e religião, fossem elas politeístas, fossem monoteístas.

Assim, para conseguir atingir seus objetivos, os missionários, principalmente jesuítas, começaram a adaptar símbolos e conceitos conhecidos por essas populações para facilitar a conversão.

Ao chegar ao Brasil, parte da população africana já era cristã. No entanto, o processo de troca de símbolos entre os cristãos e as religiões indígenas e africanas causou o surgimento de uma mistura religiosa.

Um exemplo dessa adaptação é a Irmandade de Nossa Senhora do Rosário dos Homens Pretos, que fazia um paralelo entre a Virgem do Rosário com a orixá Ifã. Outro exemplo é o santo católico São Jorge, cuja imagem foi associada ao orixá Ogum, por ambos serem relacionados à guerra.

1. **O que é sincretismo religioso? Como ele se manifesta no cotidiano das pessoas?**

As irmandades religiosas

A convivência social em algumas regiões do Brasil estava profundamente ligada à religião. Pobres e ricos, senhores e escravos participavam ativamente das festas religiosas, como batizados, casamentos, festas de santos e outros eventos, todas relacionadas a profissões de fé.

Também chamadas de Ordens Terceiras, as irmandades eram associações de leigos, formadas em torno do culto de um santo padroeiro, que agrupavam pessoas da mesma condição socioeconômica preocupadas em seguir rigorosamente as recomendações católicas.

Fundação Biblioteca Nacional, Rio de Janeiro

↑ Johann Moritz Rugendas. *Festa de Nossa Senhora do Rosário*. Gravura publicada em *Viagem pitoresca através do Brasil*, 1835.

Em algumas regiões da colônia, eram as irmandades que praticavam a difusão da fé católica. Cabia a essas organizações o comando da vida religiosa da região e, entre os membros de cada associação, predominavam ações de solidariedade e ajuda mútua. Também contribuíam em um grande número de tarefas da **alçada** do governo, como a manutenção de orfanatos, asilos e hospitais.

As irmandades formadas por escravos e ex-escravos, além de se destacarem na defesa dos cativos, funcionavam como alternativa mais integradora de vida social. As próprias autoridades estimulavam sua existência, pois entendiam que os escravos que as frequentavam eram menos propensos a promover a desordem social por receberem os princípios básicos da doutrina cristã.

O fato é que se, por um lado, o catolicismo – a religião trazida pelos portugueses – acabou se sobrepondo a outras práticas religiosas, inclusive as religiões africanas, por outro, não as anulou. Ritos e práticas religiosas de origem africana juntaram-se com tradições e práticas religiosas dos europeus.

GLOSSÁRIO

Alçada: limite à atuação de um órgão, competência.

Douglas Cometti/Folhapress

→ Igreja Nossa Senhora do Rosário. É um raro exemplar do barroco mineiro, com fachada circular, cuja construção data de 1785. Ouro Preto (MG).

ATIVIDADES

NO CADERNO

SISTEMATIZAR

1. Descreva o papel exercido pelo senhor de engenho na sociedade açucareira.

2. A imagem da página 206 representa o funcionamento da sociedade colonial na América Portuguesa? Por quê?

3. Como era a divisão do trabalho entre trabalhadores escravos e livres nos engenhos de açúcar?

4. A sociedade colonial da América Portuguesa não praticava apenas atividades dos engenhos. Cite outras funções que eram exercidas fora dos engenhos.

5. Os escravos também trabalhavam nas cidades.

a) Quais atividades eles exerciam?

b) Como eles obtinham a alforria?

6. Qual foi o papel das ordens religiosas na América Portuguesa?

REFLETIR

1. Leia a seguir o trecho de uma reportagem veiculada pela mídia em 2016.

Dados compilados pela Comissão de Combate à Intolerância Religiosa do Rio de Janeiro (CCIR) mostram que mais de 70% de 1.014 casos de ofensas, abusos e atos violentos registrados no Estado entre 2012 e 2015 são contra praticantes de religiões de matrizes africanas. Divulgado nesta quinta-feira (21), Dia Nacional de Combate à Intolerância Religiosa, o documento reacende o debate: por que os adeptos da umbanda e do candomblé, e suas variações, ainda são os mais atacados por conta de sua religião?

Jefferson Puff. Por que religiões de matriz africana são o principal alvo de intolerância no Brasil? *BBC Brasil*, 21 jan. 2016. Disponível em: <www.bbc.com/portuguese/noticias/2016/01/160120_intolerancia_religioes_africanas_jp_rm>. Acesso em: jan. 2019.

a) O que a reportagem denuncia?

b) Converse com os colegas e definam "intolerância religiosa".

c) Em dupla, conversem sobre esse assunto e proponham medidas que possam ajudar a superar a situação descrita.

d) Você já presenciou intolerância religiosa ou foi vítima dela? Conte como foi.

2. Explique como o sincretismo religioso contribuiu para a formação da cultura e da identidade brasileira.

DESAFIO

1. Com a turma dividida em dois grupos, façam o que se pede.

a) Pesquisem igrejas construídas por irmandades religiosas de escravos e ex-escravos na América Portuguesa.

b) Montem um painel com imagens sobre elas, relacionando-as com as informações obtidas.

c) Criem textos explicativos e exponham os resultados no mural da sala de aula.

CAPÍTULO

4 A vida dos escravos

No capítulo anterior, você estudou algumas características da sociedade açucareira e o sincretismo religioso na colônia. Neste capítulo, você vai conhecer a multiplicidade de modos de vida dos escravizados

As condições a que os africanos escravizados eram submetidos variaram muito na colônia portuguesa da América: dos trabalhos árduos nas plantações de cana-de-açucar às duras condições de vida nas regiões mineradoras, passando pelo trabalho na moradia de seus senhores e no comércio das cidades.

O modo de vida também se diferenciava de acordo com as relações pessoais. Se muitos senhores eram cruéis e violentos, havia outros que manifestavam confiança, mas sempre deixando evidente a posição subalterna dos escravos. Alguns senhores e escravos iniciaram relações afetivas de longa duração, porém esses casos eram exceções em um ambiente estritamente marcado pela violência.

Museus Castro Maya, Rio de Janeiro

↑ Jean Baptiste Debret. *Uma senhora de algumas posses em sua casa*. Gravura publicada em *Viagem pitoresca e histórica ao Brasil*, 1834-1839.

Em cada situação e em cada momento histórico predominou determinado tipo de relação social que marcou a convivência entre os escravos e seus senhores e entre os próprios escravos. Por exemplo, o conhecimento de determinadas técnicas de trabalho conferia melhores condições sociais no mundo do trabalho colonial.

Houve muitos casos de escravos que, uma vez libertos, adquiriram seus próprios escravos. Essa situação acontecia com mais frequência nas áreas urbanas, onde o trabalho remunerado, ainda que pouco, possibilitava que trabalhadores acumulassem pequenos ganhos econômicos e conseguissem comprar escravos. Para ilustrar essa situação, podemos citar o caso de um ex-escravo de Salvador que, em meados do século XIX, negociava escravos e figurava entre as dez pessoas mais ricas da cidade.

A mulher escravizada

A mulher escravizada, além de realizar tarefas iguais às dos homens, prestava serviços domésticos na casa do senhor e ainda cuidava dos filhos dele e os amamentava, ou seja, era ama de leite e babá. Nas cidades, muitas escravas também exerciam profissões de ganho, principalmente vendendo produtos em tabuleiros, como doces, frutas, bolos.

Coleção particular

↑ F. Villela. *Augusto Gomes Leal e ama*, Recife, c. 1860. Albúmen, 10,5 cm × 6,5 cm.

As mulheres também atuaram de forma ativa na formação da cultura brasileira e da economia de várias regiões da colônia portuguesa na América. Nas regiões mais urbanizadas da colônia, como as Minas Gerais do século XVIII, elas não só praticavam o comércio **ambulante**, vendendo comidas em seus tabuleiros, como também atuavam como informantes, levando notícias sobre o que ocorria nos diferentes locais das cidades de um grupo a outro, incluindo informações importantes sobre revoltas que iriam acontecer. Elas também mantinham contatos com quilombolas, levando produtos e informações para os quilombos que ficavam próximos das áreas urbanas.

As mulheres escravizadas sofriam também com a maternidade, uma vez que, ao terem filhos, elas não trabalhavam menos, sendo alvo de cobrança de seus senhores e de violências extremas, como o abandono de suas crianças.

GLOSSÁRIO

Ambulante: que não tem um lugar fixo, que se locomove constantemente.

Os castigos físicos

Caso os escravos não cumprissem as ordens dos proprietários, eram submetidos a severos castigos. De acordo com a cultura da época, os castigos eram necessários para manter a ordem e a hierarquia. Além disso, castigar fazia parte dos direitos dos donos sobre os escravos. Essas punições eram geralmente em público, para servir de exemplo aos outros escravos que viviam no mesmo local.

Havia diferenças entre os castigos destinados aos homens e às mulheres. Para não estimular a revolta dos homens, as mulheres eram castigadas em recintos fechados, longe dos olhares dos outros escravos.

A partir do século XVII, algumas medidas essencialmente formais foram tomadas para diminuir a violência dos castigos aplicados pelos senhores de engenho. Entre elas, os escravos podiam entrar com uma ação judicial contra o dono e mesmo pedir a troca de senhor caso estivessem sendo muito maltratados.

Viagem pitoresca e histórica ao Brasil. Coleção particular

↑ Jean-Baptiste Debret. *Castigo de escravo que se executa nas praças públicas*, 1826.

DIÁLOGO

Pão, disciplina e trabalho

"Quais seriam, portanto, no escravismo, as ideias que, passando pelos dois polos da relação de produção, lhe dariam condição de existência, assegurando-lhes continuidade, sendo percebidos como 'naturais', comuns a todos os membros da sociedade? Quais seriam, em outras palavras, os mecanismos encarregados de manter os escravos na sua condição de trabalhadores submissos, de fazê-los trabalhar e produzir para seu senhor?" [...]

Museus Castro Maia, Rio de Janeiro

↑ Jean Baptiste Debret. *O jantar no Brasil*, litografia presente na obra *Viagem pitoresca e histórica ao Brasil, 1834-1839*, v. 2.

No final do século XVII, um jesuíta italiano residente na Bahia pregou aos senhores um longo sermão sobre as "Obrigações dos senhores para com os escravos". Modificado, o texto foi publicado em 1705 com o título Economia Cristã dos Senhores no Governo dos Escravos. Neste livro, explicava aos senhores, com bases teológicas e filosóficas, as regras, normas e modelos que deviam seguir na relação com seus cativos. Para esse autor, a relação senhor-escravo era um complexo de obrigações recíprocas. O escravo devia sujeitar-se a trabalhar para seu senhor. O que os senhores deviam dar aos escravos resumia-se na seguinte fórmula: "panis, et disciplina, et opus servo", isto é, pão, disciplina e trabalho para o servo. Pão (sustento, vestuário, cuidado nas enfermidades e obrigações de ensinar a doutrina cristã) para que não sucumbissem; castigo, para que não errassem, e trabalho, para que merecessem o sustento e não se fizessem insolentes contra os próprios senhores e contra Deus.

Na parte do livro que trata especificamente do castigo, Jorge Benci inicia sua exposição afirmando que "para trazer bem domados e disciplinados os escravos é necessário que o senhor lhes não falte com o castigo, quando eles se desmandam e fazem por onde o merecem".

Silvia Hunold Lara. *Campos da violência: escravos e senhores na capitania do Rio de Janeiro (1750-1808)*. Rio de Janeiro: Paz e Terra, 1988. p. 44-45.

1. Segundo o jesuíta Jorge Benci, como os senhores deveriam proceder para manter seus escravos?
2. Qual era o papel do castigo nessa relação?
3. O que significa dizer que as obrigações entre escravos e senhores eram recíprocas?

A resistência à escravidão

Enquanto houve escravidão, também existiu resistência às diversas formas de violência cometida contra os escravos. De diferentes maneiras, eles mostraram seu descontentamento e a necessidade de mudar a situação de opressão física e moral.

Suicídios, assassinatos de senhores, sabotagens, revoltas e, principalmente, fugas fizeram parte das reações contra a violência da escravidão.

De todas as formas de resistência, a fuga era, talvez, a mais comum. Muitos dos fugitivos construíram esconderijos na mata, que ficaram conhecidos como quilombos. O maior e mais famoso de todos foi o Quilombo dos Palmares, localizado na Serra da Barriga, na região dos atuais estados de Alagoas e Pernambuco. Estima-se que a vida nesse quilombo era comunitária e seguia sob a liderança de um chefe. Entre os líderes, destacaram-se Ganga Zumba e Zumbi, até hoje considerados os grandes personagens da resistência africana. Palmares foi destruído em 1694, em um ataque comandado pelo bandeirante paulista Domingos Jorge Velho.

Nem sempre as fugas eram em grupo. Nas individuais, os fugitivos buscavam abrigo na casa de libertos, de conhecidos livres, escondiam-se na **periferia** das cidades ou eram ajudados por irmandades contrárias à escravidão. Houve casos em que a ameaça de fuga resultou em negociação, já que os senhores tinham grande prejuízo com a perda da força de trabalho. Nos grandes centros urbanos ou em cidades mais desenvolvidas, as fugas eram anunciadas em jornais para facilitar a procura e recaptura dos cativos. Os que eram encontrados sofriam castigos físicos como punição por sua rebeldia.

Rubens Chaves/Pulsar Imagens

↑ Escultura de Zumbi dos Palmares localizada no centro histórico de Salvador (BA). Zumbi foi um grande líder da resistência à escravidão. A marca dessa resistência é hoje comemorada anualmente no dia 20 de novembro, instituído como Dia Nacional da Consciência Negra.

Instituto de Estudos Brasileiros/IEB, Universidade de São Paulo

→ Joan Blaeu e Georg Marcgraf. Detalhe do mapa *Praefecturae Paranambucae pars Meridionalis*, em *Atlas Maior*, 1647. Nesta ilustração, em que há escravos pescando, especula-se que seja uma representação de Palmares.

FORMAÇÃO CIDADÃ

A formação de quilombos foi uma das formas de resistência dos africanos e de seus descendentes no Brasil. Muitas comunidades remanescentes de quilombos existem até hoje. Faça uma pesquisa sobre os quilombos contemporâneos da região ou estado onde você mora. Escolha um deles e, em seguida, faça uma redação sobre os principais aspectos culturais dos quilombolas na atualidade.

GLOSSÁRIO

Periferia: região afastada do centro de uma cidade.

As revoltas

Outra forma de resistência ao sistema escravista eram as revoltas, muitas delas planejadas com antecedência e organizadas por um líder, escolhido entre os escravos.

No início, eram motivadas somente pelo desejo de liberdade pessoal. Com o tempo, o caráter delas foi ampliado e os revoltosos passaram a reclamar do recebimento de castigos, da separação de seus familiares e também do não cumprimento de acordos estabelecidos entre eles e os senhores.

Mesmo quando não alcançavam os objetivos, as revoltas serviam para mostrar aos senhores de engenho que mudanças eram necessárias. Muitos deles perceberam o sentido dessas ações e ofereceram melhores condições de trabalho e sobrevivência aos escravos.

Liberdade negociada

Da mesma maneira que resistiam por meio de revoltas, fugas e outras ações, os escravos também buscavam pequenos espaços de negociação. Aos poucos, iam mostrando aos senhores que seu trabalho era necessário. Dessa maneira, conseguiam manter uma relação mais estável e obter algum grau de liberdade em relação ao senhor.

Gradativamente alguns senhores compreenderam que perder o trabalho de seus escravos, muitas vezes especializado, não seria um bom negócio. Assim, nessas negociações, alguns escravos conseguiram a tão desejada carta de alforria.

No final do século XVII, passou a vigorar uma lei que previa um dia livre na semana para que o escravo pudesse se dedicar ao plantio de alimentos para a própria subsistência. Ela previa ainda que o senhor de engenho fornecesse a terra para essas roças. Esse sistema interessava a ambos: ao senhor, pois fixava os escravos à terra, evitando futuras fugas; e ao escravo, porque contribuía para a produção de alimentos, cujo excedente podia ser comercializado, possibilitando ganhos revertidos em alforrias, se assim ele desejasse.

Todas essas formas negociadas de liberdade, ainda que amenizassem a dureza da escravidão, não significaram, porém, o fim da repressão e da violência contra os escravos.

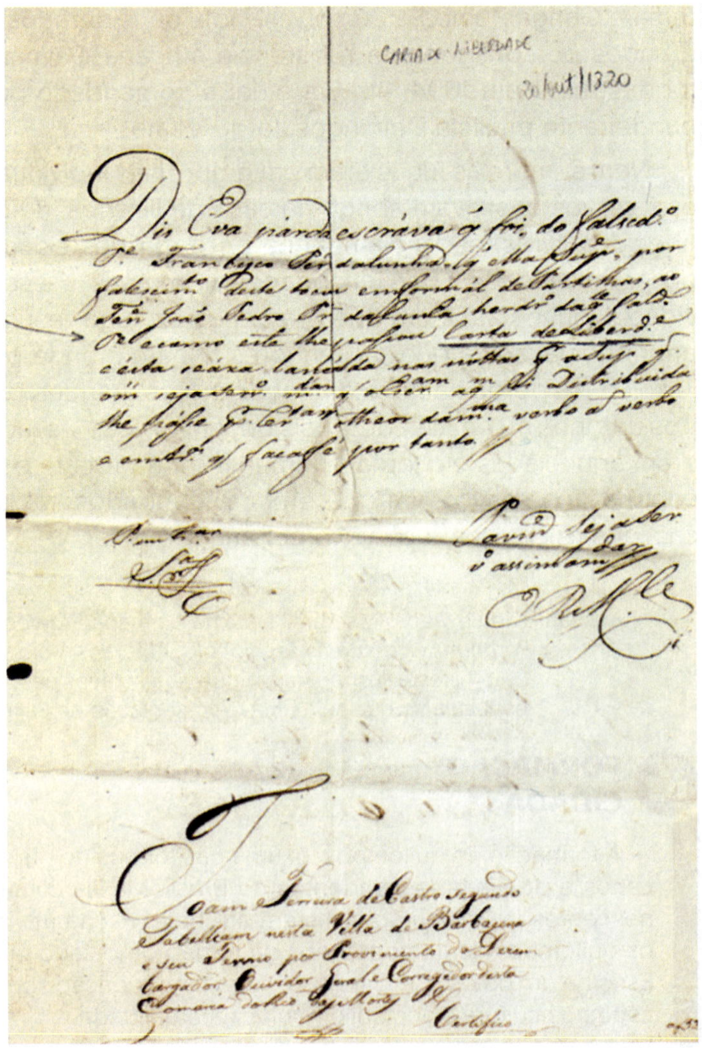

Coleção Brasiliana Itaú

Reprodução de uma carta de alforria. Barbacena (MG), 1820.

LINK Quilombos contemporâneos

A Estação Ciência da Universidade de São Paulo abrigou em 1995 e 1996 duas exposições sobre a resistência negra em quilombos. Essas exposições trouxeram à luz os movimentos culturais e a religiosidade dos africanos e seus descendentes no Brasil. Denominadas de "Navio Negreiro – Cotidiano, Castigo e Rebelião Escrava" e "Batuque no Quilombo", elas mostraram ao público que os movimentos nos quilombos não se restringiram ao passado. Muito pelo contrário, os quilombos contemporâneos resistem por meio de culturas próprias e influências culturais **díspares**, dando novos significados a essas influências.

GLOSSÁRIO

Díspar: diferente.

Hans Von Manteuffel/Opção Brasil Imagens

↑ Congo do Quilombo Sapé de Minas Gerais, em Vicência (PE).

As festas nos quilombos contemporâneos remetem a uma visão de mundo particular e a uma cultura diferenciada. São elas que ordenam o cotidiano dessas comunidades, onde a interação entre as influências africana, portuguesa e indígena se revela na superposição dos rituais religiosos, no preparo das comidas, na divisão do trabalho, no som dos tambores e nos gestos dos corpos dançando. Seus habitantes vivem um processo dinâmico de criação e recriação de sua identidade étnica em torno da cultura da festa. Os quilombos ficaram reconhecidos na história como núcleos de resistência à escravatura. Hoje em dia, encontram-se comunidades negras rurais – quilombos contemporâneos – em todo o país, habitadas por descendentes de escravos africanos que vivem do cultivo da terra. Algumas dessas comunidades se formaram a partir de antigos quilombos, outras em terras compradas por escravos alforriados e outras, ainda, utilizando doações feitas por ex-senhores. Estas ilhas negras, que foram relegadas ao esquecimento pela história oficial, dão mostras de extremo vigor cultural ao recriarem suas tradições sem, no entanto, perderem de vista a herança cultural de seus antepassados.

Biblioteca Nacional. Navio negreiro – cotidiano, castigo e rebelião escrava; Batuque no Quilombo. *Catálogo de exposição*, 18 nov. 1995-2 jun. 1996. São Paulo: Estação Ciência; FFLCH-USP; CNPq; SMC-SP, 1995. p. 33-34.

1. Pesquise a situação atual dos quilombos remanescentes no Brasil. Escolha uma dessas comunidades e aprofunde a pesquisa. Quantos habitantes vivem nela? As terras onde vivem foram conquistadas? De que forma?

ATIVIDADES

NO CADERNO

SISTEMATIZAR

1. Quais eram as principais atividades que as mulheres escravizadas desempenhavam?
2. Quais eram as principais formas de resistência dos escravos?
3. Copie as frases a seguir no caderno e complete-as corretamente.
   a) Os escravos sofriam com ▒▒▒▒, que eram entendidos pelos senhores como necessários para manter a ordem.
   b) Entre as formas de resistência, as ▒▒▒▒ eram as mais usuais.
   c) Para evitar fugas, em muitos casos os senhores preferiam ▒▒▒▒ com os escravos.
   d) Nas fugas coletivas, os escravos formaram esconderijos na mata que ficaram conhecidos como ▒▒▒▒.
4. Identifique as alternativas corretas.
   a) A escravização africana e o tráfico de escravos foram atividades bastante lucrativas para a Coroa portuguesa.
   b) O número de africanos escravizados trazidos para o Brasil foi muito maior do que o dos que foram levados para outras regiões da América.
   c) Os escravos africanos foram mão de obra nos engenhos, nas minas de ouro, em atividades agrícolas, na criação de animais, no transporte de mercadorias, no comércio e em serviços domésticos.
   d) As mulheres escravizadas desempenharam apenas funções domésticas.
   e) Os africanos foram trazidos para o Brasil em navios confortáveis, o que garantia que chegassem bem nutridos e prontos para o trabalho.

REFLETIR

1. Leia o texto e faça o que se pede.

De que África teria saudades um africano no Brasil? De sua aldeia, certamente, ou do bairro da cidade onde passou sua infância. No Brasil, deixara de ser conhecido por sua terra natal, pelo seu clã, pelo nome que o seu povo dava a si mesmo ou recebia dos vizinhos. Exceto para ele e para os conterrâneos ou vizinhos que encontrava no exílio, não era mais um iaca, auori ou gun: passara a ser chamado angola, nagô ou mina, e africano, e negro. Na fazenda ou na cidade onde penava, podia haver quem falasse o seu idioma ou outro próximo, e até quem fosse de seu vilarejo e seu malungo, ou companheiro de barco na travessia do Atlântico. Por toda parte, porém, encontrava gente estranha, de outras Áfricas que não a sua, com tradições, crenças, valores, costumes, saberes e técnicas diferentes. Este, em sua terra, andava de camisolão até os pés e gorro na cabeça, aquele não tinha mais do que um pano entre as pernas, amarrado na cintura. Aqui, as mulheres entrançavam os cabelos com contas e conchas; ali, cobriam a cabeça com véu ou turbante; acolá, raspavam o crânio. Umas vestiam-se apenas com miçangas, outras com bubus, ou envolviam o corpo com panos coloridos, e todas exibiam muitos colares e argolas nos braços e nos tornozelos.

Alberto da Costa e Silva. Um Brasil, muitas Áfricas. *Revista de História da Biblioteca Nacional*, mar. 2012.

a) Explique o sentido da frase "Por toda parte, porém, encontrava gente estranha, de outras Áfricas que não a sua [...]".

b) De acordo com o texto, qual foi o efeito do tráfico negreiro nas tradições e na identidade dos africanos escravizados?

c) Quais foram as formas de resistência cultural encontradas pelos africanos escravizados?

2. O jesuíta italiano Antonil, que esteve no Brasil no início do século XVIII, dizia que “os escravos são as mãos e os pés do senhor de engenho, porque sem eles no Brasil não é possível fazer, conservar e aumentar a fazenda”. Com base no que você aprendeu sobre a organização do trabalho na colônia e as tarefas exercidas pelos escravos, explique a frase de Antonil.

3. Observe o anúncio e faça o que se pede.

50$000

Fugiu, da freguezia da Bemposta, o escravo do capitão Francisco Antonio Nunes, de nome Jorge, crioulo, idade 25 annos, estatura baixa, corpo reforçado, côr preta, bem fallante, quasi sem barba nenhuma, levou calça de brim de algodão branco listrado, paletó de panno piloto ordinario e chapéo; quem o apprehender e levar ao logar acima indicado, ou delle dér noticias certas, será gratificado com 50$000, além de indemnisar-se-lhe de qualquer despeza que porventura fizer com o dito escravo; bem como protesta-se com todo o rigor da lei contra quem lhe dér couto.

Coleção Brasiliana Itaú

Anúncio publicado no jornal *O Parahybano*, 23 de abril de 1870.

a) Do que se trata o anúncio publicado no jornal *O Parahybano*?

b) Reescreva o anúncio segundo as normas ortográficas vigentes.

4. Como já visto, os escravizados buscaram várias formas de resistir à escravidão. Ainda hoje, as populações afrodescendentes se unem em busca de melhoria e reversão de condições e atitudes ainda existentes, consequências do passado de escravização. Busque informações sobre as associações e entidades e sobre as ações governamentais em prol da garantia de direitos dos afrodescendentes. Depois, debata com os colegas o que já foi conquistado e o que precisa ser feito.

DESAFIO

1. Embora durante anos tenha sido praticada por africanos escravizados e seus descendentes no Brasil, a capoeira era considerada ilegal, e muitos de seus praticantes eram presos se fossem pegos em atividade. Atualmente, é reconhecida pela Unesco como Patrimônio Histórico Imaterial da Humanidade por ser uma manifestação cultural tipicamente brasileira, praticada por centenas de pessoas em nosso país e em muitos outros. Faça uma pesquisa sobre quando a capoeira deixou de ser ilegal e quando foi reconhecida como Patrimônio Histórico Imaterial. Depois, escreva um pequeno texto com as informações levantadas.

FIQUE POR DENTRO

O comércio negreiro

Durante o século XVI, a instalação das colônias europeias na América e a intensa exploração do Novo Mundo, como fonte de matérias-primas cobiçadas pela Europa, exigiram enorme quantidade de mão de obra a baixo custo. Eram necessárias muitas pessoas para trabalhar, principalmente, nas extensas plantações de cana-de-açúcar, algodão, café e cacau, cuja produção era enviada à Europa. Assim, iniciou-se o tráfico de africanos escravizados – considerado uma das maiores tragédias da humanidade –, que forneceu trabalho escravo às colônias americanas entre os séculos XVI e XIX.

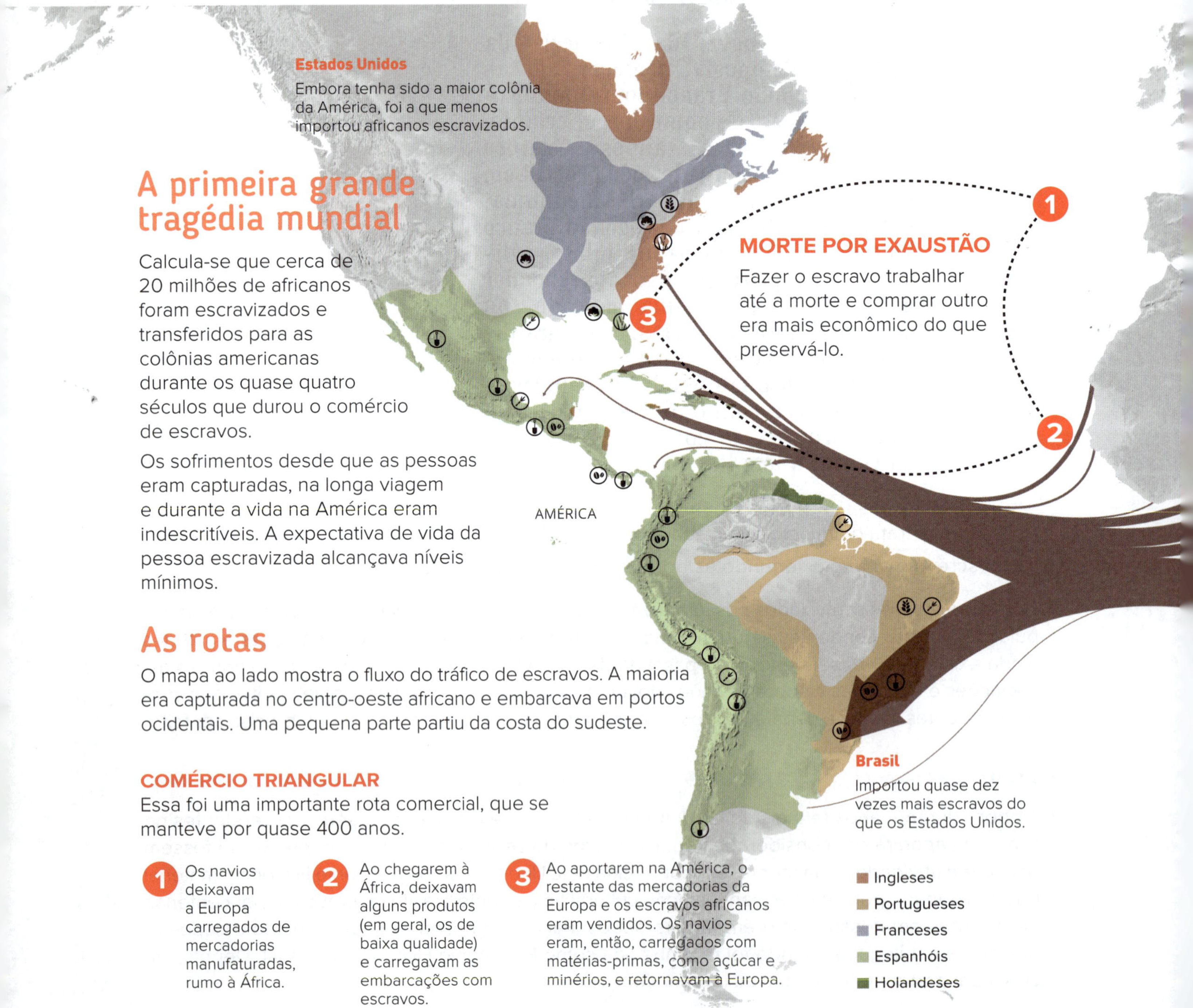

A primeira grande tragédia mundial

Calcula-se que cerca de 20 milhões de africanos foram escravizados e transferidos para as colônias americanas durante os quase quatro séculos que durou o comércio de escravos.

Os sofrimentos desde que as pessoas eram capturadas, na longa viagem e durante a vida na América eram indescritíveis. A expectativa de vida da pessoa escravizada alcançava níveis mínimos.

As rotas

O mapa ao lado mostra o fluxo do tráfico de escravos. A maioria era capturada no centro-oeste africano e embarcava em portos ocidentais. Uma pequena parte partiu da costa do sudeste.

COMÉRCIO TRIANGULAR

Essa foi uma importante rota comercial, que se manteve por quase 400 anos.

1. Os navios deixavam a Europa carregados de mercadorias manufaturadas, rumo à África.
2. Ao chegarem à África, deixavam alguns produtos (em geral, os de baixa qualidade) e carregavam as embarcações com escravos.
3. Ao aportarem na América, o restante das mercadorias da Europa e os escravos africanos eram vendidos. Os navios eram, então, carregados com matérias-primas, como açúcar e minérios, e retornavam à Europa.

O FIM

Durante o século XVIII, surgiram os primeiros movimentos abolicionistas, mas foi somente durante o século XIX que a escravidão, aos poucos, foi sendo abolida na América, e o tráfico de escravos, extinto.

Mercadoria humana

A viagem até a América era feita em embarcações sem conforto ou higiene. Ao chegarem aos portos desse continente, os escravos eram entregues aos negociantes como se fossem mercadoria.

A terrível jornada

Embora difícil de chegar a um número exato, estima-se que, durante a viagem entre a África e a América, a taxa de mortalidade das pessoas escravizadas tenha sido de 20%. Isso quer dizer que, de cada dez pessoas embarcadas, apenas oito chegavam ao destino.

Cada centímetro da embarcação era utilizado para alojar os escravos (homens, mulheres e crianças) de maneira desumana, algemados e incapazes de ficar em pé ou, até mesmo, sentados.

1. A que são atribuídas as altas taxas de morte de escravos durante as viagens da África para a América?

LABORATÓRIO DA HISTÓRIA

Apresentação de seminário

Você já apresentou um conteúdo escolar com seus colegas, em que cada integrante do grupo era responsável por um assunto? É possível que sim. Talvez você não saiba que esse tipo de apresentação se chama seminário. É uma prática muito comum em escolas e universidades e, como todas as atividades, exige preparo não somente para falar ou ler sua parte diante dos outros alunos em sala de aula como também para pesquisar, discutir o assunto e estudá-lo.

Neste tema, você estudou como era o continente africano antes da chegada dos portugueses, os objetivos que os levaram a explorar a região e, por fim, a sociedade açucareira.

Com base no mapa da página 197, você apresentará um seminário sobre algum aspecto da Diáspora Africana, por exemplo: como se dava a captura de pessoas para serem escravizadas; por quais razões e justificativas o tráfico negreiro foi socialmente aceito, tornando-se parte de um sistema econômico; como funcionavam as negociações de escravos – valores por idade e sexo; as rotas do tráfico; o percentual de deslocamento de cada etnia e para qual região do Brasil eram levados; as consequências da diáspora para o continente africano; as consequências da escravidão para o Brasil; as consequências da escravidão para outras localidades; a vida e o convívio nas senzalas; as trocas culturais entre africanos, indígenas e colonos etc.

Pesquisar, analisar e apresentar o seminário, sem dúvida, ajudará você a entender melhor como se deu a fragmentação de grupos étnicos e suas adaptações em outras regiões, além de aprofundar os estudos.

Monkey Business Images/Shutterstock.com

↑ Prepare com antecedência o que você vai apresentar no seminário. Saber o conteúdo transmite segurança.

Passo a passo

1. A turma será dividida em cinco grupos. O tema principal do seminário será "Diáspora Africana". O trabalho final consiste em uma apresentação de subtemas relacionados ao tema principal.

2. Todo tema principal possui subtemas, os quais irão originar o assunto de cada grupo. Com o auxílio do professor, escolham os subtemas e os escrevam no caderno. Em seguida, cada grupo deve escolher um subtema para desenvolver.

3. Com os subtemas definidos, cada grupo deverá criar um cronograma das atividades de acordo com a data da apresentação.

4. O cronograma deverá conter períodos para: divisão de tarefas, pesquisa e coleta de dados, reuniões de grupo, etapas de execução do trabalho, ensaio e apresentação final.

5. Em geral, a pesquisa poderá ser feita em páginas da internet, utilizando *sites* indicados pelo professor. Vocês também poderão usar o material didático e outros livros disponíveis na biblioteca escolar.

6. Os dados coletados deverão ser anotados no caderno e posteriormente sistematizados para a apresentação.

7. Utilizem mapas, imagens de obra de arte e fotografias para enriquecer o trabalho. É importante que esses materiais estejam diretamente relacionados ao conteúdo da apresentação.

Pronto! Vocês já concluíram a parte da pesquisa.

Finalização

- No dia da apresentação, cada grupo deverá se posicionar, de forma ordenada, no local selecionado pelo professor. O suporte técnico deverá ser preparado previamente para não atrapalhar o andamento da atividade.
- Os demais alunos deverão abrir o caderno, escrever a data e o nome do tema do grupo que apresentará o seminário e fazer anotações sobre o que será tratado.
- Um a um, os integrantes dos grupos deverão apresentar sua parte do seminário em voz alta, para que todos possam ouvi-lo, e de forma pausada a fim de que todos possam compreendê-lo.

É importante utilizar a norma-padrão da língua portuguesa, ou seja, evitar gírias ou expressões inadequadas, pois essa é uma ocasião formal.

- Alunos e professor poderão combinar um momento para as questões que surgirem durante a apresentação.
- Sugere-se que, ao final da atividade, seja feito, em sala de aula, um balanço dos seminários: o que foi possível compreender e o que significou essa experiência para a turma.

Bom trabalho!

PANORAMA

FAÇA AS ATIVIDADES A SEGUIR E REVEJA O QUE VOCÊ APRENDEU.

NO CADERNO

1. Leia o texto sobre o Império Songai e responda às questões.

> [...] A forte estrutura do poder, a centralização sistemática e o absolutismo real são características que atribuíram uma coloração moderna à monarquia de Gao, [...]. A monarquia de Gao sob os askiya, herdeira de longa tradição de governo, fundava-se nos valores islâmicos e consuetudinários.
>
> Segundo os antigos costumes sudaneses e songhai, o toi (rei) era o pai do povo, dotado de poderes semissagrados, fonte de fecundidade e prosperidade. Quem dele se aproximasse, tinha de se prostrar em sinal de veneração. [...]
>
> Os funcionários do governo central formavam o conselho imperial, que debatia todos os problemas do império. Um secretário-chanceler redigia as atas do conselho, tratava da correspondência do soberano, da redação e da execução de suas leis. Outros funcionários, cujas tarefas são mais ou menos conhecidas, cuidavam dos vários departamentos administrativos. Não havia propriamente especificação de funções.

CISSOKO, Sékéné Mody. Os songhai do século XII ao XVI. In: NIONE, Djibril Tansir (Ed.). *História geral da África*. 2. ed. rev. Brasília: Unesco, 2010. v. IV, p. 218 e 221.

a) Qual era o papel do rei nessa organização?

b) De que forma os funcionários do governo central resolviam os problemas do império?

2. Sobre a sociedade colonial, reescreva as afirmativas corretas no caderno.

a) O que determinava poder e posição social na sociedade colonial era a propriedade de terras e de escravos.

b) Era uma sociedade patriarcal, na qual o senhor ditava as regras a seus subordinados e agregados, porém a família tinha mais autonomia.

c) O senhor de terras também detinha o poder político.

d) A religião oficial de Portugal era a católica, que foi instituída também no Brasil, mas a religiosidade dos africanos escravizados era tolerada.

e) Os africanos assimilaram a religião católica, mas a misturaram com suas crenças.

3. Leia o texto e faça o que se pede.

> A identidade negra não surge da tomada de consciência de uma diferença de pigmentação ou de diferenças biológicas entre populações negras ou brancas e (ou) negras e amarelas. Ela resulta de um longo processo histórico que começa com o descobrimento, no século XV, do continente africano e de seus habitantes pelos portugueses, descobrimento esse que abriu caminho às relações mercantilistas com a África, ao tráfico negreiro, à escravidão e, enfim, à colonização do continente africano e de seus povos.

Kabengele Munanga. Algumas considerações sobre a diversidade e a identidade negra no Brasil. *Diversidade na educação e experiências*. Brasília: Semtec/MEC, 2003. p. 37.

- Explique como a exploração da África favoreceu o desenvolvimento econômico dos países europeus no século XV.

4. Como os escravos eram adquiridos na África?

5. Por que os portugueses trouxeram africanos escravizados para o Brasil?

6. A obra de Gilberto Freyre, *Casa-grande e senzala*, é criticada por historiadores e sociólogos contemporâneos no que diz respeito à democracia racial. Leia um trecho dela a seguir e responda às questões.

A miscigenação que largamente se praticou aqui corrigiu a distância social que doutro modo se teria conservado enorme entre a casa-grande e a mata tropical; entre a casa-grande e a senzala. O que a monocultura latifundiária e escravocrata realizou no sentido da aristocratização, extremando a sociedade brasileira em senhores e escravos, com uma rala e insignificante lambujem de gente livre sanduichada entre os extremos antagônicos, foi em grande parte contrariado pelos efeitos sociais da miscigenação. A índia e a negra-mina a princípio, depois a mulata, a cabrocha, a quadrarona, a oitavona, tornando-se caseiras, concubinas e até esposas legítimas dos senhores brancos, agiram poderosamente no sentido de democratização social no Brasil.

Gilberto Freyre. *Casa-grande & senzala: formação da família brasileira sob o regime da economia patriarcal.* Rio de Janeiro: Record, 2001. p. 46.

a) Qual é a visão defendida por Gilberto Freyre?

b) Levante hipóteses para explicar por que essa obra é criticada atualmente.

c) Você considera que existe democracia racial atualmente?

7. Pesquise e descreva como era a vida das mulheres escravizadas.

8. Leia o texto a seguir e responda à questão:

[...] alguns historiadores com razão sugerem que a existência de quilombos pode ter funcionado como uma válvula de escape para tensões escravistas que, de outra forma, explodiriam nas senzalas. Pode-se ver a questão sob um outro ângulo, porém. Talvez o temor de que seus escravos fugissem para os quilombos fizesse com que muitos senhores os tratassem melhor.

Neste sentido, além de refúgio de escravizados, os quilombos tiveram um papel importante na melhoria de vida daqueles que permaneceram nas senzalas.

REIS, João José. Ameaça negra. *Revista de História da Biblioteca Nacional,* Rio de Janeiro, ano 3, n. 27, p. 19, dez. 2007.

- Por que a organização em quilombos resultava na melhoria de vida das senzalas?

9. Os quilombos eram formas mais visíveis e conhecidas de resistência. Eles tinham organização social própria e uma rede de alianças com diversos grupos da sociedade.

a) Qual foi a importância da rede de solidariedade para os quilombolas?

b) Por que a organização em quilombos resultava na melhoria de vida das senzalas?

10. Em uma conferência realizada em 2009, a escritora nigeriana Chimamanda Ngozi Adichie falou sobre "O perigo das histórias únicas", nas quais é transmitida a imagem popular de que na África só há fome, aids e conflitos sem sentido, além da ideia de que os africanos estão esperando um branco estrangeiro para salvá-los. Com base nessas informações, explique o perigo de haver uma história única.

DICAS

LEIA

África: um breve passeio pelas riquezas e grandezas africanas, de Fernando Paixão (IMEPH). Por meio do estilo cordel, o livro narra as riquezas e belezas do continente africano, desmistificando a ideia de uma África homogênea e devastada pela miséria.

Todas as cores do negro, de Arlene Holanda (Conhecimento). Com uma narrativa leve e fácil, o livro apresenta o processo histórico da escravidão, as lutas pela liberdade, e contextualiza as dificuldades pelas quais os negros e descendentes sofrem pelo preconceito e pela segregação social.

Você é livre!, de Torres Dominique (Autêntica). O livro retrata as condições de vida de trabalhadores em situação análoga à escravidão no século XXI, e a luta pela liberdade.

Fundação Biblioteca Nacional, Rio de Janeiro

↑ Johann Moritz Rugendas. *Lavagem do minério de ouro* próximo à *montanha de Itacolomi* [detalhe]. Gravura publicada em *Viagem pitoresca através do Brasil*, 1835.

TEMA 8

A expansão da colonização

NESTE TEMA

VOCÊ VAI ESTUDAR:

- a formação do território brasileiro;
- a diversificação da economia na América Portuguesa;
- as relações sociais nas regiões das minas;
- os conflitos sociais na América Portuguesa.

A expansão do território brasileiro ocorreu por uma série de fatores, entre eles o movimento das bandeiras para o interior, a descoberta de ouro e pedras preciosas e o avanço da pecuária.

Na imagem, o artista retratou o trabalho dos escravos na extração do ouro na região montanhosa de Minas Gerais. Qual relação é possível observar entre as pessoas retratadas?

CAPÍTULO

1 Rumo ao sertão

Neste capítulo, você vai estudar o processo de expansão do território brasileiro e a ocupação para além da linha do Tratado de Tordesilhas.

O Tratado de Tordesilhas, firmado em 1494 entre Portugal e Espanha, definia que a maior parte do atual território brasileiro pertencia à Espanha. Vários fatores de ordem política, econômica e social contribuíram para as mudanças de fronteira até a configuração que conhecemos hoje.

No ritmo das bandeiras

No início do século XVII, a economia colonial era baseada principalmente na produção do açúcar, concentrada nas capitanias ao norte, em áreas próximas ao litoral.

Nas capitanias ao sul, a produção econômica ainda se caracterizava por uma cultura de subsistência – especialmente o plantio de alimentos como trigo, milho, feijão e mandioca – e mão de obra de indígenas escravizados.

A captura e a escravização dos povos indígenas eram uma das fontes de renda daqueles que saíam em viagens pelo interior do território – ou para o sertão, como se dizia. As expedições para captura de indígenas foram chamadas de bandeiras de apresamento.

Já as viagens para o interior do território organizadas por particulares, com autorização da Coroa portuguesa, que partiam da Vila de São Paulo de Piratininga com destino aos sertões, ficaram conhecidas como bandeiras. Eram expedições armadas, que chegavam a reunir algumas centenas de pessoas, incluindo indígenas, pois, além de ajudarem nas questões linguísticas, conheciam as técnicas de sobrevivência, os perigos e os caminhos nas matas.

Principais bandeiras nos séculos XVII e XVIII

Fonte: José Jobson de A. Arruda. *Atlas histórico básico*. 17. ed. São Paulo: Ática, 2011. p. 39.

As bandeiras

Como as expedições duravam bastante tempo, os viajantes carregavam consigo grande bagagem. Era comum um grupo ir à frente, em geral indígenas ou **mamelucos**, para abrir **clareiras** na mata e cultivar pequenas roças que serviriam de alimentação aos demais bandeirantes.

Apesar da violência contra as populações indígenas, desenvolveu-se uma intensa troca cultural entre eles e os bandeirantes. Vários hábitos indígenas assimilados pelos bandeirantes até hoje fazem parte de nossa cultura.

GLOSSÁRIO

Clareira: espaço aberto em mata ou bosque com vegetação escassa.

Mameluco: nome dado aos indivíduos nascidos da união de pais de origem indígena e branca.

É importante reconhecer o papel indígena na expansão do território português no Brasil não apenas como colonizado mas como população que conhecia os caminhos para essa expansão e contribuiu de várias formas para que ela ocorresse.

Inicialmente, as bandeiras de apresamento ocorriam nos arredores da Vila de São Paulo de Piratininga. Entretanto, como o ataque às aldeias provocava também a morte e a fuga de indígenas, era necessário aos bandeirantes ir cada vez mais longe para capturá-los.

Nesse período, havia os aldeamentos indígenas organizados por padres jesuítas mais ao sul do território. Nas missões, ou reduções, os indígenas eram catequizados pelos jesuítas e protegidos da escravização por decreto real. Contudo, os bandeirantes ignoravam essa determinação e invadiam as missões. Dos aprisionados, os que sobreviviam eram vendidos em São Paulo como escravos aos fazendeiros.

Os sertanismos

Outra fase das bandeiras foi o sertanismo de contrato. Os bandeirantes eram contratados por alguns fazendeiros para combater indígenas rebelados e destruir os quilombos.

No decorrer da segunda metade do século XVII, intensificaram-se as bandeiras organizadas para a busca de ouro, apoiadas pela Coroa portuguesa. O ouro já havia sido encontrado em pequenas quantidades, no início do século XVII, nos atuais estados de São Paulo e Paraná. Entretanto, só foi encontrado em grande quantidade após 1693, na região central do atual estado de Minas Gerais, onde hoje estão as cidades de Ouro Preto, Mariana e Sabará, nas cabeceiras do Rio Doce, que passou a atrair muitos exploradores. A extração do ouro tornou-se uma importante atividade econômica para a Coroa portuguesa.

Museu Paulista da Universidade de São Paulo, São Paulo

Oscar Pereira da Silva. *Bandeirantes a caminho de Minas*, 1920. Óleo sobre tela, 86 cm × 130 cm.

Museu Paulista da Universidade de São Paulo, São Paulo

A ação dos bandeirantes contribuiu para novas formas de ocupação do interior do Brasil por possibilitar o surgimento de pequenos povoados que se transformaram em vilas e, posteriormente, em cidades. No que tange às áreas a oeste da linha do Tratado de Tordesilhas, a ação dos bandeirantes acabou por despovoá-las, visto que as populações indígenas fugiam dessas regiões pelo temor da escravização.

Ultrapassar as fronteiras do Tratado de Tordesilhas permitiu que fosse estabelecida uma nova configuração territorial à América Portuguesa. Como essas expedições ocorreram a partir do início do século XVII, período da União Ibérica (1580-1640), não houve resistência espanhola, pois portugueses e espanhóis estavam unidos sob a mesma Coroa.

Com a descoberta de ouro na região das Gerais, os bandeirantes contribuíram não só para a expansão do território mas também para o deslocamento do eixo econômico do Império Português, que passou das capitanias do norte para as regiões ao sul.

← Rodolfo Amoedo. *O Ciclo do Ouro*, 1941. Óleo sobre tela, 232 cm × 130 cm.

A contribuição dos povos indígenas

A mão de obra dos indígenas foi indispensável para as lavouras paulistas. Os produtos agrícolas produzidos nas áreas ao sul do território abasteciam boa parte da América Portuguesa e movimentavam a economia paulista.

Além disso, os indígenas contribuíram em todas as etapas de ocupação das terras pelos portugueses. Abriam estradas, plantavam roças e construíam as edificações dos vilarejos, como casas e igrejas.

Os povos indígenas que compunham as expedições rumo ao interior não foram somente guias nas matas que conheciam tão bem, também contribuíram efetivamente para o sucesso das bandeiras com seus saberes milenares sobre ervas medicinais encontradas nas matas e os diferentes alimentos coletados nos caminhos. Cuidaram ainda da saúde dos bandeirantes e formaram uma frente militar nas lutas empreendidas no sertão. As bandeiras levantadas e as expedições eram compostas basicamente de indígenas e mestiços.

Diversificação da economia colonial

Ainda que a economia colonial dos séculos XVI e XVII estivesse centralizada na cultura da cana-de-açúcar, outros produtos – como o tabaco, usado como moeda no escambo com os africanos; o algodão, utilizado na produção de roupas; e a mandioca, largamente utilizada na alimentação –, plantados em áreas bem menos extensas, também contribuíram para o desenvolvimento da economia.

O mapa ao lado mostra como estava distribuída a economia colonial do Brasil no século XVII.

América Portuguesa: economia colonial no século XVII

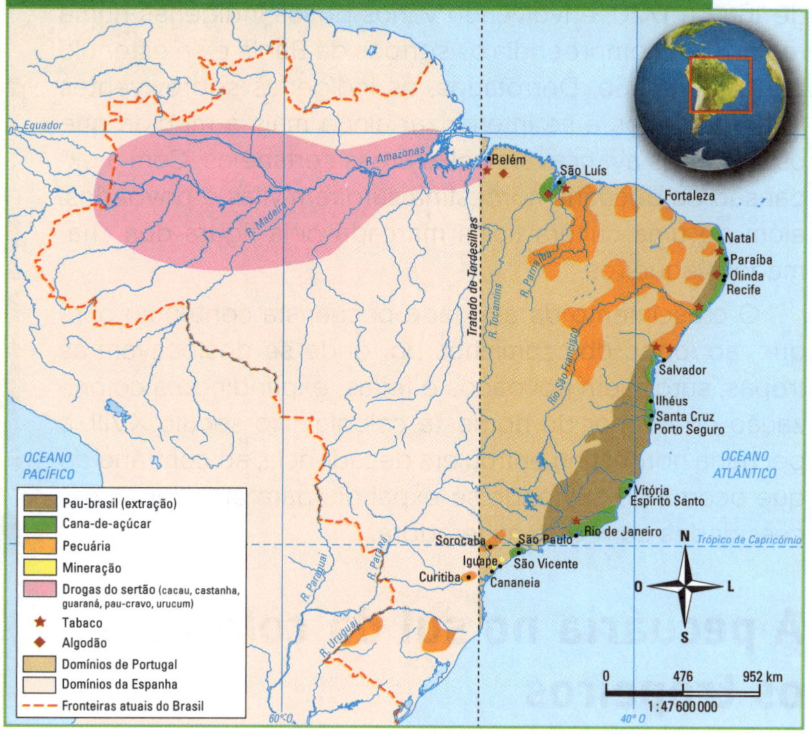

© DAE/Sonia Vaz

Fonte: Cláudio Vicentino. *Atlas histórico: geral e Brasil*. São Paulo: Scipione, 2011. p. 102.

A pecuária no nordeste da colônia

Na região do atual Nordeste, a criação de gado foi uma atividade econômica muito importante tanto para a garantia do abastecimento interno da colônia como para a expansão territorial rumo ao interior. Os grandes engenhos localizavam-se próximo ao litoral para facilitar o escoamento da produção açucareira, mas necessitavam de gado para alimentação, transporte, fabricação de roupas e calçados e também como força para a tração das moendas.

Inicialmente, o gado foi criado nas zonas litorâneas ao redor dos engenhos e, pouco a pouco, ocupou áreas cada vez maiores no interior do território colonial. Ao contrário da produção de açúcar, essa atividade não necessitava de grandes investimentos, já que o gado vivia solto, em grandes extensões de terra, e não exigia mão de obra tão numerosa como a que se empregava nos engenhos nordestinos.

Missouri Botanical Garden Library, St. Louis

↑ Guilherme Piso. *Moenda para produção de açúcar*. Gravura, 1648.

As fazendas de gado foram formadas principalmente ao longo do curso de rios, como o São Francisco, que passou a ser chamado de Rio dos Currais. E a expansão ocorreu seguindo o curso do Rio Parnaíba em direção ao Rio Grande do Norte, facilitando a ocupação do atual estado do Piauí.

Para iniciar as criações, os fazendeiros de gado tiveram de enfrentar a resistência dos indígenas na ocupação das terras. Portanto, houve muitos conflitos durante a expansão pecuária. O principal deles, a Guerra dos Bárbaros, ocorreu de 1687 a 1720, envolvendo vários povos indígenas numa região que compreendia os sertões da Bahia e se estendia até o Maranhão. Derrotados, os indígenas sobreviventes foram forçados a se interiorizar ainda mais à medida que os criadores avançavam pelas áreas sertanejas. Com a expansão da pecuária nordestina surgiram vilas e povoados, além de uma cultura típica marcada pela figura dos chamados vaqueiros.

O crescimento da atividade pecuarista contribuiu para que, ao longo dos caminhos por onde se deslocavam as tropas, surgissem povoados e feiras, expandindo a colonização do interior do nordeste colonial. No século XVIII, a pecuária nordestina entrou em decadência, ao contrário do que ocorria no sul, onde se expandia para atender às necessidades da região mineradora.

Instituto Moreira Salles, São Paulo

↑ Charles Landseer. *Vaqueiro no sertão de Pernambuco*, c. 1825-1826. Lápis e aquarelada, 38,5 cm × 21,1 cm.

A pecuária no sul da colônia e os tropeiros

Após a destruição das missões jesuíticas, o gado que havia sido criado nessas áreas se espalhou pelo sul do território. Com pastagens boas e abundantes, os animais se reproduziram e formaram um imenso e diversificado rebanho de bois, vacas, jumentos, cavalos e mulas. Essa quantidade de animais atraiu fazendeiros, que passaram a se estabelecer na região movidos por interesses econômicos. Usavam a carne para consumo e comercializavam o couro. Mais tarde, com a produção de charque (carne-seca), a criação de gado tornou-se uma atividade econômica muito lucrativa.

In: *Viagem pitoresca e histórica ao Brasil*. Coleção particular

↑ Jean-Baptiste Debret. *Engenho de carne-seca*, c. 1816-1831. Aquarela (detalhe).

Com a descoberta de ouro na região que hoje corresponde ao estado de Minas Gerais, o gado passou a ser necessário como transporte e alimento. Assim, teve início uma atividade econômica de grande importância: o tropeirismo.

Os tropeiros faziam parte de comitivas que conduziam o gado do sul até São Paulo, na área da atual cidade de Sorocaba, onde os animais eram comercializados e seguiam viagem para abastecer a região mineradora.

Estima-se que, entre 1730, data provável da saída do primeiro grupo, e 1897, transitaram pela rota dos tropeiros cerca de 12 mil tropas.

O tropeirismo foi muito importante para a expansão do território e a colonização do sul do Brasil. Essa atividade econômica foi responsável pelo surgimento de vários povoados e cidades no caminho por onde o gado passava.

Museus Castro Maya, Rio de Janeiro

↑ Jean Baptiste Debret. *Tropeiros pobres de São Paulo*, 1823. Os tropeiros eram um dos tipos mais comuns nas regiões das Minas. Primeiro quarto do século XIX.

AQUI TEM MAIS

A cultura do tabaco e o tráfico atlântico

O tabaco e o açúcar foram importantes produtos na economia do Brasil Colonial. O fumo foi, durante o século XVIII, o segundo produto mais comercializado e exportado pela América portuguesa, perdendo apenas para o açúcar.

Enquanto o açúcar era um produto aristocrático, o tabaco era bem mais democrático. A cultura da cana-de-açúcar exigia terra de qualidade e em grandes extensões, além de mão de obra escrava, devido às exigências de produtividade e lucratividade de uma lavoura exportadora em grande escala. Já o tabaco iniciou sua produção, na Bahia e em Pernambuco, com a convivência da mão de obra livre, familiar, com a produção escravista. E, mesmo sendo uma planta sensível, os gastos com seu beneficiamento eram poucos, e esse fato, aliado à possibilidade de ser produzida em pequenas parcelas de terra, fez com que muitos indivíduos pobres e livres recorressem à fumicultura [cultivo do fumo] como alternativa econômica. [...] Exportado em rolos, feitos a partir das "cordas de fumo", o tabaco brasileiro seguia em grandes quantidades para a costa ocidental da África a bordo dos navios negreiros da Bahia e Pernambuco. Com esses rolos de fumo eram pagos os milhares de escravos trazidos dos portos da região chamada pelos luso-brasileiros de Costa da Mina. [...] O tabaco foi o segundo produto da economia colonial na América portuguesa, ficando atrás apenas do açúcar.

Gustavo Acioli Lopes. Correntes de fumaça. *Revista de História da Biblioteca Nacional*, Rio de Janeiro, ano 1, n. 8, p. 68-69.

1. Explique qual era a principal vantagem da produção de fumo em relação à produção de açúcar.

LINK

Os caminhos para o interior do território

Uma das maiores dificuldades durante a colonização do Brasil era a extensão e o pouco conhecimento que se tinha do território.

Os colonos procuravam manter-se próximos à costa devido à política de exportação dos bens, enquanto os indígenas refugiavam-se cada vez mais para o interior. Os escravos também usavam a área não colonizada como refúgio quando escapavam dos trabalhos forçados nos engenhos.

Os bandeirantes exploravam as regiões mais interioranas em busca de escravos fugidos, indígenas ou pedras preciosas. Essas expedições ajudaram no processo de expansão das fronteiras da América Portuguesa, ampliando o território brasileiro para além do Tratado de Tordesilhas.

Muitos dos caminhos utilizados pelos bandeirantes foram transformados posteriormente em estradas que receberam o nome deles. Por exemplo, a Rodovia Raposo Tavares, que se inicia em São Paulo e termina na divisa com o Mato Grosso do Sul, é assim chamada em homenagem a uma expedição feita pelo bandeirante português. Já a Rodovia Anhanguera, que liga a capital paulista com Minas Gerais, homenageia o bandeirante que caçava indígenas ao norte do estado de São Paulo.

Léo Burgos/Pulsar Imagens

↑ Trecho da Rodovia Raposo Tavares em São Paulo (SP), 2017.

Apesar de poderem contar com o **crédito** pelo crescimento territorial e, consequentemente, econômico, os bandeirantes também foram responsáveis pelo extermínio de muitos grupos indígenas. Foram eles que supriram a demanda por indígenas escravizados.

Os grupos comuns de bandeirantes eram formados por um capitão, **caboclos** e indígenas. Os europeus que não tinham recursos para obter um africano escravizado optavam pela escravização de indígenas. Essa atividade, portanto, também auxiliou na miscigenação da população, importante fator do sincretismo cultural brasileiro.

GLOSSÁRIO

Caboclo: nome dado ao indivíduo que nascia da união de pais de origem europeia e indígena.

Crédito: prestígio por algo realizado.

1. Que motivos levaram os bandeirantes a promover o avanço para o interior do território?

2. Quais foram os impactos das investidas dos bandeirantes nas regiões interioranas?

ATIVIDADES

NO CADERNO

SISTEMATIZAR

1. Qual era a atividade econômica da Vila de São Paulo no século XVII?
2. O que eram as bandeiras?
3. Como eram as bandeiras de apresamento e o sertanismo de contrato?
4. Entre os séculos XVI e XVII, a criação de gado foi uma das principais atividades econômicas praticadas na atual Região Nordeste. Explique qual foi a influência dessa prática na ampliação do território e na economia local.
5. Qual foi a importância do tropeirismo para o sul do Brasil Colônia?

REFLETIR

1. Observe o mapa da página 228 e responda às questões.
   a) Quais eram as razões para o deslocamento da Vila de São Paulo para as regiões destacadas no mapa?
   b) Quais eram os meios de transporte usados?
   c) Quais foram as consequências do deslocamento da Vila de São Paulo para as regiões destacadas no mapa?
2. Leia o trecho a seguir e responda às questões.

Em 1651, após uma longa marcha pelos sertões, alguns sobreviventes da expedição de Raposo Tavares chegaram a Belém do Pará, tão castigados por doenças e ataques de índios que o Padre Antônio Vieira achou que "mais pareciam desenterrados do que vivos". Entretanto, o próprio Padre considerou aquela viagem como uma "das mais notáveis que se têm feito no mundo". Durante três anos e dois meses integrantes da tropa haviam viajado pelo interior do continente sem nem mesmo saber por onde andavam. Só descobriram que haviam descido o Rio Amazonas, pois foram avisados disso por soldados que encontraram num forte. No entanto, o que mais espantou Vieira foi o esforço feito apenas para capturar indígenas para serem escravizados, o que era o principal motivo da viagem.

A expedição de Raposo Tavares exemplifica o fato de que as expedições de apresamento de indígenas como essa tinham pouco a ver com a expansão territorial, aspecto sempre ressaltado com relação a esses empreendimentos. Ao contrário, ao invés de contribuir para a ocupação do interior, essas incursões dos paulistas concorreram para a devastação de muitos povos nativos, sendo nesse sentido despovoadoras. Atrás das façanhas heroicas atribuídas aos paulistas, esconde-se a história dos milhares de índios – "os negros da terra" – capturados e transformados em escravos através dessas expedições.

John Manuel Monteiro. *Negros da terra: índios e bandeirantes nas origens de São Paulo*. São Paulo: Companhia das Letras, 1994. p. 7-8.

   a) Como era a relação dos bandeirantes no trato com os indígenas?
   b) Explique quais eram as três principais motivações dos bandeirantes durante suas expedições.
   c) Qual era o principal objetivo dos ataques às missões jesuíticas e da destruição desses agrupamentos?

DESAFIO

1. Os tropeiros eram responsáveis por conduzir o gado da região sul até os arredores da atual Sorocaba, no interior de São Paulo. Em Sorocaba, o gado era comercializado e seguia viagem para a região das Minas. Ainda hoje, a memória dos tropeiros é celebrada com festas, feiras e desfiles em Sorocaba e em outras cidades que surgiram no caminho que era usado por eles entre os atuais estados do Rio Grande do Sul e São Paulo.

   Faça uma pesquisa sobre a organização desses eventos e escreva um pequeno texto com as informações coletadas.

CAPÍTULO

2 Ouro e diamante no Brasil

No capítulo anterior, você estudou como ocorreu a expansão do território brasileiro. Neste capítulo, você vai estudar a descoberta de ouro e diamante no Brasil.

O Brasil do ouro

A busca por ouro sempre foi uma preocupação da Coroa portuguesa e tornou-se também uma necessidade para os habitantes da colônia.

A crise da economia açucareira e os altos impostos cobrados pela Coroa geraram a necessidade de outras fontes de renda. No final do século XVII, um grupo de bandeirantes paulista intensificou as buscas por minas de ouro.

A descoberta de ouro trouxe mudanças significativas à colônia, entre elas a modificação do eixo econômico do litoral para o interior do território.

No início, o ouro foi encontrado no leito de rios em Iguape (São Paulo), Paranaguá e Curitiba (ambas no Paraná), e também em Santa Catarina. Era o chamado **ouro de aluvião** ou de lavagem, depositado no leito e nas margens dos rios, ribeirões e na encosta dos morros. Entretanto, o ouro desses locais logo se esgotou, mas ainda assim sua exploração contribuiu para a formação de povoados nessas regiões.

A técnica de extração se constitui na lavagem do cascalho (ouro de lavagem) depositado no fundo dos ribeirões com a utilização da **bateia**. Entretanto, dada a precariedade de recursos à época, em alguns locais a lavagem do cascalho envolvia um original sistema de rampas, rodas-d'água e engenhos de pilões para trituração, lavagem e separação do cascalho.

O ouro também foi encontrado em áreas dos atuais estados de Goiás e Mato Grosso, mas a maior parte estava na região que hoje compõe o estado de Minas Gerais.

De modo geral, a exploração do ouro exigia pouco investimento – exceto quando eram necessárias técnicas para extração do minério de regiões mais profundas no solo – o que atraiu migrantes de diversas partes do Brasil, acompanhados ou não de escravos, além de portugueses vindos da metrópole. Esse movimento, posteriormente denominado "corrida do ouro", causou uma grande explosão demográfica (repentino aumento populacional) na região mineira, que abalou gravemente o abastecimento.

Coleção particular/Bridgeman Images/Fotoarena

Escravos negros lavam diamantes em Curralinho. Ilustração do *Atlas de uma viagem ao Brasil*, de Johann Baptist von Spix e Karl Friedrich Philipp Martius, c. 1835-1850.

Nos primeiros povoados na região das Minas, não havia estrutura para subsistência de tantas pessoas. Entretanto, entre 1711 e 1715, criaram-se as primeiras vilas em território mineiro com a formação de uma agricultura de subsistência e o estabelecimento de casas de comércio, pequenas oficinas de artesãos e outras estruturas necessárias para a sobrevivência.

Como fiéis católicos dirigiam-se para a região, também foram erguidas capelas. Desses locais de devoção e culto, muitas vilas acabaram surgindo. O primeiro bispado da região foi instituído em Mariana, em 1745. Assim, surgiram aos poucos as cidades mineiras de Ouro Preto, Sabará e Mariana – consideradas atualmente cidades históricas.

Silviopl/Dreamstime.com

→ Vista da Praça Tiradentes na cidade de Ouro Preto (MG), 2016.

AQUI TEM MAIS

O ouro de Minas Gerais

Monique Cabral/Tyba

↑ Garimpo ou mineração de ouro com bateia no Vale do Jequitinhonha, Minas Gerais.

Quando os bandeirantes descobriram grande quantidade de ouro em Minas Gerais, no século XVII, centenas de portugueses rapidamente dirigiram-se à região.

Inicialmente, o ouro era procurado apenas no leito dos rios e perto das montanhas. Foram os africanos escravizados oriundos da região da Costa da Mina – onde atualmente estão Gana, Togo e Nigéria – os primeiros a introduzir novidades no processo de localização do ouro de aluvião. A troca dos pratos de estanho por bateias de madeira possibilitou que o ouro fosse separado da terra mais rapidamente.

Com o esgotamento natural do ouro dos rios, os portugueses começaram a abrir minas nas montanhas da região, mas a falta de um padrão de exploração fez várias minas desabarem, matando centenas de escravos.

1. Qual foi a primeira técnica usada para buscar ouro em Minas Gerais? Como ela funciona?

A Coroa portuguesa e o controle das minas

Assim que chegaram a Portugal as notícias sobre a descoberta de ouro nas Gerais, a Coroa agiu rapidamente para manter o controle da região e garantir maneiras de tributar as explorações – afinal, o resultado da atividade mineradora poderia render bons lucros aos cofres portugueses. Para garantir os impostos reais, foram estabelecidas normas rígidas para que a Coroa não fosse **lesada** e, assim, usufruísse dos lucros promovidos por essa atividade.

Em 1702, foi criada a Intendência das Minas, um órgão administrativo, judicial e fiscal que se tornou o grande responsável pela cobrança de impostos.

GLOSSÁRIO

Bateia: recipiente de madeira usado no garimpo de diamante e ouro.

Lesado: prejudicado financeiramente.

Ouro de aluvião: ouro encontrado nas margens dos rios.

A arrecadação de impostos

A legislação das minas determinava que a descoberta de cada **lavra** deveria ser imediatamente comunicada ao governo, que daria a autorização para explorá-la. Depois disso, a mina era dividida em lotes chamados de datas: duas cabiam ao descobridor e uma à Coroa portuguesa; as demais eram divididas entre outros exploradores. O critério para essa divisão era o número de escravos dos pretendentes.

Lucas de Godoy/Fotoarena

↑Antiga Casa de Câmara e Cadeia, em Mariana (MG). Com o crescimento da exploração do ouro, a Coroa portuguesa decidiu efetivar a construção de uma vila na região. A edificação da Câmara simbolizava a fundação da vila e o seu regimento, ao mesmo tempo que representava de forma efetiva o controle da extração do ouro e a arrecadação dos impostos.

Entre os tributos cobrados pela Coroa portuguesa, os principais e mais frequentes foram o quinto e a capitação. O quinto era a cobrança de 20% (ou a quinta parte) de todo o ouro extraído. Já a capitação era uma taxa cobrada (cerca de 17 gramas de ouro) sobre a propriedade de cada escravo maior de 12 anos; os homens livres que não possuíssem escravos, mas tivessem algum tipo de investimento que gerasse lucros – como comércio, criação de animais, plantação etc. – também deveriam pagar.

O contrabando exigia atenção especial das autoridades que organizavam a exploração do ouro. Para reprimir essa ação foram criadas as casas de fundição, onde o ouro era transformado em barras – nas quais era gravado o selo real – e também quintado, ou seja, retirava-se dele a parte que cabia à Coroa. Com essa medida, foi proibida a circulação de **pepitas** de ouro e de ouro em pó; os que se arriscavam a transportá-lo assim e eram pegos sofriam duras punições.

GLOSSÁRIO

Lavra: extração de metal, garimpo.
Pepita: pedaço de metal.

CURIOSO É...

Ouro de tolo

Expressão idiomática é o conjunto de duas ou mais palavras que se caracteriza por ter um significado impossível de identificar apenas considerando o sentido literal de cada palavra. Um exemplo são as famosas expressões populares como "boca de siri" ou "vergonha alheia".

Vvoe/Shutterstock.com

↑Pirita, devido à semelhança com ouro, é conhecida como **ouro de tolo**.

Muitas dessas expressões têm origem histórica. É o caso de "ouro de tolo", originária da época do ciclo de ouro em Minas Gerais. A expressão surgiu da confusão feita por muitos mineradores que acreditavam ter enriquecido ao encontrar, perto dos rios, pepitas de outros metais com coloração dourada. Hoje, a expressão é utilizada para se referir a situações em que alguém acreditava em algo que se revelou falso.

Para saber se a pepita era de ouro ou não, os trabalhadores precisavam mordê-la. Caso fosse ouro, era possível ver pequenas marcas dos dentes, uma vez que o ouro é extremamente maleável. Essa foi a forma mais prática encontrada para verificar se o ouro era verdadeiro ou apenas "ouro de tolo".

O Brasil dos diamantes

O período da mineração não foi marcado apenas pelo ouro. Os diamantes também enriqueceram os cofres da Coroa portuguesa. Para escoar a produção e abastecer a região mineradora, surgiram rotas comerciais importantes, que mudaram paisagens e contribuíram para a formação de povoados e cidades, além de ajudarem a desenvolver a economia do período minerador.

O Distrito Diamantino

Em 1729, o governo português recebeu um comunicado sobre a descoberta de jazidas de diamantes numa região conhecida como Arraial do Tijuco, ou Serro Frio, correspondente à atual cidade de Diamantina, em Minas Gerais.

Inicialmente, a extração era livre, sendo cobrado como imposto apenas o quinto, exatamente como ocorria com o ouro. Entretanto, as autoridades logo decidiram aumentar o controle para tentar conter o contrabando de diamantes, que era ainda maior que o do ouro. Já em 1731, a Coroa portuguesa anulou as concessões de terras e proibiu a exploração, transformando a extração de diamantes em monopólio do governo português. Assim, ninguém podia explorar as minas sem autorização, e a pena, em caso de não cumprimento da regra, era o envio para Angola.

Em 1734, foi criado o Distrito Diamantino, que separava a área de diamantes do restante da colônia. Quem vivia no local não podia sair sem autorização prévia do intendente, que era o governante local com função administrativa, judicial e fiscal.

A partir de 1739, foram dadas permissões a particulares, na maioria funcionários reais, para que participassem da extração de diamantes. Foi estabelecido um sistema contratual em que os contratadores se comprometiam a explorar as minas em troca do pagamento de uma quantia fixa ao governo português.

Os contratadores eram pessoas muito ricas e prestigiadas, que se tornavam poderosos na região por meio de alianças políticas e econômicas com as autoridades locais, até mesmo as da capitania. Cabia a eles controlar a extração de diamantes para que pudessem manter os preços estabilizados; limitar a área explorada; controlar o número de escravos empregados e, por fim, reprimir o contrabando. Esse sistema permaneceu até aproximadamente 1771, quando o governo português retomou a exploração direta. Também nesse período foi editada uma legislação específica para a região, chamada de Regimento Diamantino.

Em 1832, quando o Brasil já não era mais colônia de Portugal, não havia mais interesse do governo em controlar a extração de diamantes, tendo em vista que a produção já não era significativa.

Fundação Biblioteca Nacional, Rio de Janeiro

↑ Carlos Julião. *Extração de diamantes*, c. 1776. Aquarela, 37,1 cm × 26,6 cm.

A expansão para o interior

A necessidade de abastecer a região mineradora e escoar os minérios extraídos fez surgir caminhos que logo se transformaram em grandes rotas comerciais, ligando a região das Minas Gerais a várias partes da colônia. Foi a primeira vez que se estabeleceu um mercado interno colonial, no qual as diversas regiões se interligaram, ainda que precariamente em alguns caminhos, a fim de estabelecer entre si atividades de compra e venda.

Havia um caminho que ligava o território sul à região mineradora, passando por São Paulo. Essa era a rota dos tropeiros, usada para abastecer a região com gado bovino e muares, principalmente, e também com produtos alimentícios, roupas e utensílios domésticos.

Do nordeste, chegava o gado vivo – a chamada “carne verde” – e a carne-seca, vindos principalmente da Bahia e do Ceará. Os produtos nordestinos chegavam tanto por via terrestre quanto por um caminho fluvial: o Rio São Francisco.

Foi aberto também o chamado Caminho Novo para levar à região mineira os produtos que chegavam pelo porto do Rio de Janeiro e, principalmente, para escoar a produção aurífera para a Europa. Essa mudança do eixo econômico para o centro-sul acarretou um fato importante: em 1763, o centro administrativo da colônia foi transferido de Salvador para o Rio de Janeiro, uma vez que a cidade havia se tornado, em razão de seu porto, o principal centro urbano e econômico da colônia, graças à atividade mineradora.

A Coroa portuguesa também lucrava com as atividades comerciais ao cobrar taxas e tributos sobre as mercadorias que circulavam pelos caminhos autorizados por ela, incluindo taxas sobre escravos e viajantes que entravam ou saíam pelas rotas oficiais. Para manter esse controle, a metrópole usava postos de cobrança (alfândegas) nas rotas e proibia a abertura de caminhos alternativos para que ninguém escapasse da fiscalização, o que acabava encarecendo demasiadamente os produtos.

América Portuguesa: expansão do povoamento – séculos XVI-XVIII

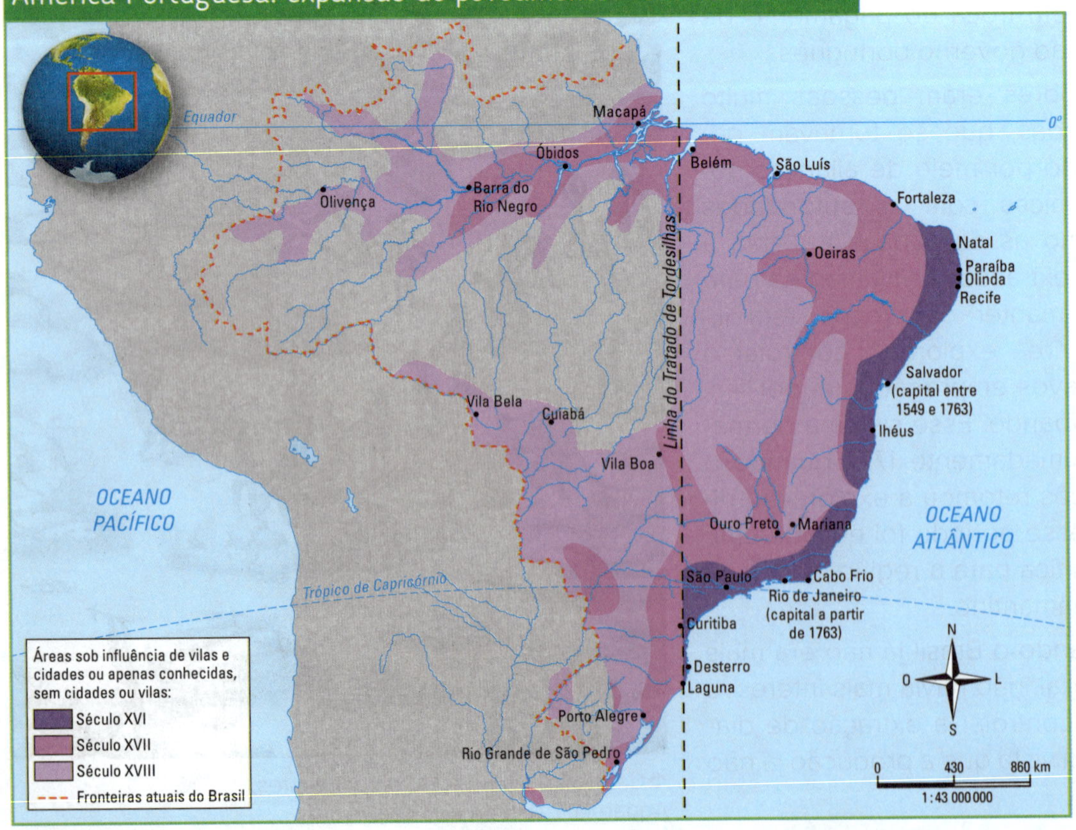

Fonte: Cláudio Vicentino. *Atlas histórico: geral e do Brasil*. São Paulo: Scipione, 2011. p. 103.

ATIVIDADES

NO CADERNO

SISTEMATIZAR

1. Como foi a mudança do eixo econômico do litoral nordestino para o interior da colônia?
2. Por que a descoberta de ouro causou uma explosão demográfica nas zonas mineradoras?
3. Quais foram os principais impostos aplicados por Portugal nas regiões mineradoras?
4. O que Portugal fez para controlar o contrabando de diamante na região do Distrito Diamantino?
5. Como ocorreu a interligação comercial entre as regiões da colônia?

REFLETIR

1. Leia o trecho a seguir e faça o que se pede.

Os artifícios utilizados para burlar o fisco atingiam uma razoável sofisticação. As imagens de santos trabalhadas em madeira muitas vezes levavam o cobiçado metal em seu bojo; daí a denominação popular de "santo do pau oco". Um sino de ouro, revestido de bronze, foi encontrado recentemente em pesquisas na antiga região aurífera de Goiás Velho, e práticas como essas parecem ter sido comuns.

Antônio Mendes Jr., Luís Roncari e Ricardo Maranhão. *Brasil História: texto & consulta – Colônia*. São Paulo: Hucitec, 1997. p. 248.

a) De acordo com o texto, o que significa a expressão "santo do pau oco"?

b) Explique, com suas palavras, de que modo o ouro era contrabandeado.

2. Observe a imagem ao lado e faça o que se pede.

a) Descreva a imagem e relacione-a ao período da mineração.

b) Qual é a importância da preservação das cidades históricas?

Jales Valquer/Shutterstock.com

Vista do centro histórico de Ouro Preto (MG), 2018. O município foi, no ano de 1980, o primeiro local no Brasil a ser considerado Patrimônio Mundial pela Unesco.

DESAFIO

1. Observe a imagem ao lado e faça o que se pede.

- Durante a década de 1980, o Brasil viveu uma nova corrida do ouro na região de Serra Pelada, no estado do Pará. Faça uma pesquisa sobre a descoberta de ouro nessa localidade e escreva um pequeno texto sobre o impacto ambiental e social que essa região sofreu.

Juca Martins/Olhar Imagem

Garimpo de ouro em Serra Pelada (PA), 1986.

CAPÍTULO 3

Sociedade e cultura mineira

No capítulo anterior, você estudou o período da descoberta do ouro na atual região de Minas Gerais. Neste capítulo, você vai conhecer o cotidiano da população que vivia nessa região naquele momento histórico.

No período aurífero, a maioria da sociedade mineira era composta de escravos. Além do trabalho nas minas, eles realizavam outras tarefas. Podiam trabalhar, por exemplo, como vendedores ambulantes, na condição de escravos de ganho, que prestavam serviços a terceiros com a obrigação de entregar a seus proprietários a maior parte da renda desse trabalho. Desse modo, era possível guardar uma parte da renda obtida com o comércio ambulante e, em alguns casos, até mesmo uma quantia suficiente para comprar a própria alforria ou a de um parente, inclusive a da companheira ou do companheiro.

Museus Castro Maya, Rio de Janeiro

↑Jean-Baptiste Debret. *Vendedoras de pão de ló*. Gravura publicada em *Viagem pitoresca e histórica ao Brasil*, 1834-1839.

O mercado ambulante na região mineira era também espaço das mulheres, principalmente escravas e ex-escravas. As chamadas "negras do tabuleiro" vendiam diversos produtos pelas ruas das cidades e nas lavras. Elas também trabalhavam como fiadeiras, tecelãs, padeiras, costureiras, rendeiras, lavadeiras, roceiras e parteiras, além de fazer todos os tipos de serviços domésticos.

Os escravos

Para fazer o trabalho nos garimpos era utilizada a mão de obra escrava. Estima-se que eles chegaram a representar mais de 50% da população da região mineira. Foi a maior concentração de escravos registrada em toda a colônia durante o período em que era permitida essa atividade no Brasil.

Cabiam aos escravos também as tarefas de transporte e construção de obras públicas, como pontes, edifícios e chafarizes, à medida que as cidades surgiam.

O trabalho nas minas foi descrito pelos viajantes que passaram pelo local como exaustivo e com alto risco de morte. Os escravos ficavam muitas horas com os pés mergulhados na água, sujeitos a doenças respiratórias, geralmente fatais. Além de passarem o dia trabalhando no rio, os mineradores transportavam o cascalho para as margens a fim de lavá-lo.

Instituto de Estudos Brasileiros/IEB, Universidade de São Paulo

Carregadores de bateia representados na obra, de autoria desconhecida, *Modo como se extrai o ouro no rio das Velhas e nas mais partes em que há rios*. Desenho aquarelado, c. 1780.

Além disso, havia o risco de rompimento das **escoras** das barragens feitas nos rios, que matava muitas pessoas por soterramento ou afogamento. Segundo dados do período, os africanos escravizados não resistiam por muitos anos a esse trabalho tão pesado e insalubre. A aguardente de cana – a cachaça – era item indispensável aos trabalhadores, pois, além de fornecer calorias para o trabalho da mineração, provocava um estado de embriaguez que amenizava a dureza do trabalho. Aos poucos, no entorno das lavras, surgiram plantações de cana-de-açúcar direcionadas à produção de cachaça nos alambiques.

Na região mineradora, a chance de conseguir a alforria era maior do que em áreas da colônia em que se praticavam outras atividades econômicas. Foi na capitania de Minas Gerais que se registrou o maior número de alforrias da época colonial. Estudos mostram que havia mais escravas alforriadas do que escravos, pois na região não havia muitas mulheres livres, o que levava muitos proprietários a se relacionar com elas, libertando-as como consequência.

As pessoas livres

Outras pessoas – nem todas ligadas diretamente à exploração aurífera – faziam parte da sociedade mineira: clérigos, advogados, comerciantes, artesãos, vendedores ambulantes, mascates, intelectuais, militares e outros profissionais que davam suporte aos setores essenciais para o desenvolvimento das vilas e cidades recém-formadas.

Nas minas, havia muitos trabalhadores livres que atuavam como garimpeiros, **faiscadores**, roceiros e **biscateiros**.

GLOSSÁRIO

Biscateiro: aquele que faz trabalho casual, o qual lhe rende dinheiro extra.

Escora: peça que serve de sustentação em barragens.

Faiscador: garimpeiro que procura apenas faíscas de ouro nas minas que já foram garimpadas.

Parte da sociedade era formada por pessoas ricas, entre elas os proprietários das lavras, os contratadores (principalmente da região diamantina), os altos funcionários do governo e os grandes comerciantes. Muitos dos comerciantes enriquecidos eram antigos tropeiros que prosperaram com a venda de gado e produtos manufaturados não fabricados na região.

Era uma sociedade mais diversificada do que a formada no nordeste ao redor dos engenhos, mas mantinha a característica da divisão entre senhores e escravos.

As irmandades mineiras

David Santos Jr/Fotoarena

↑Altar na Igreja de São Francisco de Assis, em Ouro Preto (MG).

As irmandades religiosas foram, em sua maioria, as responsáveis por uma vida cultural intensa nas Minas Gerais do século XVIII. O patrimônio cultural característico desse período, como as artes plásticas, a música e a arquitetura religiosa, teve as irmandades como principais incentivadoras.

As irmandades eram constituídas por grupos organizados por fiéis católicos, que não pertenciam ao clero. Elas construíam igrejas católicas e dedicavam culto a um padroeiro. Obedeciam à doutrina e às regras determinadas pela Igreja Católica e exerciam, dessa forma, um papel importante na vida social de seus membros e também no aspecto social. – organização de festejos, trabalhos e preservação de aspectos da identidade cultural dos muitos africanos que chegavam à Minas Gerais.

Além da vida religiosa, estes grupos proporcionavam segurança e ajuda mútua. Para os negros escravos, auxiliavam na compra de cartas de alforria. Outras irmandades eram responsáveis pela Casa de Misericórdia (hospital local). Existiam irmandades de diversas constituições, podendo ser só de homens brancos da elite, negros escravos, negros alforriados ou todos os tipos de pessoas.

A arte barroca

Gilberto Mesquita/Shutterstock.com

↑Vista do Santuário Bom Jesus de Matosinhos com as esculturas dos 12 profetas feitos de pedra-sabão por Antônio Francisco Lisboa, o Aleijadinho. Congonhas (MG).
O conjunto de esculturas do santuário constitui um dos mais grandiosos exemplos do Barroco mineiro e é Patrimônio Mundial da Unesco.

A arte colonial na região mineira caracterizou-se pelo Barroco. Com um caráter didático, esse estilo constituía, na Europa, a arte da Contrarreforma, que expressava os fundamentos da fé católica por meio das construções, pinturas e esculturas que difundiam e enalteciam a religiosidade.

Em razão da Reforma Protestante, o Barroco caracterizou-se por ser uma arte exuberante, cujo objetivo era aguçar os sentidos, enaltecer o divino e, por fim, maravilhar a alma dos fiéis.

Em Minas Gerais, o Barroco manifestou se no início do século XVIII, um século depois de ter iniciado na Europa, e teve características próprias, pois a distância das vilas litorâneas e a dificuldade de transportar materiais levou os construtores, artífices e artesãos a buscar e valorizar o uso de materiais locais. Isso deu ao Barroco mineiro uma feição regional singular.

A arte barroca é encontrada em diversas cidades mineiras e pode ser admirada na arquitetura de igrejas construídas pelas irmandades, na estatuária dos santos e anjos de madeira, no mobiliário, bem como na ornamentação de altares e nas grandes esculturas de pedra-sabão, um material abundante na região. Entre os artistas dessas obras grandiosas, destacam-se Antônio Francisco Lisboa, o Aleijadinho, escultor e arquiteto, e Manoel da Costa Ataíde, o Mestre Ataíde, pintor e decorador de ouro (dourador).

Sobressaíram, na literatura, poetas como Tomás Antônio Gonzaga, Cláudio Manuel da Costa e Alvarenga Peixoto – todos envolvidos no episódio da Conjuração Mineira, que veremos no próximo ano – e, na música, José Joaquim Emerico Lobo de Mesquita, Marcos Coelho Neto, Manoel Dias de Oliveira e Francisco Gomes da Rocha, que, como intérpretes, compositores e regentes, produziram obras brasileiras.

ATIVIDADES

NO CADERNO

SISTEMATIZAR

1. Por que a sociedade mineira pode ser considerada mais diversificada do que a sociedade açucareira?
2. Quais eram os principais ofícios das mulheres escravizadas e das libertas nas cidades mineiras?
3. Como a arte barroca se desenvolveu nas cidades mineiras?
4. Descreva a importância das irmandades para a sociedade mineira.
5. No século XVIII a exploração do ouro provocou muitas transformações na colônia, explique-as.
6. Quem eram os trabalhadores das minas de ouro e por que eram eles os escolhidos para essa atividade?

REFLETIR

1. A imagem ao lado mostra uma obra feita pelo Mestre Ataíde no teto da Igreja de São Francisco de Assis, em Ouro Preto. Observe-a e faça o que se pede.
   a) Descreva a imagem.
   b) Relacione o sentimento religioso de Mestre Ataíde na Glorificação de Nossa Senhora com o contexto social de sua produção.

Alexandre Campbell/Tyba

Afresco na Igreja São Francisco de Assis, em Ouro Preto (MG).

DESAFIO

1. Durante o Brasil Colonial, algumas instituições – como as igrejas – segregavam seus espaços. Eles eram destinados à população branca. A alternativa encontrada pelos excluídos desses locais foi edificar igrejas por meio de irmandades de ajuda mútua. Com base nisso, faça uma pesquisa sobre a existência em sua cidade ou estado de alguma igreja católica cuja função era atender à população afrodescendente. Registre no caderno suas descobertas e ilustre-as com algumas imagens do local.

CAPÍTULO 4

Rebeliões na América Portuguesa

No capítulo anterior, você estudou o período da descoberta do ouro na atual região de Minas Gerais. Neste capítulo, você vai estudar as causas e as consequências dos conflitos ocorridos na colônia portuguesa.

O controle econômico-social que a Coroa portuguesa exercia sobre a atividade mineradora era intenso. Entretanto, o fato de a produção aurífera ter declinado com o passar dos anos não significou que a metrópole se dispusesse a rever a forma de controlar e tributar todo o conjunto da atividade mineradora.

Assim, a partir dos séculos XVII e XVIII, a Coroa portuguesa intensificou o controle sobre o Brasil, exigindo mais e mais rendimentos. Para isso, tomou medidas repressivas e restritivas. Na região das minas, isso era ainda mais evidente, sobretudo em razão da grande quantidade de ouro explorada. Na tentativa de evitar o contrabando nessas regiões, controlavam-se inclusive a entrada e a saída das pessoas.

A população resistiu à pressão da metrópole por meio de **motins**, insurreições e **conspirações** que se opuseram à cobrança de impostos e ampliaram a oposição política ao controle exercido sobre a população colonial na região mineradora e em outros pontos da colônia

GLOSSÁRIO

Conspiração: plano para tomada de poder; ação combinada contra algo ou alguém.
Motim: revolta ou desobediência contra a autoridade.

Economia e povoamento no Brasil (século XVIII)

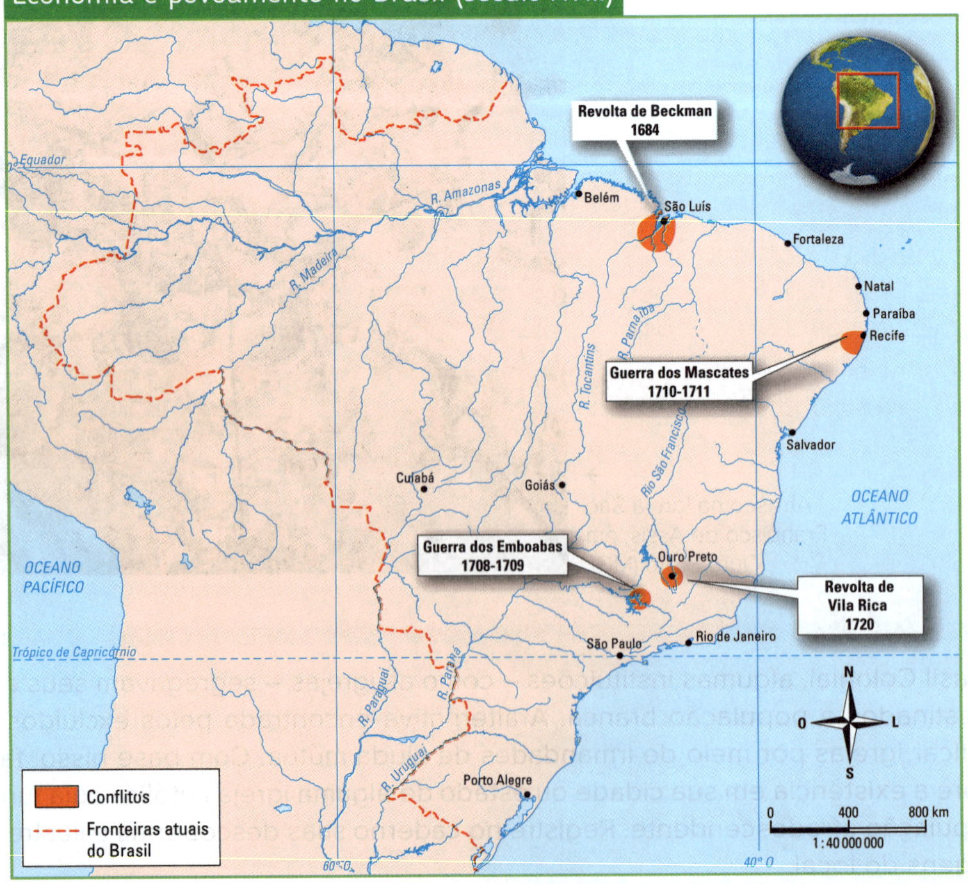

Fonte: Cláudio Vicentino. *Atlas histórico: geral e do Brasil*. São Paulo: Scipione, 2011. p. 101; José Jobson de A. Arruda. *Atlas histórico básico*. 17. ed. São Paulo: Ática, 2011. p. 40.

Revolta de Beckman (1684)

Como vimos anteriormente, os jesuítas combatiam a escravização indígena, que, do ponto de vista jurídico, era considerada uma prática ilegal. Esses padres, especialmente Antônio Vieira, tiveram papel de destaque na defesa dos indígenas em geral e conseguiram assegurar a liberdade de muitos deles. Mas os colonos, sobretudo os senhores de engenho do Maranhão, consideravam a escravidão indígena uma forma necessária de obter mão de obra para a produção dos engenhos.

Contribuíram também para o aumento das tensões sociais as ações da Companhia de Comércio do Estado do Maranhão, criada pela Coroa em 1682 para tentar contornar o problema da falta de mão de obra, devendo assegurar o fornecimento regular de 500 africanos escravizados ao ano.

Entretanto, as práticas da Companhia, que passou a deter o monopólio sobre todo o comércio da produção maranhense, inclusive a venda de escravos, eram consideradas abusivas; além de não garantir o fornecimento da mão de obra, ela impunha preços exorbitantes aos produtos comercializados, como azeite e tecidos, para suprir a demanda local.

Liderados pelos irmãos Manuel e Tomás Beckman, em 1684, os produtores maranhenses revoltaram-se e expulsaram os dirigentes da Companhia e os jesuítas do Maranhão, organizando um governo provisório até resolver a situação. A Coroa portuguesa reagiu e nomeou um novo administrador para o Maranhão, que, com suas tropas, colocou fim à revolta. Manuel Beckman e Jorge Sampaio, outro líder dos revoltosos, foram presos e condenados à morte, e Tomás Beckman foi expulso. A Companhia de Comércio foi extinta em 1685.

Guerra dos Emboabas (1708-1709)

A Guerra dos Emboabas está diretamente relacionada à luta pelo poder e pelo direito à exploração das minas de ouro, à época pertencente à capitania de São Vicente.

Os paulistas, por se considerarem os descobridores do ouro e fundadores dos primeiros núcleos de exploração do metal, não aceitavam que os forasteiros – a quem chamavam de emboabas (estavam incluídos nessa denominação portugueses e habitantes de outras regiões do Brasil) – também explorassem a região.

De pequenos embates, a situação evoluiu para um conflito armado em 1708, quando Manuel Nunes Viana, principal líder dos emboabas, comandou uma tropa armada para expulsar os paulistas da região de Sabará. Os emboabas venceram a guerra. Derrotados, muitos paulistas se dirigiram para outras áreas da colônia, como Mato Grosso e Goiás, em busca de novas jazidas de ouro.

Como consequência da Guerra dos Emboabas, a Coroa portuguesa criou, em 1710, a capitania de São Paulo e Minas de Ouro – separando a região que antes era controlada pelas capitanias de São Vicente e Rio de Janeiro –, nomeou um novo governador para a região e aumentou o controle e a cobrança de impostos.

Museu Antônio Parreiras, Niterói

Antônio Parreiras. *Beckman no sertão do Alto do Mearim*, s. d. Óleo sobre tela.

Guerra dos Mascates (1710-1711)

Durante o período de domínio holandês, Recife passou por grandes transformações urbanas e tornou-se um importante centro comercial, especialmente graças a seu porto. Entretanto, o povoado do Recife era política e administrativamente subordinado a Olinda, onde se localizava a sede do poder, a Câmara Municipal.

Olinda era uma vila, sede da municipalidade, e passava por uma crise econômica decorrente da baixa internacional do preço do açúcar. Muitos senhores de engenho acabaram contraindo empréstimos com os comerciantes locais e portugueses do Recife, chamados de mascates pelos olindenses. Como credores dos olindenses, os comerciantes recifenses tornaram-se o grupo econômico mais poderoso da capitania.

Essa inversão da situação econômica levou os mascates a reivindicar a autonomia política e administrativa do Recife. Solicitaram ao rei de Portugal que elevasse sua condição de povoado para vila, ao que foram atendidos em 1710.

A reação dos senhores de engenho que dominavam a Câmara Municipal em Olinda foi imediata: invadiram o Recife. Os recifenses reagiram, e as lutas se prolongaram até outubro de 1711. Para pôr fim aos conflitos, a Coroa portuguesa enviou outro capitão-mor, Félix José de Mendonça, que, com suas tropas, conseguiu pacificar a região. Desse modo, o Recife manteve a condição de vila, equiparando-se a Olinda.

Revolta de Vila Rica (1720)

O motivo fundamental da Revolta de Vila Rica – também nomeada de Revolta de Filipe dos Santos – foi a criação das casas de fundição em 1719. Os mineradores ficaram muito insatisfeitos com a medida, pois a implantação das casas de fundição não apenas representava a diminuição dos lucros da extração de ouro como dificultava a sonegação de impostos.

Em junho de 1720, os revoltosos tomaram uma praça de Vila Rica (atual Ouro Preto) e elaboraram um documento com suas reivindicações. Entre elas, estavam a diminuição do preço dos alimentos na região, a redução de impostos e, por fim, a revogação do estabelecimento das casas de fundição.

Os revoltosos foram duramente reprimidos pelo governo da capitania e seus principais líderes, presos. Um deles, o comerciante português Filipe dos Santos, foi enforcado e esquartejado e sua cabeça exposta no pelourinho, em Vila Rica. A morte exemplar imposta a Filipe dos Santos visava deixar claro o preço de desafiar o poder da Coroa portuguesa.

Museu Antônio Parreiras, Niterói

Antônio Parreiras. *Julgamento de Filipe dos Santos*, c. 1923. Óleo sobre tela.

ATIVIDADES

NO CADERNO

SISTEMATIZAR

1. Qual era o objetivo das medidas repressivas de Portugal contra a colônia entre os séculos XVII e XVIII?

2. Os conflitos contrários ao controle metropolitano nos séculos XVII e XVIII representam o interesse de separar o Brasil de Portugal? Justifique.

3. Organize no caderno um quadro com as revoltas coloniais descritas neste capítulo seguindo o modelo abaixo.

Nome	Local e período em que ocorreu	Motivos	Grupos sociais envolvidos	Desfecho e consequências

4. Quem eram os emboabas e por que os paulistas entraram em guerra contra eles?

5. Quais foram as consequências da Guerra dos Emboabas?

REFLETIR

1. Leia o texto e, a seguir, responda às questões:

> [...] A imagem de uma terra sem lei, dominada por poderosos que faziam valer seus interesses por meio da força, é típica de uma região de fronteira, à margem das formas de controle do Estado português [...]. A inexistência de órgãos de justiça dava lugar às arruaças, às tropas de negros armados e às vinganças pessoais, marcadas por extrema crueldade. Compreensível, pois que paulistas e emboabas entrassem em confronto. [...]

Adriana Romeiro. Uma guerra no sertão. *Revista Nossa História*, São Paulo: Vera Cruz, ano 3, n. 25, p. 71, nov. 2005.

a) A que conflito o texto faz referência?

b) Com base no que você estudou neste tema, explique a frase "à margem das formas de controle português". Associe a questão ao povoamento do Brasil colonial.

c) Que interesses os poderosos "faziam valer por meio da força"?

DESAFIO

1. O governo brasileiro, em todas as suas instâncias (federal, estadual e municipal), arrecada recursos por meio de impostos cobrados da população sobre diferentes atividades econômicas. Com esses recursos deve promover obras de infraestrutura e assegurar serviços básicos, como educação, saúde e segurança para a população. Existem órgãos para fiscalizar esse uso dos recursos, como a Controladoria Geral da União (CGU) e outros órgãos nos estados e municípios. Busque informações sobre como é feito esse controle pelos órgãos responsáveis e como isso é divulgado para a população. Depois, debatam sobre como cada cidadão pode gerenciar e cobrar dos governantes o uso correto dos recursos públicos.
2. Neste capítulo você estudou algumas rebeliões que aconteceram no Período Colonial. Em quase todas elas, a luta era em defesa de interesses de alguns grupos. Atualmente, como as pessoas se unem ou podem se unir em prol de interesses coletivos? Exemplifique.

FIQUE POR DENTRO

Alta do ouro reativa produção em minas históricas brasileiras

Juca Martins/Pulsar Imagens

↑ Garimpeiros em Serra Pelada. Curianópolis (PA), 1986.

Entre as minas que serão reabertas está a de Serra Pelada, no sudeste do Pará.

A mina atraiu milhares de migrantes nos anos 1980 e fechou em 1992, em meio ao declínio da produção.

Maior produtor mundial de ouro entre 1700 e 1850, o Brasil está recebendo investimentos bilionários para voltar à lista dos principais exploradores do minério.

Paralelamente, o governo está intensificando o combate ao garimpo ilegal de ouro na Amazônia, foco de atritos em regiões de fronteira, num esforço que também visa formalizar o setor para tirar proveito dos altos preços do minério.

Hoje na 11ª posição do *ranking* dos produtores, segundo o Serviço Geológico Americano (USGS), o país pode subir ao 7º posto caso os planos do governo de dobrar a extração de ouro até 2017 se concretizem. [...]

A meta do governo, expressa no último Plano Nacional de Mineração, se sustenta nos preços do minério, que dobraram desde o início da crise econômica mundial, em 2008.

Ricardo Teles/Pulsar Imagens

O antigo garimpo de Serra Pelada transformou-se em uma lagoa. Serra Pelada. Curianópolis (PA), 2016.

Considerado um investimento seguro em tempos de instabilidade nas bolsas e forte oscilação de moedas, o ouro valia cerca de US$ 800 a onça (31 gramas) no fim de 2007. Hoje está cotado em US$ 1.600. A valorização tornou rentáveis minas com baixo teor de ouro e outras já exploradas, antes tidas como esgotadas.

Entre as minas que serão reabertas está a de Serra Pelada, no sudeste do Pará. A mina atraiu milhares de migrantes nos anos 80 e fechou em 1992, em meio ao declínio da produção. Celebrizada pelas fotografias do "formigueiro humano" que abrigava, foi considerada o maior garimpo a céu aberto do mundo.

Outras minas que serão reabertas [são] a de Riacho dos Machados, em Minas Gerais, e a de Pilar de Goiás.

Em 2011, segundo o USGS, o Brasil produziu 65 toneladas de ouro. A maior produtora mundial é a China, com 345 toneladas. Na América Latina, a produção brasileira é superada apenas pela do Peru, com 170 toneladas.

O governo brasileiro vem sendo cobrado especialmente pela Guiana Francesa, Guiana e Suriname para controlar a ação de garimpeiros brasileiros na fronteira com esses países, atividade desenvolvida há décadas, mas que ganhou novo fôlego com a alta dos preços.

[...] num sinal da crescente tensão na região, cerca de cem mineradores brasileiros foram presos na Guiana.

Ao combater o garimpo ilegal, o governo também busca aumentar a formalização do setor e valer-se dos altos preços do minério para melhorar o balanço comercial.

Em 2011, o ouro foi o segundo minério que mais gerou receitas para o Brasil em exportações. Segundo a Associação de Comércio Exterior do Brasil (AEB), a atividade rendeu US$ 2,2 bilhões ao país.

Os ganhos só foram superados (ainda que com larga folga) pelos da exportação de minério de ferro, que alcançaram US$ 41,8 bilhões.

João Fellet. Alta do ouro reativa produção em minas históricas brasileiras. *BBC Brasil*, 31 maio 2012. Disponível em: <www.bbc.com/portuguese/noticias/2012/05/120530_alta_ouro_jf_ac >. Acesso em: jan. 2019.

1. Qual foi o motivo que levou milhares de pessoas a Serra Pelada na década de 1980?

2. Qual é o interesse do governo federal em reabrir as minas históricas para a extração de ouro?

EXPLORANDO A PINTURA

A partida da monção

↑ O quadro *A partida da monção* (1897) representa a partida de um grupo em direção às minas de ouro em Cuiabá, no Rio Tietê.

José Ferraz de Almeida Júnior (1850-1899) foi um pintor famoso por retratar temas regionalistas. Nascido em Itu, no interior de São Paulo, ingressou na Academia Imperial de Belas Artes, no Rio de Janeiro, em 1869. Entre 1876 e 1882, estudou na École National Supérieure des Beaux-Arts (Escola Nacional Superior de Belas Artes), em Paris, com uma bolsa de estudos concedida pelo imperador D. Pedro II. De volta ao Brasil, expôs suas obras no Rio de Janeiro e abriu um ateliê em São Paulo.

A pintura *A partida da monção* foi baseada nos relatos e desenhos realizados durante a expedição científica russa Langsdorff pelo interior do Brasil de 1824 a 1829. Na imagem, é possível identificar o apoio da Igreja Católica à expansão do território nacional por meio de um padre, que abençoa os viajantes, representando um aceite da instituição à formação desse novo conjunto e da construção de uma nação ampla, em que o capitão-mor representa o governo local. Outros agentes sociais também são retratados: familiares que temem por dificuldades do percurso, se despedem dos aventureiros.

- **Título:** *A partida da monção*
- **Autor:** José Ferraz de Almeida Júnior
- **Técnica:** Óleo sobre tela
- **Dimensão:** 6,64 m × 3,9 m.
- **Ano de produção:** 1897
- **Localização:** Museu Paulista da Universidade de São Paulo, São Paulo

A ideologia do século XIX está presente na obra tanto no conceito de formação de nação, como no da identidade nacional. Almeida Júnior ilustra na sua obra agentes históricos considerados representantes brasileiros do período retratado: o negro, o caipira e o bandeirante. Com isso, faz uma representação da ação humana.

Museu Paulista da Universidade de São Paulo, São Paulo

Contextualizando a pintura

Affonso de Taunay (1876-1958), diretor do Museu Paulista entre 1917 e 1945, explicou que a palavra **monção** viria da tradição lusa de **navegação**, que aportuguesou a palavra árabe utilizada para identificar a estação propícia às embarcações veleiras.

Nos séculos XVIII e XIX, monção foi o nome dado aos grupos de embarcações fluviais que, na época de cheia do Rio Tietê, saíam do Porto de Araritaguaba rumo às minas da região da atual Cuiabá, em Mato Grosso. O objetivo, a princípio, era a extração de ouro, mas com o tempo também se tornou uma forma de comercializar mercadorias na região. A atividade ampliou o território do Brasil, porém desapareceu após a abertura de caminhos terrestres.

Os participantes das monções faziam parte das camadas sociais mais baixas, geralmente eram pardos e negros. As expedições aproveitavam a geografia dos rios, que formava "estradas naturais", facilitando o acesso às regiões centrais.

Almeida Júnior foi bastante influenciado pelos esboços de Hercules Florence e Adriano Taunay. Para realizar essa pintura com o máximo de exatidão, ele reproduziu cuidadosamente aspectos da paisagem e visitou a cidade de Porto Feliz para pesquisar o vestuário e retratar a população local.

Refletindo sobre a pintura

1. Como o pintor conseguiu representar um evento que ocorreu antes de seu nascimento?
2. Observe a cena e descreva quem são as pessoas retratadas na obra.
3. Por que há um padre representado no quadro? Quem representa o governo local?

PANORAMA

FAÇA AS ATIVIDADES A SEGUIR E REVEJA O QUE VOCÊ APRENDEU.

NO CADERNO

1. Quais fatores influenciaram a expansão do território brasileiro no século XVII?

2. O Monumento às Bandeiras foi inaugurado em 1954, durante as comemorações dos 400 anos da cidade de São Paulo. Com base no que você aprendeu, elabore hipóteses para explicar qual era a intenção de Brecheret quando construiu a escultura e a do governo do Estado de São Paulo, que a encomendou. Se necessário, pesquise.

3. Leia o texto a seguir e responda à questão:

> [...] É inquestionável o papel do tropeiro, tanto no desenvolvimento do comércio, transporte de cargas e tropas, quanto nas relações sociais e humanas que desenhariam a arquitetura dos caminhos, principalmente, no sul do Brasil. Influenciando, inclusive, no surgimento de muitas cidades que **vicejaram** no largo das rotas. [...]
>
> A atividade tropeira propiciou oportunidade de enriquecimento e ascensão social, sobretudo com uso continuado de determinados locais – principalmente as pousadas. Estas se transformaram em posições fixas incorporando a presença dos mais variados prestadores de serviços, tais como ferreiros, artífices especializados no cuidado do couro, aguadeiros, invernadas de pasto, celeiros, cordoeiros, entre outros. [...]

GLOSSÁRIO

Vicejar: crescer.

Luiz César Kreps da Silva. In: Adalberto Scortegagna et al. (Org.). *Paraná espaço e memória: diversos olhares histórico-geográficos*. Curitiba: Bagozzi, 2005. p. 108.

- Pesquise a respeito da fundação de uma cidade que surgiu graças ao desenvolvimento das rotas tropeiras e elabore um texto relacionando o trecho acima à fundação dessa cidade e seu desenvolvimento.

4. Como a Coroa portuguesa lucrava com o mercado interno desenvolvido ao redor das minas?

5. Os conflitos sociais da América Portuguesa eram separatistas? Explique.

6. Observe a imagem. Em seguida, responda à questão e faça o que se pede.
   a) O que a imagem retrata?
   b) Explique a relação entre indígenas e bandeirantes.
   c) Relacione as bandeiras de apresamento com as missões jesuíticas.

In: Viagem Pitoresca e Histórica ao Brasil.

Jean-Baptiste Debret. *Índios civilizados, soldados de Mogi das Cruzes combatendo botocudos*, 1827. Aquarela, 27 cm × 20,3 cm.

7. Com relação à mineração de diamantes, organize cronologicamente os acontecimentos a seguir.

a) O Distrito Diamantino é fundado e o trânsito de pessoas é controlado pelo intendente, governador local.

b) A Coroa retoma o monopólio da exploração por meio da Real Extração de Diamantes.

c) Descoberta das minas e início da exploração com os mesmos impostos do ouro.

d) A Coroa faz concessões para que contratadores possam explorar as minas.

e) A Real Extração de Diamantes é extinta devido à pouca produção.

f) A Coroa decreta que a exploração seria monopólio dela.

8. Qual é sua opinião sobre o impedimento imposto pelos bandeirantes àqueles que migraram para a região das minas a fim de extrair ouro? Justifique sua resposta.

9. Leia o trecho a seguir e responda à questão.

Escravos fugidos permaneceram como um dos grandes problemas de Minas Gerais, através do século XVIII. Em março de 1741, em resposta a representações dos mineiros, a Coroa ordenou que todos os negros "que forem achados em quilombos, estando nelles voluntariamente, se lhes ponha com fogo uma marca em uma espádua com a letra – F – que para esse effeito haverá nas Camaras". Os que eram apanhados depois da segunda fuga tinham uma das orelhas cortadas, e a morte representava o castigo habitual para um terceiro delito dessa espécie. As deserções, ainda assim, continuaram a aparecer em larga escala, pois muitos negros preferiam correr os riscos de serem caçados ou mortos, a uma vida de labuta penosa, sob o chicote. Realmente, alegava-se que se orgulhavam do F que lhes marcava o ombro, vendo naquilo mais um símbolo de honra do que infâmia. Portanto, foi proposto que todos os escravos negros que fugissem, e fossem, posteriormente, capturados, tivessem cortado o tendão de Aquiles de um dos pés, o que impediria de correr, mas não de trabalhar, capengando. O autor de tão infame proposta gabava-se de que, depois que quatro ou cinco centenas de fugitivos fossem mutilados dessa maneira, nenhum outro escravo de Minas Gerais ousaria evadir-se.

Charles Ralph Boxer. *A Idade de Ouro do Brasil*. 2. ed. São Paulo: Companhia Editora Nacional, 1969. p. 192.

a) Em sua opinião, por que a fuga de escravos era um grande problema para Minas Gerais no século XVIII?

b) A Coroa autorizou que fossem praticados atos de crueldade contra os escravos fugidos. Qual era o objetivo da Coroa ao autorizar esse tipo de atitude?

c) O autor afirma que alguns escravos se orgulhavam de ter o F marcado no ombro. Elabore hipóteses para explicar por que isso acontecia.

DICAS

ACESSE

Era Virtual: <http://eravirtual.org/> (acesso em: jan. 2019). O *site* disponibiliza visita virtual à cidade história de Ouro Preto, em Minas Gerais, e a museus e santuários da região.

LEIA

A conquista do sertão, de Antonio Celso Ferreira (Atual).
O livro conta, com uma narrativa leve e ágil, a conquista dos sertões do Brasil pelos portugueses, com todos os conflitos ocorridos na época.

Referências

ALGRANTI, L. M. Famílias e vida doméstica. In: SOUZA, Laura de Mello e; NOVAIS, Fernando A. *História da vida privada no Brasil*: cotidiano e vida privada na América Portuguesa. São Paulo: Companhia das Letras, 1997. v. 1.

ARAÚJO, Kelly Cristina. *Áfricas no Brasil*. São Paulo: Scipione, 2003.

BASTOS, Mário Jorge da Motta. O feudalismo: uma mentalidade medieval? Ponderações a partir de um artigo de Georges Duby. *Brathair*: *Revista de Estudos Celtas e Germânicos*, São Luís: Uema, v. 13, n. 1, p. 19-31, 2013.

BOSI, A. Anchieta ou as flechas opostas do sagrado. In: *A dialética da colonização*. São Paulo: Companhia das Letras, 1992.

BOXER, Charles Ralph. *A idade de ouro do Brasil*. São Paulo: Companhia Editora Nacional, 1969.

BRANT, Fernando. Era rei e sou escravo. In: Milton Nascimento. *Trilhas de ballet* (Maria, Maria/Último trem). Nascimento, 2002.

BUENO, Eduardo. *Náufragos, traficantes e degredados*: as primeiras expedições ao Brasil (1500-1531). Rio de Janeiro: Objetiva, 1998.

CAMPOS, Raymundo. *Grandezas do Brasil no tempo de Antonil (1681-1716)*. São Paulo: Atual, 1996.

CARREIRA, A. Espetáculos a céu aberto. *Nossa História*, São Paulo: Vera Cruz, ano 2, n. 15, jan. 2005.

CORTÁZAR, F. G. de; VESGA, José Manuel G. *História de Espanha*: uma breve história. Lisboa: Presença, 1997.

DAWSON, Christopher. *A divisão da cristandade*: da reforma protestante à era do Iluminismo. São Paulo: É Realizações, 2014.

ECO, Umberto. *Arte e beleza na estética medieval*. Trad. Mario Sabino Filho. Rio de Janeiro: Record, 2010.

ELLIOTT, John. *La España imperial*. Barcelona: Vicens Vives, 1965.

ESCHWEGE, Wilhelm L. von. Pluto Brasiliensis apud GONÇALVES, A. L.; KANTOR, I. *O trabalho em Minas colonial*. 6. ed. São Paulo: Atual, 1996. (Coleção A Vida no Tempo do Ouro).

FAUSTO, Boris. *História do Brasil*. 5. ed. São Paulo: Edusp, 1997.

FELLET, João. Alta do ouro reativa produção em minas históricas brasileiras. *BBC Brasil*, 31 maio 2012. Disponível em: <www.bbc.com/portuguese/noticias/2012/05/120530_alta_ouro_jf_ac>. Acesso em: jan. 2019.

FERLINI, Vera L. do A. *A civilização do açúcar*: séculos XVI a XVIII. São Paulo: Brasiliense, 1988.

FREYRE, Gilberto. *Casa-grande & senzala*: formação da família brasileira sob o regime da economia patriarcal. Rio de Janeiro: Record, 2001.

GERAB, Kátia; RESENDE, Maria Angélica Campos. *A rebelião de Tupac Amaru*: luta e resistência no Peru do século XVIII. São Paulo: Brasiliense, 1987.

GURGEL, Cristina B.; LEWINSOHN, Rachel. A medicina nas caravelas: século XVI. In: *Cadernos de História da Ciência*, São Paulo: Instituto Butantan, v. 6, p. 105-120, jul.-dez. 2010.

HEERS, Jacques. *Cristóbal Colón*. México: FCE, 1992.

IANNI, Octávio. Globalização e transculturação. *Revista de Ciências Humanas*, Florianópolis: UFSC, v. 14, n. 20, p. 139-170, jan. 1996. Disponível em: <https://periodicos.ufsc.br/index.php/revistacfh/article/view/23492/21159>. Acesso em: jan. 2019.

LEÓN-PORTILLA, Miguel. *A conquista da América Latina vista pelos índios*: relatos astecas, maias e incas. Petrópolis: Vozes, 1987.

MAQUIAVEL, Nicolau. *O príncipe*. São Paulo: Penguin Classics; Companhia das Letras, 2010.

MATTOS, Regiane Augusto de. *História e cultura afro-brasileira*. São Paulo: Contexto, 2007.

OLIVEIRA, Iranilson Buriti de. Memórias de açúcar e crise. *Nossa História*, São Paulo: Vera Cruz, ano 1, n. 11, set. 2004.

PIGAFETTA, Antonio. *A primeira viagem ao redor do mundo*: o diário de expedição de Fernão de Magalhães. Porto Alegre: L&PM Pocket, 2011.

PREZIA, Benedito. *A Guerra de Piratininga*. São Paulo: FTD, 1991.

ROMEIRO, Adriana. A febre do ouro. *Nossa História*, São Paulo: Vera Cruz, ano 3, n. 36, out. 2006.

SOUSA, Pero Lopes de. Diário da navegação. In: BUENO, Eduardo. *Náufragos, traficantes e degredados*: as primeiras expedições ao Brasil (1500-1531). Rio de Janeiro: Objetiva, 1998.

VAINFAS, Ronaldo. Da festa tupinambá ao sabá tropical: a catequese pelo avesso. In: JANCSÓ, István; KANTOR, Iris (Org.). *Festa*: cultura e sociabilidade na América Portuguesa. São Paulo: Edusp; Fapesp, 2001. v. 1.